破解增长焦虑

江南春 主编

中信出版集团 | 北京

图书在版编目（CIP）数据

破解增长焦虑 / 江南春主编 . -- 北京 : 中信出版社 , 2021.12（2025.4 重印）
ISBN 978-7-5217-3803-2

Ⅰ . ①破… Ⅱ . ①江… Ⅲ . ①企业管理－品牌战略－研究 Ⅳ . ① F272.3

中国版本图书馆 CIP 数据核字 (2021) 第 237034 号

破解增长焦虑
主编： 江南春
出版发行：中信出版集团股份有限公司
（北京市朝阳区东三环北路 27 号嘉铭中心　邮编　100020）
承印者： 河北鹏润印刷有限公司

开本：880mm×1230mm 1/32　印张：12.75　字数：366 千字
版次：2021 年 12 月第 1 版　印次：2025 年 4 月第 5 次印刷
书号：ISBN 978–7–5217–3803–2
定价：68.00 元

服务热线：400–600–8099
投稿邮箱：author@citicpub.com

目 录

第二章　流量焦虑破解之道

第三章　新时期品牌崛起之道

第四章　新品牌破圈之道

第五章　新时期传播之道

序言
存量博弈下的品牌增长之道

江南春 / 文

品牌是打赢商战驱动增长的关键

中国市场人口红利和流量红利正在消失，许多行业进入了存量博弈的阶段。存量博弈带来的一个最大后果就是价格血战，一方面价格不断下行，一方面流量成本不断上行，许多企业利润越来越薄，深陷于促销战、流量战的恶性循环之中。

但与此同时，我们也看到另一种趋势：在各个行业中，品牌聚集度越来越高。比如一些优秀国牌标杆企业，它们都是各自赛道里的领导品牌，它们所在行业的总量可能并没有上升，但它们的业绩却在持续高速攀升。这一切，正是因为它们抓住了“人心红利”“品牌红利”。

现在有个概念叫“算法驱动”，但我认为技术、流量、精准分发都还只是“术”，真正的“道”是人心。抓住人心，让品牌在消费者心中牢牢驻扎，才是驱动成长的关键。

而打造品牌的第一步，每个老板必须回答的问题是：别人选择你而不选择其他人的理由是什么？在消费者主权时代，商战的根本就是：打造差异化价值，打赢消费者人心之战。谁抢占了人心的红利，谁就赢得了市场的话语权。

中国中等收入群体规模现在已经有4亿，到2025年将出现5亿“新中产”。这一数量已经远远超过美国的总人口。对于他们来说，消费不仅仅是为了满足物质生活需求，还是一种对生活品质、精神愉悦的追求，一种自我人格的投射。抓住主流人群的“心”，是品牌赢得主流市场话语权的关键。

品牌传播要抓住三大趋势

第一个趋势是品牌广告要以中心化对抗碎片化。

在今天信息碎片化、粉尘化的世界，流量、直播等方式解决了“买”“何时买”“何价买”的问题，却没有解决“爱”“为什么爱”的问题。没有爱的买是单次的，没有品牌广告去累积固化品牌的认知与信任，销量是不可持续的。

流量很难形成品牌引爆，精准流量分发虽能提升导购引流的ROI（投资回报率），但无法破圈达成品牌的社会共识，即广谱的用户有需求的时候能否率先想到你。而对于优秀国牌标杆企业而言，它们已经在各自领域成为标准，成为常识，成为用户不假思索的选择。

社交种草如今已成为营销标配，种草红利已经结束，转化率越来越低。因为品牌都在草原上种草，消费者已经很难再注意到你了。这时只有去栽一棵大树，用中心化的媒体引爆对抗碎片化的流量，把品牌曝光到耳熟能详。大家看到这棵树，也就是有了强品牌力之后再去种草、做直播，树下种的草才会被更多人注意到。

第二个趋势是品牌广告要以重复对抗遗忘。

诺贝尔经济学奖获得者丹尼尔·卡尼曼认为，使人们相信一个概念或事物的方法就是不断重复。因为熟悉的事物会让人们放松认知，从而做出舒服且轻易的判断。

宣传的本质在于重复，受众的本质在于遗忘。所以重复是品牌传播的第一性原理，只有重复才能对抗遗忘。比如在电梯口我们经常反复听到妙可蓝多的广告歌“妙可蓝多、妙可蓝多，奶酪棒、奶酪棒”，大家听多了，耳熟能详了，在超市里就很容易看到并购买妙可蓝多奶酪棒。妙可蓝多只花了两年时间，就远超国际竞品过去十多年的积累。

第三个趋势是品牌广告要以确定性对抗不确定性。

互联网创造了即时、海量的信息，从图文到视频、到直播，信息与手段越来越丰富，品牌与顾客的沟通效率因此提高了吗？实际上正相反。信息越丰富，传播渠道越发达，消费者反而越不堪重负。品牌作为一种信息简化器，其作用将越来越大，消费者将更加依赖品牌做出消费决策。

换个角度看，企业同样也在互联网太多渠道的选择中变得更加困惑。可能有个别网络综艺本年度很红，可到了第二年，红的节目又换成别的了。企业在面对这些不确定性的时候，很难复制和累积品牌投入，无法享受品牌投入的复利。所以，品牌广告必须要采用确定性高、可控性高、可以长期重复和累积的媒体传播方式。

分众传媒的使命就是助推国牌崛起

分众传媒（简称“分众”）用了近 20 年时间，开创了一个覆盖全国 300 多个城市、超过 300 万个终端的中心化的媒体平台。分众占据了城市主流消费人群核心生活与办公场景、购物与娱乐场景，成为人们生活圈的一个组成部分。分众电梯媒体日覆盖总人口 4 亿，日触达 7 亿人次。分众所触达的正是中国城市主流的消费风向标人群，他们是意见领袖和口碑冠军，引爆了他们也就引爆了整个主流市场。因此在中国排名前 100 的品牌，有 87% 选择投放分众，而中国新一代消费品牌的品牌破圈引爆也通常都聚焦分众。

分众在 4 亿城市主流消费者必经的公寓社区和办公楼宇里，持续重复地曝光，在电梯这个封闭的环境中高频地将品牌的核心差异化价值打入消费者心智中。根据益普索（Ipsos）的研究，2020 年国内广告流行语，83% 来自电梯媒体。而 Kantar（凯度）的调研显示，电梯广告和影院广告是用户关注度最高的广告形式，电梯广告也是记忆度最高的广告形式。因此，分众这样存在于消费者日常生活场景中的、必经的、高频的媒体平台，可以助力品牌实现可复制、可累积、可叠加的战略传播目标，用确定性去对抗不确定性，享受品牌的复利。

诸多中国各行业的领导品牌与分众都是多年的战略合作伙伴，分众十分有幸能够见证它们所取得的辉煌成就，也十分有幸成为它们品牌崛起道路上重要的品牌传播的助推者。

随着中国国力的日益增强和品牌技术创新能力、智能制造能力的日益强大，未来十年属于中国品牌最好的时间窗口也已经到来。一方面是中国的消费者越来越有民族自信和文化自信，现在的年轻人越来越热爱使用国产品牌；另一方面中国在国际上的地位也越来越强，中国品牌借势出海更有力量。中国作为世界上最大的消费品市场，中国品牌立足于中国，走向全球是势不可当的必然趋势。

希望分众传媒能够和各行各业努力拼搏的中国企业一起，助推更多行业品牌，用差异化代替同质化，用价值战代替价格战，用确定性的逻辑打赢不确定性的市场。

商业的本质没有改变，消费者是根据品牌来做出决定的，分众将倾尽全力助推中国企业的品牌崛起之路，助推更多行业龙头成为中国消费者不假思索的选择，同时也让更多的中国新消费品牌脱颖而出，助推中国市场的消费升级。成为推动国牌崛起的核心力量之一，这是分众必须承担的历史使命。如今，“made in China”（中国制造）早已不是代工、仿制的代名词，我们要一起努力，让“made in China”在国际上变成高品质的代名词、时尚潮流的代名词。

我们看到，一些国牌标杆企业的品牌力已经走在了外资品牌的前面，在它们的带动下，中国企业的品牌意识已经觉醒，品牌崛起的上升通路已经打开！

新十年，人口红利结束了，人心红利正在展开，流量红利结束了，品牌红利正在展开，让我们携手同行，共同见证和推动这个伟大时代，看到更多百亿、千亿级中国品牌崛起。

引言
2021 年中国消费趋势报告[①]

肖明超[②]/ 文

2020 年对于每个人来说，都是极其不平凡的一年，一场突如其来的疫情打乱了所有人的工作和生活节奏，一边是期盼和坚守，一边是挑战和变革。为了应对疫情，每个人都在建立顺应变化的工作和生活模式，这也为新的消费领域带来了机会，无论是线上办公、在线教育，还是在线问诊、线上娱乐……甚至很多新消费品牌也迎来了发展机遇。

同样，对于所有企业而言，面临这样不确定的环境，如何建立长期主义的韧性，如何坚定拥抱数字化，也成为头等重要的问题。在高速奔跑的列车前行的时候，企业往往来不及思考，但是 2020 年的疫情却让很多企业有时间进行反思和重构。在这个过程中，很多行业秩序在重构，有的企业黯然离场，有的企业转型升级，有的企业高歌猛进。当回头去看 2020 年消费市场的变化时我们会发现，中国抗疫取得的决定性胜利让消费市场的张力得以进一步显现，中国消费市场的多元化和包容度还充满很多机遇。被疫情改变的商业

---

① 本文发表于 2021 年 3 月 3 日。

② 肖明超，知名趋势营销专家，知萌咨询机构创始人兼 CEO，中国精众营销理论开创者，北京航空航天大学、北京师范大学等高校兼职教授，腾讯、字节跳动、阿里、百度、网易等互联网公司的营销顾问和智库专家，带领知萌应用趋势为企业提供整合策略和创新传播服务。

世界，也早已让消费者从置身事外的观众，成为推动商业进化和品牌进化的主角。作为“十四五”规划的开局之年，国家发展也在2021年开启了新征程。对于每一个人而言，2021年也是全新的开始，中国消费者追求更加美好生活的前进步伐不可阻挡。在变局中开新局，“格局的重塑，活力的新生”也必将成为2021年引领行业和消费趋势变革的关键词。从惊喜消费到盲盒消费的潮玩，从口罩经济到守护发际线的健康养生，从直播带货到融入新零售场景的直播进化……中国消费还蕴藏着庞大的商机，这些都将会在2021年显现出来。

2021年趋势关键词:“重塑”与“新生”

调查显示，中国消费者对于2021年的整体消费信心在回暖，64.8%的消费者对2021年中国宏观经济更看好，60.2%的消费者认为个人收入会提高，60.6%的消费者预期个人生活质量会更高。

针对2021年的规划，由于受疫情影响，中国消费者更加注重健康，追求精神层面的诉求，珍惜与家人的相处时光。调查显示，41.4%的人在2021年将增加陪伴家人的计划，41%的人计划健身运动，36%的人计划在未来一年里要投入更多的钱培养兴趣爱好。

总体来看，2021年中国消费者对于预期消费充满着理性的乐观，消费投入和生活规划趋于更加务实和理性，注重身体健康及自我学习等方面的投入。中国消费市场的格局在疫情后被重塑，中国消费者也正在这样的消费市场上焕发出新生。同时，知萌咨询机构经过深度研究，也预见了2021年将会呈现的十大消费趋势，这十大趋势分别是：真感务实、“心价比”时代、潮嗨经济、新消费进

2020 年底知萌在中国 10 个城市对 2021 年看法的调查结果

阶、精养健康、深宅美学、在地国风、奢侈新境、直播进化、营销向善。这些趋势的背后凝聚了亟待释放的消费能量，值得创新商业去关注和思考。

真感务实

随着科技和经济的发展，消费者的消费理念也在逐步升级。越来越多的消费者持有更加理性和个性的消费观，追求理智的、随心务实的消费选择，强调消费带来的真我感受，这是中国消费者经历疫情后的理念转变，浮华的符号逐步褪去，消费即自我时代到来。

调查显示，九成消费者认为钱一定要花在刀刃上，同时，87.2%

的消费者表示在乎个人工作 / 生活空间的品位，还有 50% 的消费者认为更关心品牌是否匹配自己的个性，而不是知名度，这些态度都表示中国消费者更加追求消费的本质和意义。

2020 年底知萌对中国 10 个城市消费态度主张的调查结果

消费者一边希望随心所欲，但基于自身消费能力和对预期环境的判断，一边又在权衡如何做出更加理性的消费决策，确保选择的正确。这也让精神和情感消费的驱动价值进一步凸显，当接近品牌的理性层面的时候，真实情感、可感知的文化意义、更加真实的体验成为消费者的追求，若要决胜消费者的选择，品牌必须塑造出真实可感知的体验。同时，越来越多的消费者非常注重健康环保的理念，而健康环保不仅是基于材料和成本的创新，对于更多的年轻消费群而言，“健康环保”更需要融入产品本身的体验，无论是设计还是产品的包装触感，要对环境友好，可循环、可持续的消费理念正在不断渗透到中国消费者的生活中。

“心价比”时代

纵观整个消费市场，90 后和 00 后已然是绝对的主力军。他们不仅热衷于追求潮流、时尚，更崇尚个性化的品质消费。对于他们来说，愿意为一个产品付多少钱，不是取决于性价比，而是取决于这个产品能给内心带来的体验和对于“自我”的价值，中国消费正在经历从“性价比”到“颜价比”再到“心价比”的跃迁。消费者会更加在意商品是否能够体现“自我价值”，或是消费的意义与价值，会为这种心理认同而买单。

以奶茶为例，调查显示：在一杯 30 元手调奶茶和 6 元速冲奶茶之间，有 45% 的消费者会选择 30 元手调奶茶，选择 6 元速冲奶茶的人只占 32.2%，其余人觉得二者都可接受或者“看情况而定”；而很多人愿意选择 30 元手调奶茶的主要原因在于口味丰富，具有场景体验感，而消费者的需求与选择也推动奶茶消费的新进阶。

品牌引领“心价比”消费的核心在于“心”，品牌需要拉近与消费者之间的距离，让消费者能够感受到品牌全新的情感价值，让其承载温度和情怀，更好地满足消费者的情感需求，同时也让消费者能在消费过程中获得自我的升华。

潮嗨经济

随着 Z 世代逐渐成为大众娱乐消费的主力群体，潮流文化在中国迅速兴起并逐渐大众化，引起圈层群嗨，潮流也逐渐升级为潮嗨，这也让“盲盒”这一销售形式在近些年大放异彩。盲盒走俏的原因不在于形式，而在于背后的“潮元素”和“嗨动力”，从潮玩到趣玩，从惊喜消费到盲盒消费，品牌只有不断制造超越产品本身的想象力，才能创造出消费的新浪潮，这就是“潮嗨经济”。

“潮嗨经济”的一个维度是“因嗨而潮”，探索小众的文化消费价值，尤其是找到Z世代的圈，打造小众的消费话语，让小众“共嗨”的产品变成流行文化；另一个维度则是“从潮到嗨”，品牌的跨界潮通过为品牌注入“嗨”元素，实现在年轻人中的流行和文化破圈。例如，应用跨界、IP（知识产权）联名、次元文化破壁等方式，让品牌引发追逐和流行。研究显示，有40.7%的消费者认为购买盲盒这类潮嗨产品是出于对个性的表达，39.3%的消费者认为购买潮嗨产品会获得幸福感。他们不再执着于物质本身，而是愿意为观点、人设、故事和生活方式买单，认为“我”的消费和选择决定了“我”是一个什么样的人。

继泡泡玛特之后，星巴克、宜家、乐高、名创优品、旺旺等都已开始推销自制的盲盒商品，盲盒已从潮玩蔓延到整个大众消费领域，渗透至包括服装、餐饮、美妆、旅游、文创等各行各业之中。

从模型周边到箱包配件，再到球鞋卫衣，无论是限量款奢侈品 × 潮牌球鞋，还是隐藏款IP联名盲盒，都使消费者趋之若鹜。

新消费进阶

2020年成为众多新消费品牌崛起之年，很多新消费品牌依靠数字化、流量驱动和内容运营，创造了新消费场景，也驱动着各个行业的品类创新。在互联网平台的驱动下，未来打败传统企业领军品牌的或许不是排在第二位、第三位的对手，而是排在第20位、

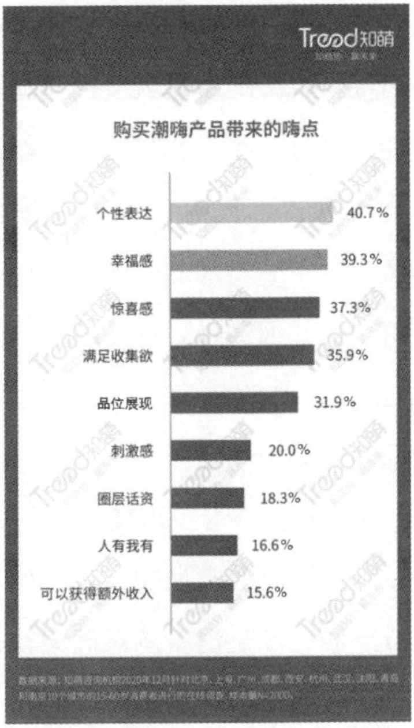

2020 年底知萌对中国 10 个城市购买潮嗨产品的调研结果

第 30 位之外的新品牌。这些新消费品牌依靠互联网模式正在瓦解传统品牌固有的建造模式。从最早的淘品牌到微商品牌再到今天的独立品牌……完美日记、元气森林、自嗨锅、拉面说等新消费品牌急速增长，崛起的速度令人叹为观止。

调查显示，2020 年消费者购买过的新品类前五名产品分别是自热火锅 / 饭、即食燕麦片、智能音箱、盲盒和 0 糖 0 脂 0 卡饮品，面对消费的不断升级，消费者的需求和形态已经发生了巨大的变化，消费者对于新品类产品的选择要求越来越高，品类类别也更加丰富。

新消费品牌很多都切中了市场中未被解决的细分诉求，从传统巨头的夹缝、品类的垂直细分领域起步，但由于切口不大，新品牌的爆款产品容易遇到增长天花板，普遍缺少壁垒，走红后极易被竞品复制，品牌营销力度一旦减弱可能就会被竞品取代，因此需要建立可持续的品牌势能；此外，在营销过程中，新消费品牌大多应用数字流量的方式曝光，但该玩法在当下这一红利消退期出现了流量价格渐增、品牌买量费用不断增加的问题，如何打破这一僵局成为关键。因此，下一阶段，如何通过打造品牌的可持续性，从“网红品牌”走向“主流品牌”，从流量型增长进入品牌型增长，成为摆在这些新消费品牌面前的共同命题。

例如，打出了“0 糖 0 脂 0 卡”市场定位的元气森林，利用赤藓糖醇替代安赛蜜、阿斯巴甜等常见的人工代糖，让产品在保证口感的同时做到 0 糖 0 脂肪，满足消费者对健康饮料的需求，成功打出了差异化，制造了“唯我市场”的品牌堡垒。如何让元气森林迅速建立品牌壁垒？除在小红书、微博、快手、抖音等平台进行流量和内容营销，以及应用明星助阵、李佳琦助攻带货、张雨绮代言等，2020 年 5 月起，电梯里开始陆陆续续出现元气森林投放的分众 TVC（电视广告片）广告，强势霸屏，很多人开始记住“0 糖 0 脂 0 卡”的概念，元气森林也牢牢占据“无糖饮料专家领导者”的心智资源。

如果说互联网广告是陆军，那分众传媒所代表的梯媒就是空军，空军负责炸开消费者心智防线，为陆军能更低成本、更快地占领阵地提供帮助，元气森林作为饮料品牌，目标受众正好是公司职员、服务人员、学生等年轻消费者，他们不可避免会接触到电梯这个生活场景，因此分众传媒的客群范围也符合元气森林的受众范围。数据显示，目前分众传媒电梯媒体已覆盖 230 多个城市、超过 260 万个终端，其涵盖的约 4 亿城市主流人群贡献了 70%~80% 的都市消费力。如此大面积的覆盖和频繁的曝光，进一步提升了元气森林的品牌认知度。

从元气森林的营销策略上可以发现，新消费品牌想要应对市场的变化，巩固品牌地位，必须通过渠道饱和式的曝光建立品牌认知，像元气森林借助分众传媒这类饱和式曝光的营销方式，能够在品牌关注度偏弱的情况下集中发力，打开突破消费者心智的捷径入口，这也是新消费品牌进阶必须走的一步棋。

精养健康

在全民健康养生的潮流下，“动感单车普拉提，保温杯里泡枸杞”成为不少 80 后、90 后等年轻消费群体的生活写照。尤其在经历了疫情的冲击后，年轻人的健康消费意识进一步觉醒。

随着生活压力大、饮食睡眠不规律等问题日益严重，脱发成为这些问题的表征，而且脱发出现年轻化趋势，“还没脱单，已经脱发”，调查显示，53.9% 的 90 后和 50.0% 的 00 后表示自己有轻微的脱发。对于脱发的年轻人来说，最恐怖的不是 deadline（最后期限），而是 headline（发际线）。调查显示，73.8% 的消费者会关注发际线，57.0% 的消费者认为发际线高低对于颜值的好坏至关重要，从对发际线的关注中可以看出消费者精致养生的生活态度。

从关注身材、皮肤状态到关注睡眠、发际线，再到关注心理健康，从简单的健康饮食迈向更高阶的探索，从口罩经济到年轻人守护发际线，养生和健康渗透的领域越来越多样化，任何垂类产品都有了可以和养生跨界的可能，健康内外兼修，从养身到养心的“精养时代”到来。

深宅美学

疫情催生了“懒宅经济”，使得居家成了一种状态，人们开始拓展新的生活方式：居家娱乐、健身、办公、网课、云蹦迪……促使人们重新定义事业和家庭的关系，重新平衡工作与健康的权重。长时间居家也驱动人们对于家居空间的关注度空前提升，大家对于装修的观念也正在迅速改变，从简单追求“大而豪华”到开始思考关于健康、关于生命、关于未来。因此，居住空间和工作空间融合的趋势上升，改造舒适家居的深宅美学浪潮袭来。

调查显示，2020 年，一、二线城市的消费者中，64.2% 对主卧进行了改造，50.3% 对客厅进行了改造。由于疫情的影响，2020 年消费者居家的时间比以往增加很多，主卧和客厅成为人们最常使用的空间，更多消费者为了提升自己的居家感受而进行改造。

针对未来家居空间功能的设计，31.4% 的消费者想要增加具有多媒体功能的娱乐室；由于受到疫情的影响，人们对于健康愈加重视，有 25% 的消费者想要在家居空间中融入健身功能，还有 24.4% 的消费者想要在家中置办很多植物，享受被植物环绕的时光，感受自然的舒适。因此，在后疫情时代，人们对于家居的设计已经不再是单纯追求好看与宽敞，而是开始追求功能性与舒适性结合，追求亲近与绿色兼具。疫情之下，口碑对消费者购买决策的影响愈发凸显。

在地国风

当下年青一代是祖国强盛的见证者，他们具有更强的文化自信与民族文化认同，不再把传统文化视作审美艺术或想象符号，而是将其融入日常生活中的“活”事物。他们会用当代视角评判传承历史文化的品牌，对于他们而言，传统文化不仅要有潮酷的外表，更重要的是无违和的底蕴内涵。而国风就成了融合文化底蕴与潮流外表的产物。新国风运动愈演愈烈，推动各个区域的特色文化进一步绽放，形成了更加丰富的国风表达，从“在地化”到“时尚化”再到“IP 化”，新文创与新国风的消费正在发生新的演变。

调查显示，在网购时，45.2% 的消费者购买过中国各个省市的标志性食品，43.4% 的消费者购买过具有地方特色的手工艺品，还有约 1/3 的消费者购买过品牌与博物馆联名的国潮产品和非物质文化遗产衍生的时尚产品。这些产品更多是具有地方特色，以及将传统文化与现代前沿时尚进行深度融合，兼具区域特色、网络文化及时尚流行文化的特点，这也是“在地国风”的创新点。

如今，年轻人愿意用自己喜爱的方式续写中国传统文化，敢于表达自己土生土长的城市中所蕴含的深层情感，他们将这些融入潮流文化，重塑现代潮流审美观。例如，在 2020 年淘宝造物节上，无论是武汉情书 T 恤，还是“东北大花视觉系服饰”，这些新国风产品都融入了各地城市的特色，涌现了京潮、沪潮、武汉潮，“现代设计 + 城市元素”让国风产品走向地方化。当越来越多的消费者愿意为传统文化消费，带有中国文化元素的产品也日渐成为新生代消费者彰显自我个性、打造个人属性标签所乐于使用的一种风格时，在地国风必将引领更多新国货品牌，以愈加崭新的面貌走向世界，传承并发扬灿烂的东方文明。

奢侈新境

“你觉不觉得现在奢侈品越来越 low（低级）了？”随着 LV（路

易威登)、Gucci(古驰)、Hermes(爱马仕)等奢侈品在中国市场积极拥抱新媒体，以前对明星都要“挑挑拣拣”的品牌，开始越来越多地和网红合作，并尝试直播、短视频等多种带货形式。连买包都要配货的爱马仕，也出现在淘宝头部主播代王的直播间(并非爱马仕官方合作)。不仅是爱马仕，各大直播间都越来越频繁地有顶奢产品现身。

英国奢侈品牌Burberry(博柏利)在天猫平台进行探店直播，LV在小红书进行由品牌挚友钟楚曦参与的“夏日系列”新品介绍直播。虽说最终因为直播过于简陋而“翻车”，但也算打响了奢侈品直播的前哨战。随后，Longchamp(珑骧)品牌也邀请自己的男士系列品牌大使林彦俊和KOL(关键意见领袖)吉良先生一起主持了在Longchamp天猫旗舰店的“云逛街”直播。另外，古驰举行了一场长达12个小时的直播时装秀，这场直播在微博上的播放量高达1574万次。调查显示，现在的奢侈品相较以往最主要的变化体现在更容易让消费者购买以及越来越平民化，分别占比45.4%和42%。这样的改变也让奢侈品最大限度地走进人们的日常生活，提高人们对品牌的认知。

奢侈品不再是炫耀的符号，品质和悦己成为新驱动力，电商、直播、社交化营销、联名跨界，奢侈品需要应用社交网络的“超链接”构筑新的时尚感观。当前奢侈品受众年龄下沉已经是明显趋势，Z世代也成为奢侈品品牌不可忽视的目标用户群。为了更好地拥抱年轻人，奢侈品在跨界联名这条路上也是越走越远。例如：LV为拳头(Riot)公司旗下最火爆的游戏《英雄联盟》设计全新皮肤，并在S9全球总决赛中打造史无前例且独一无二的召唤师奖杯收纳箱；此后，还设计发布了《英雄联盟》游戏人物奇亚娜和赛娜两款至臻皮肤以及实体服装，另外还有 LV 和《英雄联盟》联名的奇亚娜款式腕表。此次和《英雄联盟》的合作，让消费者再次感受到时尚融入游戏世界的震撼与惊喜，同时也让年轻消费者感受到了爆款游戏叠加奢侈品品牌的超强影响力。

直播进化

2020 年，突如其来的新冠肺炎疫情打乱了人们正常的生产生活节奏，但直播电商逆势乘风破浪。2020 年的电商直播三大主题是：带货、带货，还是带货。从 2016 年 5 月淘宝直播上线开始，从 2017 年到 2019 年，我国电商直播市场规模从 190 亿元暴涨 20 倍，达到 4338 亿元。2019 年也因此被定义为“直播电商元年”：这一年，淘宝直播独立 App（应用程序）上线，无人能躲过李佳琦的“OMG（哦，我的天），买它，买它，快买它！”

调查显示，头部主播带货和品牌官方直播是消费者主要观看的直播类型，占比分别为 43.2% 和 42.1%。这说明消费者认为头部主播和品牌官方的直播更具权威性，同时直播的内容更有吸引力。

除去各种高大上的概念，“消费者为什么要在直播间买东西”才是营销人要回答的根本问题。有人觉得是主播的人设，有人觉得低价是王道，有人觉得直播有娱乐效果能当综艺看，有人觉得直播电商会是改变电商的新形态，但对于消费者来说，直播只是一种新的购物方式罢了。调查显示，44.1% 的消费者认为直播带货成为新的购物渠道。直播带货让消费者更容易了解产品信息以及其他人的产品体验感受，从而缩短产品的种草时间并进行购买。

过去高悬于灯牌之上、闪烁在屏幕之间、凝固在画面之中的品牌、商品，在直播中可以化作活生生的形象，与消费者进行一对一的交流。这样鲜活的品牌形象，是其他营销方式难以带来的。我们可以看到，直播可以让死板的品牌和产品活过来。而在 2021 年，直播体验愈加重要，垂直化直播、精细化运营、新交互形态将驱动“美好直播”时代到来。

营销向善

2020 年伊始，新冠肺炎疫情的暴发对全国商业活动造成严重冲击，因疫情隔离的人数以万计。疫情暴发以来，品牌的营销方式也有所转变：从追求流量曝光到侧重营销向善。提供更好的生活场景，提供更好的内容，品牌对于公益价值和社会价值的投入将构建更有温度的界面，人文品牌驱动的营销向善时代到来。

调查显示，消费者认为绿色环保的产品设计理念、有可持续发展的品牌理念和使用更环保的产品材料是增加他们对品牌好感度的因素，三者分别占比为 36%、34.8% 和 34.2%。相较于关注公司公共的社会形象、支持和参与社会公益事业这些工作，消费者更注重将绿色环保、可持续发展的理念应用到产品的设计、生产中。

企业为何营销向善？以往品牌营销的出发点可能是产品获客、品牌曝光，此次疫情唤醒了人们对于生活本质的思考，把所有人都培养成了有“洁癖”的人，消费者对健康和美好生活的向往更重视、更迫切，对各大品牌来说，主动亲吻社会责任已经成为共识。

从长远来看，一家优秀的企业既要为社会创造财富，也要关怀民生、向善而行，做社会的正能量。因此，近几年，ESG（environment、social responsibility、corporate governance，环境、社会责任和公司治理）投资成为国际金融市场的大趋势，诸多可持续性发展问题被提上议程，许多企业也将其作为重要商业决策的考量基础。过去 5 年，中国经济增长由消费引领，消费升级步伐加快，创造了新的增长点，但仅有消费升级还不够，供给短板不仅会制约消费升级趋势，还会让升级速度趋缓。因此，产业消费的“双升级”将进一步推动经济的正向循环。同时，虽然消费趋势不断在变，但是消费者向往美好生活的心从未发生转变，不同阶段消费对于美好生活的定义不同，也就出现了不同的消费模式。2021 年已经到来，借助 5G（第五代通信技术）的发展浪潮，消费者对于美好生活的追求将再上一级台阶，此时品牌又将要围绕市场发展做出哪些战略调整呢？这十大趋势已经给出了一些答案，“重塑与新生”必将成为引领 2021 年消费趋势的关键点，品牌可以借此蓄势而为。

第一章

企业增长破局之道

如何成为消费者心智中的首选？

江南春 / 文

占领心智两步法：找对词，进心智

中国的人口红利结束了。

国家统计局数据显示，2014—2019 年，年社会消费品零售总额从 26 万亿元增至 40.8 万亿元。2020 年这一数字为 39.2 万亿元。同时期，劳动人口在社会总人口的占比从 2014 年的 67% 一路走低，降低至 2019 年的 64%。消费品零售总额出现拐点，但是中国的供给能力却在一路高速攀升。

很多行业开始进入存量博弈阶段。这个阶段，大家的第一个想法可能是以价取量，最后的结果是量价齐杀。很多行业陷入价格血战的危局中。价格血战有一系列连锁反应，会导致企业利润恶化。企业可能会通过降低成本改变利润恶化的局面，用户体验被牺牲。而消费者对品牌的认知也在不断打折促销中被拉低。

很多人用“消费降级”为价格战开脱，其实不然。中国近年来

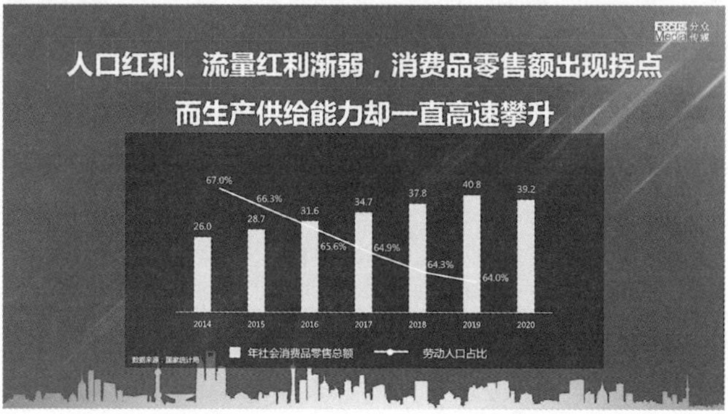

2014—2020 年社会消费品零售总额（万亿元）及劳动人口占比

一直处在消费升级的过程中。从产品角度来说，各个产品线都在向更加品牌化、品质化的方向前进。现在，消费者重视的不仅是功能，他们还有美学化、精致化、品位化、健康化、智能化的需求。未来，面对价格血战，企业发展的重点是抓住 4 亿 ~5 亿中等收入人群的消费升级，开创差异化价值，打造自己的核心竞争力。

如何获得竞争力？只是依靠更好的产品吗？今天，获取竞争力光靠产品是不够的。产品是基础。有一个经典测试：三种可乐放在一起进行“盲测”，用户评测出皇冠可乐第一，百事可乐第二，可口可乐第三；第二轮在出现品牌后再进行用户评测，结果可口可乐第一，百事可乐第二，皇冠可乐第三。

现在，科技发展加剧了产品同质化，创新会被快速模仿。创新的时间窗口只有 3~6 个月。之后，竞争对手会迅速跟进。所以产品领先对手很重要，但产品优势必须转化为消费者认知优势才能获得竞争力，并且还要固化这种优势。产品很重要，品牌认知更重要。品牌认知会影响顾客对产品的感知和期望。

大家可以看到 2020 年股市涨得最好的股票是金龙鱼、农夫山泉、海天酱油……这些品牌为什么成功？为什么市值那么高？因为在消费者心智中，它们已经成为常识，成为标准，成为不假思索的选择。品牌，必须成为消费者心智中一个清晰且简单的词，当顾客产生这一类需求时，你的品牌能够成为首选，这样才能够免疫未来的价格战、促销战和流量战。

大家都想占领消费者心智。怎么做？占领消费者心智，成为消费者心智中的首选有两个方法：找对词，进心智。

如何找对词？有四种打法：代言品类，占据特性，聚焦业务，开创新品类，以电商为例，“老大”天猫，直接封杀品类，“上天猫，就购了”；第二位占据特性，例如京东的“多快好省，购物上京东”，“我送货快，上午买下午就到”；第三位垂直聚焦，“一个专门做特卖的网站”——唯品会；第四位拼多多开创新品类，“拼得多，省得多”。“老大”打的是防御战，守住自己的山头；“老二”打的是进攻战，进攻“老大”的山头；“老三”打的是游击战，守自己守得住的小山头；“老四”打的是侧翼战，在无人地带降落，开创新品类。

一条好的广告语必须具备以下特点：第一，符合产品优势点；第二，体现跟竞争对手的差异点；第三，契合消费者痛点。三点合一才能形成有效的竞争战略。如何评价三点合一？有三个判断标准：第一，顾客认；第二，销售用；第三，对手恨。比如“怕上火喝王老吉”就是一句好的广告语：凉茶预防上火，顾客认；销售也会用，说“江总上火了，来瓶王老吉”。那对手恨不恨呢？在消费者心中，“怕上火喝王老吉”这个条件反射已经形成，对手进入这个行业会碰到巨大的壁垒，恨得牙痒痒，这就是品牌的护城河。一个广告符合这几点，在消费者心智中就占据了一席之地，赢得了认知优势。

找对词只是第一步，抓住时间窗口，进行饱和攻击，才能够先入为主，抢占消费者心智，才能够赢得心智产权，成为优先选择。

消费者心智有几个特点。

第一，容量有限。消费者心智只能记住数一数二的位置，第三就很难被想起，所以品牌一定要成为某个细分领域中的前两名。第二，一旦形成就很难改变。“农夫山泉有点儿甜”这条广告语已经打入消费者心智，过去了20多年，大家至今仍对这句话有条件反射。第三，厌恶复杂。企业从自身角度总想把产品的三大优势、七大卖点都说出来，但消费者每天接触海量信息，反而一个都记不住。你必须只用一个清晰的词定义自己，才能赢得消费者心智。比如，奔驰的特点是豪华，宝马的特点是驾驶乐趣，沃尔沃的特点是安全，等等。

另外，时间窗口非常重要，不仅要找对那个词，还要在有限的时间窗口内进入消费者心智中，并脱颖而出。之前，百吉福在中国奶酪棒市场处于领先。当妙可蓝多进入该市场，品类心智窗口依然存在，因为百吉福没有通过品牌广告占据消费者心智。百吉福的年销售额虽然达到10亿元，但在消费者心中，奶酪棒并不等于百吉福。妙可蓝多抓住机会，在分众上进行广告饱和攻击，抢占了“妙可蓝多等于奶酪棒”的消费者心智。六个季度后，妙可蓝多成为中国奶酪第一品牌，市值从20亿元增加到240亿元。

为什么品牌广告必须要饱和攻击？因为海量的信息轰炸使得消费者记忆力在持续下降。如果广告火力分散，消费者对品牌的记忆赶不上遗忘的速度。广告竞争激烈，如果火力太弱，你的品牌广告就会迅速被其他品牌广告淹没，达不到击破消费者“血脑屏障”，进入消费者心智的目的。抢占消费者心智的核心问题是聚焦城市主流人群。4 亿城市主流人群是消费市场的风向标人群，他们有更强的消费能力，掌握话语权，尝鲜意愿强，有示范效应。要尽可能集中火力，占领 4 亿城市主流人群的心智。总结起来，就是“找对词 + 进心智”。现在，你花 1000 亿元也不能把“农夫山泉有点儿甜”这句话从消费者心智中抹去。只有在消费者心智中将品牌成功注册，企业才能获得真正的免疫力，长期受益。

如何用好互联网精准流量

中国广告媒体呈现出新的趋势。如何用好三大媒介呢？

中国三大广告媒介

电视的特点是覆盖全国，城市下沉，受众广泛，内容丰富可靠，价值观正面，但现在主流人群看电视越来越少，受众老化趋势显著；互联网视频的受众广泛，中国有 7 亿月活用户，但是其中有几亿主流消费人群是付费去广告的；电梯媒体能够高频有效触达 4 亿主流人群，是引爆品牌的核心平台，但较难覆盖下沉市场。

所以在传播上，我们要拥抱变化，赌对不变。消费者每天的手机注意力有 6 小时，但他们关注手机时看的是内容，不太会注意广告。营销必须通过内容，积极融入抖音、小红书、B 站，做内容创造话题，“两微一抖”变得非常重要。而生活空间很难改变，公寓楼、写字楼是消费者必经的，在电梯这个高频而封闭的空间中投入足够的传播资源，品牌很容易被引爆。

凯度中国区首席执行官兼 BrandZ™ 全球总裁王幸在 2020 年举办的“BrandZ™ 最具价值中国品牌 100 强”发布会上，提到一个重要观点：对于广告主和品牌而言，将线上与线下、内容化与场景化高效结合，通过“两微一抖一分众”引爆品牌，将成为未来传播的最有效范式。以分众传媒为代表的日常生活场景的品牌广泛引爆和以微博、微信、抖音为代表的社交媒体的品牌深入种草，两者的交互和共振在后疫情时代将是助力品牌强劲复苏和增长的核心阵地。

本文我们要讨论一个重要的话题：如何运用好互联网，尤其是精准流量分发。

现在，互联网流量型广告在中国广告中占据非常主流的位置。互联网流量广告的优点非常明显。第一，调整便捷，表现形式简单，制作成本低。第二，直接链接销售。第三，效果分析较为明显。

同时，互联网流量存在着以下一些疑问。

疑问一，互联网流量广告可以建立品牌吗？

互联网流量广告比较依赖打折促销。流量平台具有很强的渠道属性。和超市做试吃促销一样，流量型品牌广告带有促销性质。流量直播等方式只解决了马上买，没有解决消费者为什么爱这个品牌。它是单次的、不持久的，可能还会导致品牌对打折促销的依赖性越来越强。没有品牌广告固化品牌认知和培养信任，销量是不可持续的。随着流量成本越来越高，买流量这条路也注定难以持续。

具体表现如下：第一，流量广告难以反复有效触达。消费者要看的是内容，不是广告。流量广告很难有效触达消费者，而品牌认知的建立需要反复有效触达客户。另外，流量广告的触达环境不理想，消费者多数会选择直接滑走。第二，覆盖人群有限。精准流量广告影响的人群范围小，难以形成品牌的“社会共识”。第三，易陷低价促销。流量广告投放部门为了完成 ROI 指标，更倾向于用促销、低价刺激用户，这导致品牌进一步受损，陷入价格战，拉低品牌认知。

疑问二，互联网流量广告的成本更可控吗？

投放互联网流量广告的挑战就是采用竞价机制，流量价格水涨船高。你只要不是顾客心智中的优先选项，跟对手在效果广告投放竞争的时候，就只能通过不断竞相出价获取流量，最终赢利会变得越来越难。

没有在消费者心中建立品牌认知优势，一旦停止效果广告，销量会立刻下滑。品牌对效果广告的依赖性会越来越大、越陷越深。流量成本不断提高，最终吸走了品牌产生的大部分利润。

以前，我们讲“销售额 = 流量 × 转化率 × 客单价 × 复购频率”。第一，流量的洼地红利很重要，但最后能不能赚钱取决于品牌自带流量的比例。品牌只有深入人心，才能获得持续免费的流量。在今天流量成本越来越高的时代，所有流量都要靠买是很难赚钱的。第二，只有品牌力才能提升流量的转化率。第三，只有品牌势能才能带来产品的溢价能力。在同样的流量位置，平安保险和永安保险的点击率和成交率完全不一样。因为平安保险的品牌知名度、认知度和品牌势能比永安保险更高，具有更大的转化率与溢价能力，所以消费者宁愿花更大价钱买平安保险。

疫情期间，很多人讲流量直播。大家觉得依靠流量直播就可以找到通向光明的道路。流量直播的核心是带货，同样做不了品牌。主播口播几句无法建立品牌。当消费者信任没有建立起来的时候，品牌投流量广告或者做一些直播带货，效果也会非常差。信任源于熟悉和认知，知名度越高的品牌搞直播和流量转化越好。如果没有品牌知名度、认知度支持，除非价格便宜到完全没有利润，否则很难有销量。

现在，微博、微信、新闻客户端占据主流受众更多的心智，用户在社交媒体获取信息。怎么运用好社交媒体？应该做内容、做公关、做话题。

利用社交媒体时，品牌要注意思考以下几个问题。

问题一，刷屏可以复制吗？

很难。百雀羚在 2017 年做出了刷屏 3000 万的文章，且不说能够产生多少销售，第二次刷屏在哪里？刷屏可遇不可求，火是偶然，不是必然。

问题二，刷屏真的传达了品牌价值吗？

很多公司也做出了刷屏内容，但能否带来很强的品牌价值？值得商榷。想寓教于乐，消费者也乐了，但品牌想传达的核心价值却模糊不清。消费者做出购买决策的时候，还是要问选择你，不选择别人的理由是什么。网易云音乐曾做了很扎心的刷屏文案，但消费者最后还是选择用 QQ 音乐，因为那时候 QQ 音乐版权更多。在消费者做出购买决策的过程中，品牌必须向其传达选择自己而不选择别人的理由。但事实上，很多刷屏文章很难阐述品牌的核心价值。

问题三，刷屏能让人印象深刻吗？

无比迅速地被遗忘。第二天更火的信息闯进来，消费者就把昨天的刷屏信息遗忘了。华与华咨询创始人华杉认为，宣传的本质在于重复，受众的本质在于遗忘，品牌要通过重复对抗遗忘。

当社交种草成为营销标配时，大规模种草红利已经结束，流量转化率越来越低。因为所有的品牌都在种草的时候，一堆草种在草原上，怎么才能让消费者发现你种的草呢？社交种草引爆品牌的难度越来越大，种草红利已经结束。当别人还在种草的时候，你应该种一棵大树，把品牌曝光到人们耳熟能详，这样大家才能够关注到大树及树下种的草。

品牌首先要集中引爆，同时在社交媒体海量种草。诺贝尔经济学奖获得者丹尼尔·卡尼曼认为，要使人们相信一个概念或事物的方法就是不断重复，因为人们很难分辨熟悉感和真相。熟悉的事物会让人们放松认知，从而做出舒服且轻易的判断。

如何用好分众引爆品牌

如何用分众引爆品牌？分众的优势显而易见。中国排名前 100 的品牌中，87% 选择了分众。分众电梯媒体日覆盖总人口 4 亿、触达 7 亿人次，是面向城市主流人群引爆品牌力最强的媒体之一。

凯度对百强品牌投放媒体情况的调研结果

丹尼尔·卡尼曼提到，人是一种生物，在生存环境中要保持警觉。重复性会引发认知放松的舒服感和熟悉感，对顾客产生潜移默化的影响。元气森林、妙可蓝多等在消费者必经的社区和办公楼电梯中，持续重复地曝光，在消费者大脑中不知不觉地种下品牌的种子，并在某一天开花结果。品牌一旦深入人心，就能够持续地取得高成长。

分众可以用楼宇画像、小区社区画像、写字楼画像进行“千楼千面”的投放，还可以根据楼盘的地理位置数据、楼盘价格、楼盘品类需求数据进行精准投放。此外，分众电梯媒体数据还可以回流到天猫数据银行，进行兴趣、购买、忠诚等因素的后链路分析，帮助客户累积品牌的数据资产。

品牌还可以针对这些看过分众广告的地区人群再进行分析、再投放，形成更强的转化。

分众的媒体投放不仅是一次投放，还是数字资产累积。品牌可以继续运营这些数字资产，最终达成销售。品牌广告是长期效应，效果广告是短期效应。品牌广告和效果广告很难合一，但可以协同。品牌广告把数据传回到效果广告端，效果广告再根据人群进行追投，能够缩短品牌广告和效果广告起效果的时间。

建立品牌的全路径就是从“认识认知”到“认同认购”的策略。第一步是品牌广告高速直达用户，目的在于品牌打造。这一步要能够清晰地告诉消费者：你是谁？有何差异？何以见得？第二步是社交种草进行内容营销。这一步具体告诉消费者：你有什么价值？与对手相比有什么优势？大家用完评价如何？第三步是导购收割。在实体终端和电商终端，用导购导流等方式引导用户做出最迅速的购买决策。

今天，我们发现很多新消费品牌是“反向”的，是从“认同认购”到“认识认知”。这个策略也有三步。第一步，先通过社交种草赢得一小部分核心粉丝，产生购买和忠诚。第二步，开始大量做知名度和认知度，通过投放品牌广告破圈，拉升知名度。第三步，看过品牌广告的潜客上网搜索看到粉丝好评如潮则引发下一轮的销量突破，从而取得非常大的成功。

总体来说，一个品牌的建立是一套组合拳打法，缺一不可。

总结与展望

2020年后疫情时代，我们产生了很多误解，大家都在讲数字营销，好像我们进入直播电商时代，似乎不需要品牌了，品牌广告像是过去时代的产物。大家都在讲品效合一，但所有品牌都面临流量红利消失的困境。其实我们应该回归本质，商业的本质不会变，消费者是根据品牌做选择的。品牌才是长期的“道”，流量是短期的“术”。

2020年后疫情时代更要坚持长期主义，我们应该做长期可累积的事情，这样才能够享受时间复利。

互联网从图文到视频到直播，创造了即时海量信息，信息越来越丰富了，那品牌和顾客的沟通效率是不是越来越高了呢？正好相反。消费者的选择更加依赖品牌。因为信息越来越丰富，传播渠道越来越多样，互联网上每个人都可以发出自己的声音，信息量爆炸的时候，精力有限的消费者反而不堪重负。品牌是信息的简化器，消费者可以通过品牌做信息简化，降低自己的选择成本，品牌的作用只会越来越大。

所以，让我们用确定性的逻辑打赢不确定的市场，打造出更多从同质化转向差异化，从价格战转向价值战，从制造驱动、渠道驱动转向顾客认知驱动的中国品牌。

未来十年，最大的机遇是人心红利正在展开。虽然流量红利消失了，但是品牌红利正在展开。

赚钱的逻辑，变了

正和岛[①]/文

抓住那些“白骨精”

正和岛：首先恭喜您的新书《人心红利》出版。为什么会有“人心红利”这个说法？

江南春：分众平常接触的企业家很多。所以对于中国经济，我们有一些体会。

中国今天一个很大的挑战是什么？我觉得是原先的“人口红利”变成“人口焦虑”。按目前中国的人口出生趋势，25年后，中国可能只有七八亿人。

人口、流量红利结束了，所以大家感叹生意难做，就像阿里巴巴参谋长曾鸣教授说的：“容易赚的钱没了，往后大家都得做更辛苦的事。”

---

① 正和岛由中国企业家俱乐部创始人、《中国企业家》杂志原社长刘东华先生创办，是企业家及创业者专属的以供需适配为核心价值的互联网创新服务平台，为中国最大的企业家深度学习社区。

许多行业进入存量博弈。这时，大家的第一个想法可能都是率先“以价取量”，争先恐后降价。这种做法一开始奏效，但杀到最后，终究是量价齐杀，利润越摊越薄，甚至大面积亏损。

但与此同时，我们也看到另一股力量：品牌聚集度越来越高。比如，白酒行业总量没有上升，但茅台、五粮液、泸州老窖、洋河、郎酒、剑南春等头部企业依旧发展迅猛，业绩持续攀升。

这一切，其实正是“人心红利”！

现在有个概念叫“算法驱动”，但我认为技术、流量、精准分发这些都还只是“术”。真正的“道”是人心，要让品牌在消费者心智中牢牢驻扎。

所以现在每个企业、每个人必须回答的一个问题是：自己与众不同在哪儿？别人选择你，而不选择其他人的理由是什么？

正和岛：那么在这种背景下，该重点抓住哪些人的“人心”？又该怎么做？

江南春：刚才我们说人口增长的红利已经结束，但“人心红利”正在展开；流量红利正在结束，所谓“精神的红利”正在展开。

为什么这么说？中国现在已经有约 4 亿中产人群，到 2025 年将出现 5 亿“新中产”。这个人口已经超过美国的总人口。

在这种新消费时代，花钱对很多人来说，已不再是为了解决温饱，而成了一种对生活品质、精神愉悦的追求。

所以更具象地说，今天中国“消费升级”的原点人群是哪些？是 20~45 岁、喜欢高品质、追求潮流的那些人。

说白了就是两个族群：Z 世代和中产人群。

第一个族群是以 95 后和 00 后为代表的 Z 世代。这些人的语言模式是，“不能买买买的一生不值得一过”。他们更愿意把钱花在这些地方：化妆品，因为他们认为“颜值即正义”“你美你先说，你丑你闭嘴”；零食，因为“嘴巴不能闲”；自我成长，他们对周游世界、探索未知的需求非常强烈。

第二个族群是中产人群。对他们来说，实用主义的东西已经没什么特别大的需求了，要的是情绪的、氛围的、自我标签化的、很有格调的，“哥吃的不是一碗面，哥吃的是寂寞”。

就像现在有钱的人，是不是就一定要大吃大喝呢？不是的，他们要5周减6公斤、30天只吃蔬菜、每周一次轻断食，早上要跑步打卡，还要买樊登读书会会员卡，因为在付钱的那一瞬间，他们预见了一个更好的自己。

举个我自己的例子，我以前很喜欢去上海的汉源书屋。因为我刚开始做广告时，有一段时间很急躁，但在汉源书屋的那种环境下，我的情绪就很容易沉静下来，让我觉得回到了平静的大学时代：在一条栽满梧桐树的小街道旁，在落地玻璃窗边，在某个午后到里边喝一杯茶，那里有很多旧上海时期的打字机、旧钢琴、旧沙发。

我就坐在一个20世纪30年代的沙发上，喝一杯普洱，看《东欧戏剧史》，仿佛回归了我想要的生活。

所以可以看到，目前中国消费的核心关键词就是“悦己消费”。4亿中产人群，我称之为“白骨精”人群，有能力的“白领、骨干、精英”。

他们的消费心理是不需要低价，但要能够带来心理满足感——不要跟我谈刚需，要有格调和品位，能体现我是什么样的人。

这些人只愿意把时间浪费在“美好有趣”的事物上。

花 1000 亿元，也抹不掉“农夫山泉有点儿甜”

正和岛：在您所说的这种“消费者主权”“人心红利”时代，企业的竞争力该从哪里来？

江南春：我自己理解的“人心红利”的另一个意思是，今天中国的商业战争逻辑改变了。

过去 40 年中，中国商业战争的核心要素发生了 3 次重大改变。改革开放初期是短缺经济，最早的红利叫制造能力的红利，你能造出别人没有的东西，你就成功了。所以那时首富都在广东，因为广东人什么都能造、什么都能模仿。

后来是渠道红利。浙江人越来越厉害，像宗庆后先生，可以把一瓶水、一瓶营养快线卖到中国 600 万个网点，卖给中国的千家万户。于是，他成了首富。

10 多年后，大家发现天猫、京东出来，上面什么都有。买一瓶水有很多选择，买一辆汽车也有多种选择，渠道端同质化，供应端变成过剩化。这就意味着消费者主权时代到来了。

这时，商战的根本就是：打赢消费者心智之战。

为什么钟睒睒先生成了中国首富呢？不仅因为产品好，很重要的原因是他把“农夫山泉有点儿甜”的认知牢牢地印刻在消费者心智中。一旦口渴，就想起“农夫山泉有点儿甜”。

现在你花 1000 亿元，也不能把这句话从消费者心智中抹去了。所以，真正的竞争已经从生产端到渠道端，最终到了心智端。

谁抢占了人心的红利，谁就赢得了市场的话语权。

正和岛：有哪些比较经典的新商业案例？

江南春：像妙可蓝多。它当年准备进军奶酪棒市场时，竞争对手是一个法国品牌——百吉福。

百吉福当时已经在中国做了10年的奶酪棒了，营收约10亿元，但这10年间就没打过什么广告。

妙可蓝多当时既做牛奶，又有奶酪。它的创始人柴琇就做了一个决定：牛奶做不过蒙牛、伊利，最佳的竞争时间窗口已经过去了，而消费者对奶酪的认知还没有形成，倒不如集中资源做奶酪棒。

所以2019年，很多人都能在电梯口听到改编自《两只老虎》的《妙可蓝多》，“妙可蓝多，妙可蓝多，奶酪棒，奶酪棒，高钙又营养，陪伴我成长”。很多小朋友就在电梯口跟着唱，最后他们都要吃这个奶酪棒。

妙可蓝多凭借这招，两年销量超过了百吉福，成为中国第一大奶酪公司，市值也因此从20多亿元涨到了200多亿元。

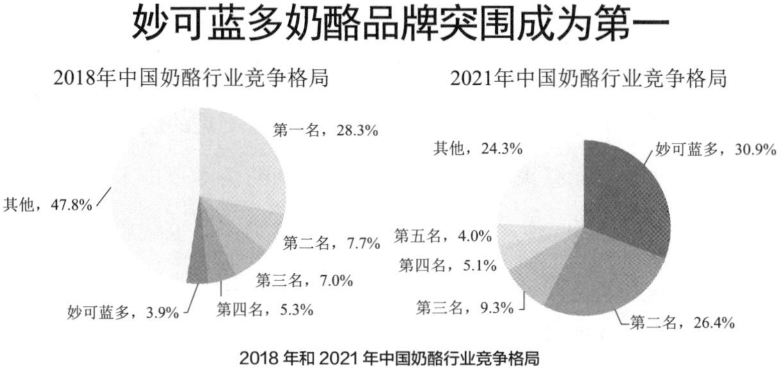

2018年和2021年中国奶酪行业竞争格局

资料来源：欧睿，凯度数据，Wind

但在这个过程中有一点要注意，打仗是讲时间窗口的，来晚了就没你什么事了，所以要抓住时间窗口“饱和攻击”。

现在，创业者的时间窗口越来越短了，可能只有 3~6 个月。大家看到你赚钱了，不会有人放过你的，就像鲨鱼闻到了血腥都往你这儿游。

如果你在时间窗口内没有进行“饱和攻击”，就是在“裸奔”，没有意识到黑暗中有多少双眼睛在自己身上虎视眈眈。

所以新物种的崛起一定要有“惊险一跃”，必须先在人们心中占据有利位置，一旦先入为主就等于直接关掉了别人进入消费者心智的通路。就像孙正义说的，要做遥遥领先的第一，否则失去利润只是时间问题。

正和岛： 这样一来，头部企业势必将攫取绝大部分的利润。市场中的那些“新玩家”、新品牌，又该怎么做？

江南春： 由于人们的心智容量是有限的，总是“数一数二”，所以从红利角度来说，肯定是头部红利，头部企业就像茅台、金龙鱼、农夫山泉、海天酱油。

今天，我们能想象有人突然把这些企业干掉吗？这种可能几乎不存在。但是不是其他人就活不下去了呢？也不是的。

因为这个市场越来越细分了，可以从别的角度杀进来。比如简爱酸奶是无添加的酸奶。市场上有这么多酸奶，简爱酸奶说添加了复原乳、香精的就不是简爱。它的标签是无添加，只有水、乳酸菌、生牛乳，其他的成分没了。你要是家长，听完后会不愿意给孩子吃这个东西吗？

所以简单来说，现在创业就是去开创一个新的细分品类，并成为这个品类的老大。

再比如元气森林，开创了“0 糖 0 脂 0 卡”的果味苏打气泡水新品类。我问它的创始人唐彬森是怎么把元气森林做出来的。

他说先把几十种饮料反复在互联网上测试，最后发现“燃茶”和元气森林的概念很好，试销了两三亿元时他觉得元气森林会“爆”，就在分众上饱和攻击！

它一句广告语出去，张雨绮问大家：有没有好喝又不会长胖的饮料呢？有，0糖0脂0卡，元气森林苏打气泡水，好喝又长不胖。

一年多前，中国有多少人知道元气森林呢？只有一个小群体。今天，它“出圈”了，成为几亿人都知道的广谱认知，销售额也就迅速从2.6亿元涨到几十亿元。

品牌才是持续免费的流量

正和岛：在抢夺“人心”这方面，您有哪些经验可以分享？

江南春：现在很多人都把品牌广告当作成本项看待。其实，广告的本质是挣钱。如果你做了广告没挣钱，那是没做对广告。

我认为，占据用户心智、有效的定位，通常是非常口语化的句子。德国哲学家海德格尔说：“言语大于语言。”口语的力量远远大于文字的力量。

如果广告语不够口语化，那么播出去后，传播路径也很容易被切断，就像断了一条腿一样。

比如，开长途车或晚上加班，怎么提神？接“困了累了喝红牛”就很顺，但要是接“你的能量超乎你想象”就很奇怪，人们通常不会这么讲。

当年红牛这句“困了累了喝红牛”多经典，为什么就放弃了呢？结果东鹏特饮一句“累了困了喝东鹏特饮”，就使红牛把40亿元市场份额拱手相让。

一句广告语好不好，不仅要看它是否易记易懂易传，还需要看三点：顾客认不认、销售员工用不用、竞争对手恨不恨。

关于顾客认不认，像五粮液的“畅想美好人生”、青岛纯生的“鲜活人生”，都没有形成条件反射。

关于销售员工用不用，我们可以想一下有没有人说，我们今天喝酒一定要喝点儿五粮液，它可以帮你畅想美好人生，有这么劝酒的吗？这么说销售肯定要被炒掉的。

关于对手恨不恨，我们可以这么问：五粮液是干什么的？畅想美好人生。哥们儿，你慢慢畅想吧。别人是没感觉的。

所以你会发觉，广告语怎么写非常重要。它既是产品的优势点，也是与对手的差异点，更是消费者的痛点，必须“三点合一”。

正和岛：在这方面，企业比较容易陷入哪些误区？

江南春：我认为至少有两种“陷阱”。

第一个是，以为刷屏可以持续复制。大家觉得互联网极度发达了，只要做一个极致爆品，酒香不怕巷子深，有口碑就能一传十、十传百，就不需要广告了。这是一种错觉。

比如百雀羚当年做出刷屏3000万的文章，但第二次刷屏在哪里？这种爆火是偶然而不是必然的，就像“烟花”放完后就消失了。做娱乐节目也类似。请问《乘风破浪的姐姐》（简称“浪姐”）做得好不好？但你跟进做第二季，还有没有那么好？它是很难复制的。你第二次就找不到曾经的那个“浪姐”了，变成另一个“浪姐”了。

现在流量红利结束了，信息量大到像进入了银河系。请问你自己做一个极致性价比的东西后，在银河系里能否看见它？如果能看见，竞品是不是马上可以模仿，从而劫持你的流量？

但是品牌就不一样了。品牌就是去打造差异化价值，并把它固化成一种不假思索的选择。

还有一个误区是，许多人宣称流量是一切生意的本质。大家觉得投流量广告，别管投多少钱，最后可以看到点击的结果，立刻能带来销量；但品牌广告不行，不是一两周或者一个月就能见效的。所以，大家把大多数钱都转到流量广告上去了。

为什么我说这个逻辑是不对的呢？实际上，你会发觉流量广告只是解决了买和低价买的问题。但是，今天他可以因为低价尝鲜买了你的商品，明天也会因为别人给了更低价转身去尝试别人的。

拉流量、搞促销都是短期见效，解决不了长期的生意发展，而品牌广告解决的是要不要爱它、为什么要爱它。

有次我开玩笑说，流量就像情人，她撩拨了你的情绪，你一时兴奋发生了一次艳遇，给了你短暂的快感，但过后你就不记得了。而品牌是你的老婆，你跟自己老婆一定是经过一段时间的恋爱，有过共同的认知后，两人情投意合才结婚的，而且你追到你老婆肯定费了不少精力、付出了很多代价，一旦结婚，你们的关系是很长久的。

所以最后来看，品牌才是持续免费的流量，而流量只是品牌赢得人心的结果。

淘宝为什么有流量，因为它是“万能的淘宝”，什么东西都买得到；京东为什么有流量，因为你脑海里有“早上买，下午就能到”的认知；再比如你想找一个超级便宜的购物平台，你立马就找拼多多了。

那该怎么引爆品牌呢？就像凯度中国区首席执行官兼 BrandZ™

全球总裁王幸所说：对于广告主和品牌而言，通过“两微一抖一分众”引爆品牌，将成为未来传播的最有效范式。

她认为，虚拟世界主要靠“两微一抖”，现实世界主要靠分众。因为你总要回家、上下班、去商场电影院，在这些消费者必经之路和核心生活场景中，让品牌反复触达消费者，所以这是引爆一个品牌的有效方法。

做企业的本质，一场哲学级的洞见

正和岛：您觉得，分众的终局在哪里？

江南春：这些年，随着年龄的增长，45岁后，我就越来越觉得，人生为一件大事而来。

这次新冠疫情刚暴发时，我同事跟我说，他担心疫情后广告业会受到重创。我当时只说了一句话：你有杂念了。

所谓杂念，就是你一直担心会出现什么问题，因此无法坚定地去做。而一旦有了这个杂念，你就一定会完不成的。

现在我跟同事说得最多的是，分众不应该把营收和市值当成终极目标。价值创造远远比市值更重要。

帮助中国企业、品牌从同质化走向差异化，从价格战走向价值战，从制造驱动、渠道驱动到品牌驱动，助推中国品牌崛起。这是我们最大的机遇和商道。

比如，大家看着看着广告，就能越来越接受打车要用滴滴，吃饭要用美团、饿了么，买二手车想起瓜子，要喝饮料想起“0糖0脂0卡”，分众要成为人们生活方式改变的风向标。

正和岛：听说您现在依然每年拜访上千个客户，工作时间是早

8 点到第二天凌晨 1 点。明明已经财务自由、分众市值也都 1000 多亿元了，何必这么拼呢？

江南春：以前是早 8 点到第二天凌晨 1 点，现在通常是早 8 点到第二天凌晨 2 点。直到今天，我确实还是每年走访上千个客户，主要的休息时间在飞机上，这个节奏我已经很习惯了。这让我保持对市场的直接体感！

有人认为这样做很痛苦，但我觉得这是一种享受。回过头看，我觉得安德烈·纪德的一句话和我的感受最为贴近，“为了使自己对生活发生兴趣，我们曾经付出了多大的努力”。

我喜欢这句话，它从本质上道出了我们奋斗的意义。因为有乐趣，才会通宵达旦、沉浸于此，乐此不疲。

我在公司里经常跟分众的同事讲，要把自己的工作当成一个作品，要扪心自问：你的作品是什么水平，拿得出手吗？

在兴趣或者说理想，通过自己的全力以赴而得以实现的过程中，那种或喜、或悲、或满足、或壮烈的生命强度，是有极大的魅力的。

什么叫高潮？

有一次，我跟蔡志忠老师见面聊天。他说他在西溪湿地画一幅漫画，就一个人坐在工作室里，旁边放一堆馒头。他可以两三天不动，就在那边画，其他什么都不干。

我说我以前是写诗歌的，我完全理解。以前我写诗时，只感觉到诗歌天生就是存在的，我只是作为一个介质，诗歌在那个时间通过我的身体流淌出来。

包括现在帮客户去创造一个新的品牌理念，或者找出一个新的竞争差异点，我能一晚上沉浸在其中，只觉得这是颅内高潮。

那种快乐是许多人不能理解的，他们只会觉得这个人好苦好累，但其实有什么苦的，这是一件很高潮的事情。

正和岛：您最近有深度阅读哪本书吗？

江南春：最近我正好隔离 10 多天，就把书架上的好多书都读了一遍。

很多年前速读过的一本书，重新给了我很多的体会，就是丹尼尔·卡尼曼的《思考，快与慢》。这本书对理解人的认知非常重要。丹尼尔·卡尼曼说人脑中有两个系统：系统 1、系统 2。系统 1 是直觉反应，2+2=4，这是直觉反应，不需要动脑筋；系统 2 是理性思考，29 × 39 是多少你反应不出来的，要开动脑筋好好算一算。

系统 1 不费脑力，系统 2 很费脑力。绝大多数时间，人们是用系统 1 来处理、判断世界的，大多数时候靠直觉，是条件反射。

他做了一个实验。如果你眼前老是闪过一个词 eat（吃），几分钟后让你填词，“so_p”中间该填什么？你很大可能会填成 soup（汤）。为什么？因为你老是看到“吃”，一填就会填和它相关的。

如果你老看到 wash（洗澡），即便是无意识地看到这个词，给你“so_p”，你就会填成 soap（肥皂）。

所以最后丹尼尔·卡尼曼说，人不是理性的动物，要使人们相信一个概念或者一件事物最好的方法就是 4 个字——“不断重复”，因为人类根本分不清楚什么是真相、什么是熟悉感！熟悉就认知放松了，就会做出轻易而简单的判断。

重复性会引发认知放松的舒服感、熟悉感。一个信息反复出现却没有带来不好的结果，就会变成一个安全的信号。时间长了，安全的就是好的，熟悉了就容易喜欢。这就是心理学上讲的曝光效应。

为什么我看了这本书特别有体会呢？品牌传播赖以生存的基础理论其实就是《思考，快与慢》所讲的。

品牌传播不就是这个道理吗？受众的本质在于遗忘，宣传的本质在于重复，品牌就是要通过重复来对抗遗忘。

比如你如果最近老听到妙可蓝多奶酪棒的歌，到超市就特别容易看到妙可蓝多奶酪棒，你脑海里没有时就不容易看到。

而且当它的出现没有给你带来不好的后果时，你慢慢地就会对它产生信任感、安全感、熟悉感，最终你会发现购买它的概率上升了。

所以我一直说，事实是什么固然重要，但更重要的是消费者认为的事实是什么。认知比事实更重要，认知才是真正的事实，而且认知一旦形成，就很难改变了。

正和岛：最后一个问题，您希望外界怎么评价您？

江南春：李善友老师写过一篇文章《人生为一件大事而来》。里面有两个问题，我很认同，这两个问题是问自己的：这个世界由于你的存在，会有什么不同？假如你消失了，这个世界会有什么损失？

做企业这么多年，我现在的心态已经很平静，最期待的是创造作品，以后可以给别人讲讲当年的故事——“你现在穿的、用的这些品牌，都是我推的”。

甚至是五六十年后，自己的墓碑上可以写“中国成功的品牌，大多数都是这个人推的”。

我觉得，有这个评价，不枉此生了。

商业核战，核按钮的三种按法

胡喆[①]/ 文

1945 年 8 月 6 日早晨，美国空军蒂贝茨一行 14 人，乘代号为“埃诺拉盖伊”的 B–29 轰炸机飞临日本广岛上空，投下了一颗代号为“小男孩”的原子弹。几天后的 8 月 15 日正午，日本天皇向全日本广播，接受《波茨坦公告》无条件投降，结束战争。

核战成为人类战争史的一部分，核武也成为一种精神象征，代表着人类的终极武力。

商业战争其实是一种比热战更激烈、更长久、更无处不在的战争。那么，商战中是否也存在“核武”？这种“商战核武”的应用原理与真正意义上的核武器是否相同？

---

① 胡喆，资深媒体人，作家、互联网史研究者，从 2001 年开始报道中国科技和创新产业，曾服务于《电脑报》、百度、UC 等机构，亦曾深度参与互联网创业。近年来对于企业品牌力建设和品牌发展史尤为关注，有多篇作品引起行业关注。

终极武器

尽管在二战后的数十年里，核武器从来没有再次使用在实战中，但从那时起，就作为一种终极武器存在于人类世界里。

核武器的特点就是拥有极为强大的威力，然而，随着拥核国家的数量不断增加，人类突然发现，“核战 = 终战”未必是唯一的结果。

而对于商业战争来说，这种情况就越发复杂。其复杂性不但在于如何使用核武，也在于“核武”的获得相对更加容易，在一场商战中多方反复使用核武的现象也越来越多。那么，对于一个按下发射钮后就无法控制结果的武器，我们该如何掌握战争的规律呢？

我们必须研究一下，什么能称为商战的核武器。

从某种意义上说，建立品牌、抢占并固化用户心智就是最常见也最长期的商业战法，而商战的核武就是那些可以帮助品牌抓住宝贵的时间窗口期，以饱和攻击的方式击退任何试图染指用户心智的对手，最终取得决定性胜利的引爆设施。从这个角度来说，央视的民族品牌工程、分众的线下集中引爆、顶流综艺栏目，是我们最常见的三类不同形式、不同当量的商战核武。

元气森林就是这样一个典型到不能再典型的案例。

元气森林气泡水是其创始人唐彬森“在成熟产品上做创新”的创业思路的一种体现。在已经存在市场多年的“气泡水”领域，元气森林通过叠加“0 糖 0 脂 0 卡”的新理念，开辟了一条专属的细分赛道。

在品牌发展早期，元气森林之所以能出圈，很大一部分原因是这一新理念打动了消费者，另一部分原因是在互联网消费社区采取 KOL 渗透、抢占便利店渠道等方式，虽然不是独此一家的打法，但也迅速让元气森林的知名度不断提升。

我们必须强调，没有任何一种产品可以只靠品牌宣传而不依靠产品力就做到市场老大，而市场调研机构益普索发布的报告就显示："在购买食品饮料时，76% 的 24~40 岁消费者会关注无糖、无添加等健康相关信息。"

所以，元气森林"0 糖 0 脂 0 卡"的理念恰好击中了他们的这一痛点，因此元气森林开始取得局部优势。"市场领先法则"也认为，创造一类能使你成为市场"第一"的产品，比努力使人们相信你能比产品首创者提供更好的质量或服务要容易得多。

这就是说，元气森林需要不断强调自己是零糖气泡水的"老大"，以持续占据消费者的心智。但是在这个过程中，元气森林遇到的阻力越来越大。

究其根本，零糖气泡水不是苹果手机、不是芯片，不具备某种独占式的产品力，在某种程度上，它是相当容易被模仿的。

事实上，元气森林自己的数据显示，某段时期接到的仿冒案例多达上百起，涉及国内 20 多个饮品品牌。抄袭行为从制造原料、工艺到产品品牌、外包装，甚至宣传语都原封不动照抄，属于"像素级"抄袭。

如果说"像素级"抄袭仅仅是不入流的一种打法，那么有一定知名度的品牌加入这个赛道，给元气森林的压力就更大了。例如，喜茶、茶颜悦色的部分线下门店上线了名为"喜小茶""书生气"的气泡水，而农夫山泉、北冰洋、脉动、健力宝等多家饮料巨头也先后宣布推出零糖或低糖气泡水新品，这些可都是在软饮行业已经拥有成熟市场认知的品牌。

面对诸多品牌的“围猎”，元气森林依然稳住了阵脚。公开数据显示，元气森林在2020年的销售规模增加高达27亿元，同比增长了309%。即使对同为网红的喜茶气泡水，元气森林的优势也很明显。喜茶公布的2020年数据显示，喜茶天猫旗舰店共卖出约140万瓶喜茶气泡水，而元气森林仅2020年双十一当天，销售总瓶数就已经超过了2000万。

这其中的壁垒，在产品以外很大程度上是靠打造品牌心智——面对各式新品牌层出不穷、消费者注意力难以集中的双重压力，品牌要保持高势能，必然离不开高密度的营销。

而受此前在游戏行业的创业经历影响，创始人唐彬森在营销层面的投入非常坚定。元气森林从优势到胜势的局面，其实就在于它及时按下了商战的核按钮——2020年5月开始在分众引爆!

可以说，从元气森林在分众引爆的那一刻起，它和其他品牌的差距就彻底拉开了。“注意力偏见”理论认为——一个消费者越频繁地看见你的广告、消息，越有可能从你这里产生购买。

从这个角度来说，遍布全国主流写字楼和住宅小区、处于人们每天高频必经生活路径、以“魔音贯耳式”传播的分众，是创造“注意力偏见”的最佳工具。

一位同样从事该行业的资深人士说：“当元气森林开始强投分众的时候，我们就发现这个品类的时间窗口已经基本关掉了。”

这里面最关键的是唐彬森的决心——要知道，年投放分众需要大量的战略资源，在一个超一线城市可能要千万元级别，在全国城市或许要亿元级别。

99%的对手没有想到元气森林会用这种方式封杀品类——在气泡水领域，一个成熟厂商从推出新品到初步开始覆盖渠道，可能只要几百万至上千万元，纵然有一些媒体投放、互联网流量购买，营销也最多是数千万元级别。这符合大部分追赶者的心态——迅速模仿、低成本推广、小步快跑、频繁试错……用最低的成本来赶这一波热潮。

而元气森林狠就狠在：我猜别人要采取集体尾随的方式，那我就投一枚核武器，通过若干次全国性、饱和攻击式的巨额投入，让元气森林是“零糖果味气泡水”老大的印象深深烙印在消费者的心智中，并利用心智“难进难出”的特点，一次性占据消费者心智，不给后来人一点机会。

事实证明，元气森林果断按动分众这颗“核按钮”的做法非常正确——2021 年 4 月，元气森林对外官宣，新一轮融资已经完成，投后估值 60 亿美元。与 2020 年春季的前一轮融资相比，一年之内，元气森林的估值已经上涨了 3 倍。

这次以后，在元气森林的投资方中，普通玩家已经没了席位。本轮融资由老股东红杉中国和新股东华平投资、L Catterton 参与领投，淡马锡（Temasek）跟投，高榕资本、龙湖资本等多位老股东继续跟投持续加码。

这也同样证实，在“我有，你没有”的情况下使用商战核武的效益最大，因为可以一次性截断进攻对手的晋级之路——可以说，现在任何做零糖气泡水的都较难有机会超过元气森林，哪怕“两乐”（可口可乐、百事可乐）亲自下场也是如此。这是因为元气森林通过分众抢占时间窗口，又通过一连串组合拳，固化了消费者的心智，其在消费者心智中再也不出来了。

当然，这种教科书式的“一投终战”并不总是能遇到，很多情况下，核大战的格局要复杂得多。

无快不破

有时候，核武器的使用并不是强者为了一战争先，而是较弱的一方为了夺取生存权，因为有了生存权才有发展权。所以，商战核按钮的第二条使用逻辑是——无快不破。

这里可以举的案例太多了。

饿了么的确是国内外卖的先驱。和饮料大战类似，外卖属于没有绝对竞争壁垒的战场，所以大家在很长一段时间内，其实是拼补贴和地推。

这种情况下，品牌势能、融资能力都相对较弱的饿了么，在美团、百度外卖的夹攻下左支右绌。

张旭豪不甘心就此被压制，到处寻访高人指点，最后决定错位竞争——大家都在拼补贴和地推能力，而饿了么要在品牌心智上抢先进入消费者的心智。

2015 年 6 月，饿了么“孤注一掷”，通过分众传媒在全国几乎所有写字楼进行品牌引爆，并宣布推出 20 万份免费午餐，请白领吃饭。

这让饿了么占了两个先机：第一是率先用品牌引爆装置，第二是打出了一定的差异化。当时大部分外卖更倾向于校园、低线市场，而白领市场相对空白。可以说，没有这轮闪电突袭，饿了么很快就会泯然众人，但正因为打出了这场绝地反击战，反而让美团无处下手。这时候，饿了么又得到 F 轮 6.3 亿美元融资。

这次引爆的效果甚至持续到 2015 年 10 月。美团和大众点评合并后，拥有了当时中国最大的外卖市场份额，此时的第二名是饿了么，双方占有的市场份额比例大概是 55∶45，饿了么的市场份额能达到这个比例和先按核按钮很有关系。

在新美大合并的背景下，饿了么孤军奋战就能取得这样的战绩，使得其有足够的资本，最终等来了阿里的投资，获得了难得的生存和壮大的机会。

一位接近饿了么的人士告诉笔者，这次投放是饿了么发展中和“校园攻势”“开城计划”并列的第三次重大战略行动，“如果没有这轮心智攻势，我们很快就会被市场淡忘，而就是因为占据了消费者心智，饿了么就有了一群美团怎么打也打不动的死忠客户，也就是人们说的心智固化已经完成的客户。他们撑起了饿了么的底盘，至今仍是”。

从此之后，“面对强手，我先出手”就成了互联网行业的常见打法，无论是滴滴用微信红包偷袭支付宝，还是猿辅导逆袭学而思，都是面对强敌凭借先下手投放来抢占先机，这也成为一种经典打法。

值得注意的是，这种打法不仅仅适用于互联网，在传统行业领域同样有效。比如，妙可蓝多。

有公开信息显示，妙可蓝多官方把 2019 年定义为品牌发展元年。妙可蓝多聚焦分众电梯媒体，开启了强势霸屏模式，立志要做“中国奶酪第一品牌”。在奶酪市场，中国企业完全不具有品类认知优势。因为奶酪是地道的舶来品，而且是一种国人接受度还不算很高的消费品。有人说：“中国人连国际大牌的奶酪都认不全，怎么会接受国内品牌的奶酪？”

妙可蓝多恰好发现了问题的关键。中国人对奶酪消费的认知很浅，这不是坏事，而是好事，这说明洋品牌也没有在中国消费者心目中建立足够的品牌认知。在这种情况下，“进入空白心智”远比

“改变固有心智”要容易得多。

于是，一则根据儿歌《两只老虎》改编而来的奶酪广告频繁在央视和分众电梯屏上曝光。这个简单可爱的广告背后，是充满侵入性的品牌引爆——妙可蓝多奶酪棒广告除在央视播出，还在全国包括北、上、广、深等一线城市在内的几十个主要城市里，覆盖了分众数十万楼宇和社区屏幕，全天候高频播出。

持续霸屏给妙可蓝多带来的一个直接结果是其全网热度急速飙升。百度 90 天搜索指数显示，其主要对手百吉福在较长一段时间内的搜索指数均略高于妙可蓝多，但从 2019 年 2 月底开始，妙可蓝多的搜索指数直线上升，达百吉福的数倍之多。

百吉福并不是菜鸟，而是地道的国际知名品牌。它是一家法国奶酪品牌，诞生于阿尔卑斯山麓，在中国销售已经十年以上，也很熟悉这片土地。

真正的问题在于，跨国企业对市场的响应速度和灵活性远低于本土创业企业。有人说：“可能在百吉福请求总部扩大广告预算的计划书还没进入总部管理层讨论会时，妙可蓝多的投放就已经打透了。”

强也要快

上文我们讨论了弱者先按核按钮，能赢得生存权。这就延伸到另一个问题——强者如果优势明显，还用按核按钮吗？

瓜子二手车的故事堪称对这个问题的经典回答。

官方记载，瓜子二手车直卖网从 58 同城分离出来单干的时间是 2015 年 9 月 27 日。其中，2015 年 9 月 6 日，赶集好车网更名为瓜子二手车直卖网，网址也变为 guazi.com，这个域名是杨浩涌在赶集网时代就储存下的。9 月 15 日，杨浩涌以 58 同城赶集网集团联席 CEO 的身份对外宣布，集团的重点创新项目赶集好车网正式更名为“瓜子二手车直卖网”。

当时同步发布的消息是，为配合此次新品牌上线，瓜子二手车直卖网已投入超过 2 亿元用于市场推广，年底目标是占领二手车 C2C（个人对个人）线上 80% 的份额。

杨浩涌做二手车，在一开始创业时就选定了明确的竞争对手——人人车和优信二手车。

人人车创始人李健说：“当时看二手车行业特别好，没有任何品牌，没有以二手车交易平台定位的公司，也没有大资本驻留，行业超级分散。这都是未来发展的好基础。在这个领域内做 C2C，有天然的好机会。”

正因为人人车发现并呈现了二手车电商的价值，才有了这么多大资本的涌入、大平台的诞生和行业大集中的出现。

比瓜子还要抢先一步的是另一个重量级玩家优信。优信的创始人戴琨出身易车，此后切入二手车 B2B（企业对企业）交易“优信拍”。在时任老虎基金董事总经理谭海南的支持下，优信在 2014 年 9 月拿到老虎基金 2 亿美元投资。戴琨除了继续做强 B2B，终于在当年年底做了一件自己梦想已久的事情——启动 C 端业务。

戴琨之所以要启动 C 端业务，是因为他认为 B2C（企业对个人）模式是一种真的业务革命，优信的模式探索在三家中应该说是最前沿的，也是最稳定的。总体上说，另两家的模式都经过多次大幅度调整，而优信一直坚持自己的模式自信。

杀进二手车市场的杨浩涌，目的非常明确，就是通过强大的融资能力“烧”出认知，“烧”出绝对领导地位。

杨浩涌决定按核按钮的认知很简单：二手车行业很庞大，很原始，没有巨头，未来空间很大；李健、戴琨都是人才，有能力、有融资，假以时日他们都是瓜子的强敌，所以必须出重手。

杨浩涌说，这两句话恐怕是创业领域最大的谎言。前者是用来骗投资人的，后者是用来骗媒体的。

事实上，他本人笃信的原则是，不管这个市场未来的预期有多大，分享市场份额的只可能有三家，而且绝对不可能平分天下。唯一的结果就是 7∶2∶1，强者恒强，弱者为求生而苦苦挣扎。

从中我们或许可以理解杨浩涌看待竞争的底层逻辑是什么，进而理解他一次次主动地按动核按钮，利用分众等媒体发动强大的营销大战力图把竞争对手充分压制的内在逻辑。为此，他不惜花费数千万元重金请中国定位营销领域的王牌企业特劳特公司为瓜子设计了“没有中间商赚差价，卖家多卖钱，买家少花钱”这句广告语，并投放在以分众传媒为主的电梯媒体上。当时，这被认为是新经济企业进行品牌引爆的标配。

这句话多年后还被国内某权威调查机构评选为最深入用户心智的广告语。杨浩涌自己的评价是：“（这句话）明显让我们跟对手产生了差异。心智不是一个虚的东西，它是可以量化的。在我们的调研中，在没有提示的情况下，提起二手车，10 个人中有 6 个人说‘我会去瓜子看看’。这是一条非常宽的护城河，也是一笔很大的、很难被替代的财富。”

由于瓜子有了心智优势，它的对手其实已经相当被动。

当然，至今二手车市场的大战还没有结束，人人车、优信也用自己的方式倔强地生存着，但瓜子以百亿美元估值的位置占据了赛道的头部，另两家则已经从三国鼎立变成了艰难求存，虽然这里面有种种复杂的因素，但究其根本，如果瓜子没有第一时间按下核按钮，二手车市场的格局很可能不是这个样子。

那么，是不是所有案例都传递一个信息——要赢就必须按下核按钮呢？事实上，这个问题反而不能那么简单地看，按下核按钮的确是商战中的大杀器，但这仍然要和一系列时机选择、战略判断、组合攻势结合，仍然要极高的品牌营造能力和对心智的认知与把握，只有如此，品牌之战才称得起是最精彩、最高智商的核武商战，而不是只要烧钱就能赢的粗鄙游戏。

三家国牌超越外资的路径，能被复制吗？

虎嗅[①]/文

越来越多的中国品牌在与洋品牌的竞争中，翻身把歌唱。

2021年8月，欧睿国际发布2020年羽绒服行业统计数据，来自中国的波司登荣膺羽绒服销售额、销售量双料第一。被波司登超越的，是站在行业金字塔塔尖的国际顶级知名品牌。

不仅是波司登，另一家权威调研机构尼尔森发布的数据显示，截至2021年7月，飞鹤的市占率进一步攀升至19.8%，继续保持行业第一，并扩大领先优势。类似的还有妙可蓝多，在奶酪这个长期被外资占据的舶来品市场，用连续3年超100%的增长，从一众外资同行中突出重围，市占率登顶。

时间转换到四五年前，彼时的波司登正处于品牌老化、增长瓶颈的窘境，飞鹤在中国奶粉行业的市占率位列5名开外，妙可蓝多

① 虎嗅是一个聚焦科技与创新的信息平台，致力于为一切热爱思考与发现的用户提供有效率的信息服务，从而帮助他们更清晰准确地洞察世界、实现更好的创新与创造。

还是一家刚刚从地方乳企转型聚焦奶酪领域的企业，规模只有当时行业外资老大的1/8。

短短几年，行业格局发生了翻天覆地的变化。国牌井喷式爆发，逐个击退洋牌的背后，揭示了怎样的普遍性规律？

第一步：品质压舱、厚积薄发

产品是品牌的基础，而供应链是产品的基础保证。中国是唯一拥有全产业链的国家，集群优势显著，其产业政策优势与疫情期间凸显的治理能力，相较国外，能更稳定且高效地为产品提供支撑。

经过数十年的积累和创新，在十亿级消费市场中摸索，中国制造的产品品质已经达到了与欧美一流产品并驾齐驱，甚至有超越的水准。

波司登因一句“世界名牌波司登”为人所知，背后是45年如一日地专注于羽绒服。

在服装行业，产品功能和消费者穿着体验是品牌认知的基础。波司登在2001年独家推出了抗菌面料羽绒服，2003年成为首个推出并率先使用“Chitosante生态抑菌绒”（抗菌、抑菌、防霉、除臭）的品牌，2004年将纳米技术引入防寒服领域，推出拒水、拒油、拒污的纳米抗菌羽绒服。

除了基础场景，波司登为特定需求所设计的羽绒服更有科技含量。人们在滑雪时，体表会迅速升温出汗，体外却是低温环境，易引起不适。为此，波司登研发出了全球首创专利空气自循环体系，采用弹力织带，结合复杂结构，让热气透过后背和领口排出。活动越剧烈，特殊弹力结构排热越快。凭借这套专利，2021年1月，波司登获得了德国慕尼黑ISPO全球设计大奖。

同样坚守产品品质的还有飞鹤，作为2008年少数没有检出三聚氰胺的乳企之一，背后是其先人一步的专属产业集群建设，十几年来坚持投入精力、财力和时间建设自有牧场，打造涵盖牧草种植、规模化奶牛养殖、奶粉加工、售后服务等各个生产环节的专属产业集群，实现了产业链全覆盖，从源头保障奶粉安全。飞鹤董事长冷友斌在后来的一次采访中回忆，“当时第一关解决的就是奶源问题，从养牛开始到牛的饲草饲料，直到牛达到出奶平衡点，才有可能有回报。这个过程很艰难，可这也是中国乳业唯一的路”。

正因如此，飞鹤自有牧场鲜奶的品质远远高于欧盟标准。如：蛋白质含量大于等于3.4%，高于欧盟的3.2%；菌落指数小于1万，是欧盟标准的1/10（菌落指数越低，表示生产环境越好）；体细胞数小于等于15万个（ML），而欧盟标准是小于等于40万个（ML）（体细胞数越低，生乳质量越高）。

同属于奶制品行业的妙可蓝多，是中国乳品行业首批掌握原制奶酪生产技术的企业之一，依靠国内外行业资深专家与上海、天津、吉林的研发中心不断研发、创新，在奶酪产品力的打造上下足了功夫。

从来没有横空出世，一鸣惊人的背后往往蕴藏着外人看不见的汗水。得益于产品品质的厚积，国牌才有了挑战洋牌的薄发基础，否则就只能深陷价值链底端，永远无法抬头。

第二步：更懂国情、战略聚焦

品牌的崛起，需回答核心问题：消费者为什么选择我而不是竞争对手。锚定差异化、凸显差异化，以此不断强化用户心智。洋牌可能在海外市场风生水起，但不可能“一招鲜吃遍天”，在更好地理解本土用户，不断依靠用户需求反馈，倒逼消费品的敏捷开发上，本土企业有着天然优势。

2017年，波司登实施战略变革，基于“提到波司登，就会想到羽绒服”的消费者认知，集中优势资源，以品牌引领的发展模式，升级产品、零售、供应链等，全方位推动转型升级，并确定了新的广告语——“为了寒风中的你，波司登努力45年。波司登羽绒服，畅销全球72国，赢得超两亿人次选择，专业羽绒服，当然波司登”。

飞鹤自知核心竞争力在于产品质量，以及多年来对于中国宝宝体质和母乳营养的研究。

一方水土养一方人，中国饮食结构和基因跟国外不同，母乳也存在差异。在大量科研成果的支撑下，飞鹤确立了“更适合中国宝宝体质”的战略定位，并通过系统化的线上、线下溯源活动，让消费者对生产环节放心，赢得中国家长的信任。

妙可蓝多则洞察到：中国奶酪行业尚处于市场初期，在奶酪品类里，消费者还说不出任何品牌。纵使奶酪行业当时的外资龙头规模是妙可蓝多的近10倍，妙可蓝多仍然坚定选择奶酪品类聚焦发力。

国牌坚持对本土消费者的理解与差异化突破战略，消费者也给予了国牌信任，帮助国牌在消费升级的机遇中实现弯道超车。市场格局变换，企业浮沉，消费者用脚投票，企业的潜心付出是商业故事最好的注脚。

第三步：传播赋能、激发品牌

如果说产品是国牌崛起的基础，洞察消费者需求、战略聚焦差异化是参与竞争的入场券，那么品牌传播就是登顶行业的临门一脚。只有连接品牌优势与消费者心智，才能将品牌印象转化为品类印象。

三板斧缺一不可。在品牌传播领域，国际通用的经验并不适合中国品牌。无论是历史文化、商业环境还是消费者特点，中国都与欧美国家有着巨大差别。相比外资，中国品牌更能与本土消费者共情，更理解其对于消费品功能以外的情感需求。

中国用了三四十年的时间，快速走过了西方国家两三百年的工业化道路——2000 年，中国的城镇化率只有 36.09%，2020 年就变成了 63.89%。由于城镇化的迅猛发展，如今中国绝大多数人都生活在楼房和住宅小区中。

工作环境亦如此，除了伦敦、纽约等极少数超大城市的核心区，欧美国家绝大部分城市与中国一线城市不同，其主城区甚至难寻一座高楼。

工作、居住空间的天壤之别，导致中国的广告营销环境与欧美存在巨大的差异，那就是：在中国，楼宇电梯是都市核心消费人群每日高频必经的生活场景。

楼宇电梯是一个封闭的狭小空间，高峰期拥挤，不便活动，且信号不佳，因此电梯能天然地降低干扰，提高媒体广告单次触达的有效性。同时，作为电梯媒体广告的主要受众，都市核心消费人群不仅消费力强、热爱生活、愿意尝鲜，其消费行为对下沉市场又有着极强的示范引导作用：当某种行为在核心消费人群中蔓延，将传导到更多的消费人群。

这些年移动互联网催生出了信息流广告、种草社区广告、短视频广告等多种不同形态的广告媒介形式，但中央广播电视总台以其一骑绝尘的覆盖率与国家电视台所代表的绝对权威，仍占据着不可替代的位置。

第三方调研机构的数据也从侧面证明了这一点。益普索的统计数据显示：2019 年，在 TOP10 热门、高辨识、占据心智的广告语中，消费者认知渠道 50% 源于电视广告，54% 源于互联网媒体，81% 源于电梯媒体；2020 年，47% 的消费者认知渠道源于电视广告，56% 源于互联网媒体，83% 源于电梯媒体。

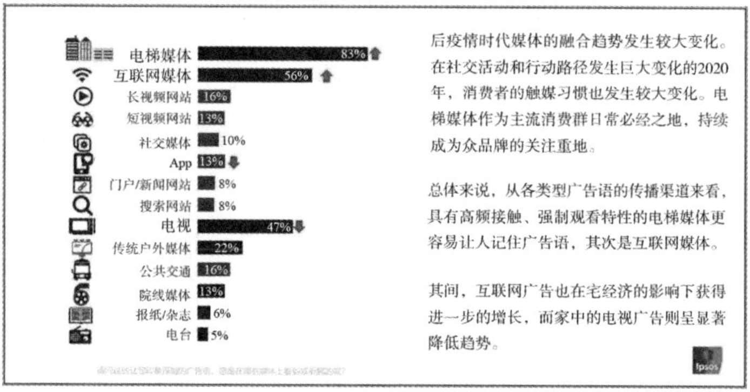

2020 年消费者广告语认知渠道调查结果

因此，“央视 + 楼宇广告”成为国牌跃升超级品牌、跑通品牌营销闭环的法宝。

而借助小红书、B 站、抖音、快手等内容平台，连接不同人群，引发种草，通过电商平台的效果广告，引导目标用户完成种草，是营销闭环不可或缺的步骤。而品牌广告可以进一步提高种草和效果广告的转化率。

为了精准地触达都市核心消费人群，波司登携手央视和分众传媒。通过多轮次的广告投放，占据央视黄金广告段位、“霸屏”全国 100 个主力城市的电梯广告，波司登的新广告语成功进入了消费者的脑海。

波司登还通过加入“品牌强国工程”，加强央视的背书，借力强势平台提高品牌传播的叠加覆盖，不断提升品牌势能。紧接着，依靠分众的消费者数据分析，根据楼盘均价、写字楼租金等物业信息，波司登快速锁定高档住宅和中高收入人群，圈定核心门店周边 3 公里内的楼盘进行精准触达。

此外，在品牌力得到提升的基础上，波司登登陆纽约、米兰、伦敦国际时装周，发布国际知名设计师联名款等公关话题在各大内容平台得到有效关注，得以更全面地将品牌亮点信息传递给消费者。

一套组合拳下来，波司登牢牢占据了用户心智。

而妙可蓝多的打法更是大开大合，在品牌建设初期仅有数亿元规模时，就与分众达成了战略合作，通过聚焦分众，使“奶酪就要妙可蓝多”反复触达目标消费人群，经过 3 年持续投放，妙可蓝多已与奶酪品类深度连接。在消费者心智力量的牵引下，妙可蓝多实现连续 3 年超 100% 的增长，顺利登上中国奶酪第一品牌的宝座。

宣传的本质在于重复，受众的本质在于遗忘。我们以重复对抗遗忘。在对抗的过程中，分众不可或缺。其抓受众注意力的方法论及对数以亿计主流人群高频触达的能力，帮助品牌实现大范围快速引爆。在这样的支撑下，内容平台的运营变得更加轻松，消费者更愿意关注熟悉的大品牌的内容。

在这当中，看似细水长流的品牌广告是关键。它就像大坝，是品牌势能积蓄和释放的最佳要塞。如果没有这个关键的要塞，后续内容传播就容易沦为无本之源。

中心化媒体在全国范围的覆盖和品牌背书不可或缺，下游内容平台的助力同样是必备的拼图，如果缺少内容平台的助力，品牌势能也难以更有效地渗透到消费者心智当中。因此，将线上与线下、广告与内容、内容与场景有效融合，通过央视、分众楼宇广告这样的中心化媒体，配合内容平台的“新整合营销”，进而引爆品牌、达成品效协同，将成为未来品牌营销最高效的策略。

在加入世贸组织20年后，受新冠肺炎疫情、国际局势等影响，中国走到了转型的十字路口。为此，国家确立了国内国外双循环的发展战略。在这一战略的指引下，国牌崛起、国产替代就成为大势所趋和新的时代主题。“十四五”规划更是首次明确了中国品牌建设目标，国牌崛起在政策层面获得更强支持。

改革开放40多年来，中国制造在生产工艺和研发创新上的深厚积累，让产品品质不逊色于国际品牌。国民自信心和认同感与日俱增，国牌崛起万事俱备只欠东风。

中国无论是历史文化、消费习惯还是商业环境，都不同于西方，因此中国品牌的崛起需要找到属于自己的方式。

我们欣喜地看到，包括波司登、飞鹤在内的品牌已经成功地走出了一条可行道路，为今后中国品牌的蜕变提供了借鉴。这也预示着，当中国品牌找对崛起的路径，超越外资品牌就只是时间问题，而非遥不可及的梦想。

波司登和飞鹤只是羽绒服和奶粉行业的典型代表。国人也有理由相信，未来，在食品、饮料、服装、日化等其他领域，注定将有越来越多的中国品牌上演波司登、飞鹤这样逆袭洋品牌的好戏。

从分众曲线看投资国牌的新逻辑

胡喆 / 文

中国经济已经进入追求高质量发展的创新经济阶段，具有品类创新价值的商业模式，品牌也会得到市场的充分认可，投资者应该根据企业创新强度、时间窗口长度、心智固化程度进行投资选择。如何判断一个企业吃到了创新红利？可以用一个现象来作为观察的窗口，即“分众曲线”。

为什么是“分众曲线”呢？因为分众作为中国目前极少数具有中心引爆能力的创新媒体设施，不仅参与了许多重要创新企业的品牌引爆，更成为创新品牌群影响城市主流人群生活方式的核心平台。

“分众曲线成分股”是一个什么样的群体呢？是过去这十年中，具备数字经济基因，经过消费模式创新、技术创新，经过丛林法则的艰苦竞争，涌现、生存并固化在消费者心目中的一个品牌群。这个群体的一个标准动作就是在品牌发展从壮大到引爆的某个关键时间，会密集地在分众投放，以引爆品牌。

在过去的一年中，笔者找到了比“创新”这个概念更具体的领域来检验“分众曲线”，那就是新消费领域和生活方式改造领域。在这些领域里，分众的“示波器效应”尤为明显。

当然，这并不是说分众是严格意义上的投资参考工具，而是说在分众有密集投放的企业有明显更大的概率处于爆发周期。换言之，不是每个企业选择分众都能成功，但成功的品牌大多选择了分众。

行业发展的水晶球

在中国经济正处于刚经历疫情高峰期后的高不确定性中，笔者就指出，从分众 2020 年的半年报到第三季度的几个月里，我们看到了营收正在强劲回升。

简单说就是，宏观经济萧条、创业创新乏力也会投射到分众身上——往往表现为企业的营销预算和引爆需求都下降；反之，即便环境严峻复杂，只要分众的营收增长强劲，就说明在经济特别是新经济领域，企业的经营行为活跃、主动，商战频出，创新不断。从这个角度来看，“分众曲线”无疑可以看作中国创新企业的活力指数！

疫情暴发后经过大半年的复苏，社会生产井然有序，推动经济社会发展的决心不变，深入启动和刺激内需消费成为顶层策略，新基建带来的创新机会不断增加。

如果要找具体的例子，其实看一看从 2019 年到 2020 年在分众投放的一些典型企业的市值（估值）表现，就能证明笔者所言非虚。

元气森林是一个典型的“分众曲线成分股”，这表现为它在四年的发展中，教科书般地实现了“品牌引爆三连”，即第一波概念创新，第二波大规模网络测试与种草，第三波在分众密集引爆。

伴随着近乎标准化的动作，2019 年 10 月，随着高榕资本等知名投资机构的加入，元气森林估值一跃达到 40 亿元；2020 年在分众大量投放实现品牌引爆后，单月连续创造 2 亿元、3 亿元、4 亿元的销售纪录，之后便传出红杉中国和元生资本的投资消息，估值跃升到 140 亿元。笔者将之比喻为“分众曲线成分股”里的“蓝筹股”。

如果说元气森林是新消费赛道上继续狂奔的明星，那波司登、飞鹤、洽洽这些老牌“分众曲线成分股”的市值变化就将分众的“水晶球”效应展现得更为明显。

自从从“国货老牌”升级到“畅销全球的高端羽绒服专家”，波司登在分众上的投放力度也不断加强，而且已经摸索出了一些独特的战法——譬如用分众广告在双十一、双十二等时期与电商节的流量购买高潮“组合投放”，又譬如在严冬季节到来前在分众上密集引爆。波司登不仅依靠分众不断提升品牌力，也渐渐地发现一些“品效协同”的操作规律，这使得波司登 2020 年的业绩在纺织服装行业整体受疫情影响很大、行业业绩下滑的底色下，反而逆势大涨。

2021 年 1 月 5 日，波司登港股公告公布，在 2020—2021 财年前 9 个月，该集团品牌羽绒服累计零售金额与 2019—2020 财年同期比较取得 25% 以上的升幅，品牌羽绒服业务项下的其他品牌的累计零售金额与 2019—2020 财年同期比较共取得 40% 以上的升幅。

也有人说过于密集的品牌营销会摊薄利润，从短期来看确实如此，但从长期来看则正好相反——品牌引爆有一定的滞后期，但一旦品牌势能真正成长，必然获得更好的溢价。波司登数据显示，

2020年上半年业绩中，归母公司的净利润为4.86亿元，同比增长41.8%，核心业务羽绒服表现抢眼，毛利率为47.8%，这些都是上述观点的明证。

飞鹤也是这样的案例，连续五年在分众上高密度投放加上每年53万场地推的组合，夺取了中国奶粉市场排名第一的业绩。

洽洽的跨品类之战也验证了分众曲线的合理性。洽洽在2019年推出了小黄袋每日坚果，以掌握关键保鲜技术为核心，在分众上引爆，一年就卖出8.2亿元，2020年继续在分众上饱和攻击，营收进一步高速增长。洽洽在两年中完成了从瓜子到坚果的转变，市值从80亿元涨至200多亿元。

生活方式的风向标

分众不仅仅是股市涨跌的某种参照系，更是记录人们生活方式的风向标。

笔者在参加36氪的年度“新经济之王”大会时，无意中发现一个很有趣的现象——从2010年到2020年，所有堪称标志性的新经济企业，无一不选择在分众进行投放。36氪找到了十年间标志性企业在分众投放的每一个视频，通过一个小小的片段，展现了十年间城市主流群体生活方式的改变。

2010年到2013年这个区间，是移动互联网开始逐渐替代消费互联网的历史大周期的开始，所以我们看到的是“千团大战”中各个主流玩家的密集投放，这一波竞争延续到2015年美团用“美团一次美一次”完成了最终引爆，把大众点评收入囊中，完成了人们和本地生活服务用互联网再度连接的历史性进程。

2011年，京东开始主动挑战淘系，以停用支付宝为标志，开始了“6·18”和双十一两大电商节的历史性竞争。而这十年中，每次到这两个电商节日，都以两系和平台上的主流品牌密集争夺节日期间的分众资源为标志性事件。

2012年，小米一战成名、再战成功；2013年，BAT相继拿到移动互联网的“船票”，也都在分众被记入历史。

此后，网约车开始超越传统出租车，彻底颠覆出行行业的标志是分众上出现了“周一打车不要钱，我们都是活雷锋”大规模体验式补贴的传播；饿了么主动对试图侵入外卖领域的美团发起“阻击战”，在全国进行密集投放，在上海发起了“万楼行动”，为10000座写字楼的白领送去了免费外卖；2020年的买菜战场，随着每一座新的城市打开，也一定伴随着分众电梯广告的进入。

对于研究新消费的群体，或者希望进一步投资新消费领域的人而言，如果你想了解目前的城市主流群体中正在流行什么新的商业方式、崇尚什么新的消费体验、传播什么新的消费热潮，其实比去互联网上搜索更真实的，就是你在上班和下班的写字楼与公寓楼的电梯前所看到的，因为它终年无休、真实无虚地展示着当下最活跃的新经济参与者的广告预算是以什么态势、什么流向和什么价值观在呈现，它既是生活方式的见证，也是品牌成长的见证。

品牌战争的胜负手

分众作为投资风向标的另一个关键意义，是它往往是品牌战争的胜负手，胜者为王在这里的意义非常明显。

笔者曾和一些投资界的朋友交流，如何用最准确的语言去表述分众的本质，结果是绝不是“广告”，而是“武器”，我们称之为“商战核武”。

分众绝不仅仅是那个提示你哪些企业正在进行商战的显示屏，能看懂分众的人，在投资方面都不会太弱。

笔者只普及几个基本的概念：杀伤力、时点和规模。

杀伤力是一个企业广告语的竞争能力。你或许会说，这是专业机构的事儿。没错，绝大多数在分众流行的广告语都不是企业家闭门造车的结果，其中最好的一些广告创意来自顶尖的定位咨询公司，它们的起价超过 3000 万元。对，就一句话。

一个好的广告语绝不是“买它，买它，买它”这么简单，它考验两个维度的能力——如何最生动地概括自己的核心竞争力，以及让对手没有升级广告定位的空间。

瓜子二手车的创始人杨浩涌就推动了这样一个典型的案例。他第一次用分众是和 58 赶集的大战，由于双方在创意上基本持平，所以最后的合并其实是资本推动的——这或许是没有足够过人的创意的一个负面结果。

所以等到 2016 年再次上场的时候，杨浩涌就通过特劳特想出了“没有中间商赚差价”这句广告语，并抢先在分众投放。

事实上，瓜子的对手反应是很迅速的。在代言人方面，瓜子邀请孙红雷做形象代言，人人车聘请黄渤，优信重金请了莱昂纳多·迪卡普里奥；在投放预算上，三家也都到了亿元级别。

但相比之下，还是瓜子的效果最好，这要归功于瓜子的广告创意达到了最大的差异化。

杨浩涌对这句话的评价是：“这句话明显让我们跟对手产生了差异化。这是一个非常大的护城河，也是一个很大的、很难被替代的财富。”

这就是一剑封喉者的战争箴言。

所以，广告定位高下的提示作用不是意境本身，而是战争参与者是否做好充足的准备——一个请最好的机构从消费者角度打造心智突破口的公司和一个市场部从企业内部角度憋出广告语的公司，还没有打就分了高下。

“分众曲线”的第二个维度是投放的时点。事实上，我们倾向于先投放者为胜，因为毕竟这是“核武”，但世界上总是有一些国家有二次核反击能力的，商战也如是。所以精细地分析投放时点，主要看操盘人的实际掌握能力。

简单来说，有两种类型的投放时点最值得关注。第一种是以相对弱势的一方进攻相对强势的一方，无快不破，饿了么打美团就是这个路子；相反，某些循序渐进、稳步求胜的企业往往以密集的投放作为“以战止战”的最后一招，很典型的案例就是前面说过的美团，投放即结果，结果即终战。这两个时点的把握最考验企业家的控局能力。

第三个维度是规模。新经济战争往往有三个阶段：

第一，规模固化——在有限的时间内占据最多的市场空间；

第二，资本固化——在有限的时间里争取最多的资本站队；

第三，心智固化——在有限的时间里占据消费者的心智。

这三者其实互为因果关系，很难给出一个定式。但毫无疑问的是，规模固化和资本固化都有赖于心智固化，而分众的主要作用就是心智固化。因此当一个企业在开创新品类与新特性外，试图抓住时机窗口在品牌上饱和攻击发起心智固化时，则意味着在规模或融资上一定出现了重大的变化或重大的推力。

所以分众广告里的门道真可谓千千万万，内行看和外行看截然不同，越看越有心得的人大有人在。

当然，笔者绝不是把是否投放、投放力度看作投资逻辑的必要条件，一个好的企业首先要有基础，才有被固化的价值可能性，而这些基础包括以下几点。

第一，有充分的差异化价值和品牌意识，准备把差异化价值打入用户心智。

第二，有朝气，有创新，有迫切在核心市场中引爆品牌和打开局面的商业计划。

第三，有足够的底气和实力，毕竟分众的投放门槛本身也是一种客观的检验标准和竞争壁垒。

五年前，投资界有句名言："想知道谁是独角兽，就看一下分众；想知道谁会成为独角兽，也看一下分众。"从这个角度来说，分众是水晶球，也是中国新经济和新消费的示波器和风向标。

新经济十年：心智之争

36 氪[①]/ 文

人们总是习惯以十年为时间计数，那我们就站在这巨变的 2020 年，来回顾中国十年新经济是如何一路奔跑到今天的。

中国新经济 10 年编年史

---

① 36 氪，致力于服务中国新经济参与者的卓越品牌和开创性平台。

2010 年 1 月拉手上线，打响了千团大战的第一枪。3 月，大众点评、美团相继上线团购，十年间美团从最初的团购到外卖、酒旅乃至买菜，市值正迈向 2 万亿港元。

2011 年京东商城宣布停用支付宝，中国电商大战展开，如今京东已跻身世界 500 强第 102 位。同年淘宝商城双十一“光棍节”营收为 33.6 亿元，2020 年天猫双十一营收突破 4982 亿元，震撼全球。而当人们觉得电商格局已定之时，拼多多横空出世，只用四年时间，用户量破 7 亿，营收破万亿元。

2012 年 8 月 16 日在北京 798 艺术中心，雷军发布了小米 2，该款产品以极致性价比让米粉直呼“碉堡了”（太厉害了），开启了中国智能手机的十年大战，如今小米单季营收突破 500 亿元。而十年智能手机大战中，华为在高端市场力压苹果，让中国科技品牌找到了自信。

2013 年 1 月 15 日，微信用户数破 3 亿，微信成为全球用户量最大的通信软件。而与此同时，字节跳动取得千万美元级融资，首个产品今日头条逆袭传统门户，信息分发从此也进入了个性化算法的智能推荐时代。

2014 年，滴滴打车进入了微信，智能手机的定位功能让网约车这种前所未有的打车方式成为现实，如今滴滴出行的国内月活用户突破 4 亿。

2015 年 6 月，饿了么与美团外卖打响了外卖大战第一枪，智能手机改变了所有人关于“吃”的习惯，造就了 4000 亿元规模的餐饮外卖市场。

2016 年，互联网人杀入中国汽车市场，首先是瓜子二手车改变了二手车市场的格局。三个互联网创业者进入了中国新能源汽车产业，如今中国造车新势力 NLX 的市值对众多国际传统汽车巨头来说已经实现弯道超车。

2017 年，钉钉打出了第一个视频广告，宣告企业服务大战正式开始，如今钉钉用户破 5 亿，上班打开钉钉、企业微信、飞书，回同事消息、弄 OA 申请审批，全面提升了企业效率。

2018 年，短视频大战开创了令人惊叹的赛道。抖音、快手两大短视频平台成为仅次于微信、用户消耗时长最长的产品，抖音、快手不仅仅通过游戏、广告变现，直播的兴起也让人们看到了两个站在电商门口的“野蛮人”。

2019 年暑假，在线教育大战达到了高潮。一年之后学而思、跟谁学在美股市场高歌猛进，在线教育先行者猿辅导、作业帮用户数和融资量迭创新高。

2020 年，一场疫情让在线买菜成为刚需。盒马、叮咚、每日优鲜、兴盛优选、同程生活、十荟团迎来了爆发式增长。之后，美团上线美团优选，拼多多上线多多买菜，宣布以百亿美元杀入这个市场，疯狂的线上买菜或许是高频打低频的电商终极大战。

过去十年，中国新经济市场空前繁荣，互联网战事一波未平一波又起，从 BAT（百度、阿里巴巴、腾讯）到 TMD（今日头条、美团、滴滴）演绎出众多互联网传奇故事。作为这个时代的见证者，我们有幸参与了中国新经济惊心动魄的十年之路，也助推了城市主流人群生活方式的十年之变。

十年中的变与不变

下面，我们从几位知名企业家的谈话中，看看这十年什么在变、什么不变。

白如冰（车好多联合创始人）：说起不变，我有一个感触，互联网大战不仅不会停，而且是少不了的。中国的商战也是比较精彩的，每年市场都有这么大的变化，经济市场活跃度也很高。互联网人对于大战已经习惯了，这种大战一直都会存在。

第二个不变的地方，从用户角度来看，就是消费者的基本需求不会变。用户对“多快好省”的需求、对品牌的需求不会变。对品牌来说，能够抢占的用户心智是有限的，这些大战之后，活下来的是有限的几个品牌，因为用户的心智容纳不了那么多东西。这两点不会变。

说起变，也有两点。第一，很多人都在做产业互联网，互联网人不断深入各个产业，也可能是相互改造，这是一个不断推进、不断深化的过程。从我们自己的角度来看，中国的汽车消费在线化比例也在不断变高，像二手车已经有 10% 左右可以完全在网上实现交易。我们也相信总有一天，不管是二手车业务还是新车业务，在线上卖的比例比线下更高，这是在线化趋势。

第二，用户的最终选择还是会变化。每一个品类最终都会出现一些头部品牌。未来一段时间，中国会不断崛起新的细分领域的品牌，这些品牌会在不同领域帮助用户减少决策的难度。

陈小华（天鹅到家董事长兼 CEO）：总结一下这十年，其实有三点没有变。

第一，打品牌广告没变。大多数品牌都在分众打广告，只要上下班看看电梯，就知道互联网经济现在流行的是什么。大家总是先从地面补贴战、流量战开始，但最后难以避免要打品牌战。

第二，竞争从来没变。互联网不会不经历战争就兵不血刃地觉醒。

第三，互联网越来越深入老百姓的生活，移动互联网和产业结合得越来越紧密，对老百姓生活方式改变得越来越多。从最开始仅仅是找信息、获取信息到后面团购、外卖，再到家政、买二手车、买菜，互联网从云端逐渐下沉，跟产业结合、跟老百姓的生活结合，越来越接地气。这一点确实没有变过。这是我感受最深的三点。

江南春：我们见证了互联网新经济的各种大战，同时也看到消费者对美好生活的向往。在互联网的演变过程中，在这么多大战中不断出现生活方式和消费观念的改变。

大家已经无法退回十年前，吃饭、打车都不能用互联网的时候。相信消费者这十年的生活，表面上看每一年变了一点点，但积累起来就是巨变。

从广告行业的角度看，是信息模式的巨变。十几年前，获取信息最重要的方式是电视；从 2015 年开始，互联网的收视时间超过了传统媒体收视时间的总和。传统媒体的信息功能被微博、微信取代了，娱乐功能被视频取代了，这是一个大的变化，信息模式在巨变。信息模式变了，但生活空间没什么改变，回家、上班、看电影，这些生活空间没有变。现在主流人群看电视的概率变小了，看视频花 20 元买会员去广告。看内容用微博、微信，信息流广告很多。虽然你离手机很近，但离手机广告不那么近，一个月能从手机端记住的广告非常有限。

这个变化是信息模式的变化，不是广告的效果越来越好了，而是广告产生的效应和十几年前相比碎片化了。十几年前媒体很少，广告效果很集中。到了今天，我们看到这么多的广告形式，这些广告形式正变得碎片化、粉尘化，广告的威力在不断下降。我自己也一直比较坚守，虽然看着、经历着一些变化，但生活空间是不变的。我宁愿赌不变的部分。因为我们跟不上那些变化，但生活空间是不变的。2003 年 SARS（非典）的时候，我创办了分众，我最大的体会是中国的城市化。进行城市化需要建楼，楼建完以后要有电梯。城市化把城市面貌改变了。一部部电梯造起来了，没有电梯城市无法运转。今天看来，城市的高楼越来越多，电梯成为一种基础设施。

而我当时还看到一个很重要的点——没有人要看广告，这一点也没有变。你看电视、看手机，看的是内容，不是广告。什么时候消费者会看广告呢？我发现是等电梯的这个独特场景。比如一位男士和一位女士在电梯里，不能盯着她看，还是看广告比较好；坐电梯是看不锈钢好还是看广告好呢？当然是看广告。消费者在这个场景中，比较容易主动看广告。

电梯门一关，手机没有信号了，广告可能帮助大家打发无聊、化解尴尬。智能手机出来后，电梯口也有一些变化。更多人看手机了，原来 100 人中有 60 人看分众广告，现在只有 40 人看，手机对我们产生了一定的影响。可是换个角度看，100 人路过有 40 人看也不错，本质上并没有太大的改变，电梯还是一个大家会主动看广告的地方。

十年之间发生了很多变化，也有很多不变的东西。变化中崛起了很多英雄豪杰，也有很多互联网故事。但也有很多不变的地方，可能十年、二十年都在一个地方不断做深做透，也产生了很多机会。

如何看效果广告和品牌广告

陈小华：第一，品牌广告跟效果广告不是对立的，世界上每一家成功的公司最开始崛起依赖的路径都不一样，有的以产品见长，有的善于运用流量，依赖平台迅速掌握运营能力，有的地推能力强。但成功的公司最后都相似，无论在品牌还是效果上，都要做到很好，所以这两者并不是对立的。

第二，今天毫无疑问绝大部分创业者都有流量饥渴症，希望自己拥有更多的流量。要知道，今天互联网精准流量的成本是极高的，比十年前高多了。再往前推十年，流量成本更低。原因很简单，所有经济都在数字化，所有平台都在进行商业模式的升级，都创造了巨大的营收。所以站在我的角度来看，精准流量的成本在过去上涨的速度远远大于品牌广告。因为任何一个行业的流量都要面临更大的竞争。买精准流量都是要竞争的，是按一次点击多少钱计算的。有些行业买一个有效线索甚至要几千元，精准流量的成本越来越高。

一个公司在成立初期的时候，往往没有足够的资金做长远规划，可以先利用自己的私域流量、社群流量起家，再去获取精准流量，这是可以理解的，但是到了一定程度，还是要用品牌的力量。

第三，打品牌广告。“天鹅到家”在 2020 年 9 月也大规模投放了品牌广告。当时也有很多人说，如果用广告费买流量就是 100% 的业绩增长。其实打品牌广告就像减肥一样，有人选择少喝水或饿几天，觉得这样效果很好，但为什么有人选择跑步？因为跑步有长期的、持续的、健康的影响力。所以今天投品牌广告、明天订单就暴涨的情况很少出现。当然涨也是有可能的，前提是产品没有服务壁垒、门槛不高、价格不高，这样品牌广告也许能立竿见影。今天在消费者越来越在乎服务、品牌的情况下，品牌广告的投放是具有长期价值的。而且从游戏的角度来讲，它对所有环节的乘法不是单一地对某一个攻击能力的增加，而是对英雄所有属性的增加，无论是智力还是敏捷度方面。

我们为什么要用品牌广告呢？比如同样的服务，消费者愿意选择天鹅到家，是因为他相信这是中国最大、最好的公司，相信我们的服务。在资金缺乏长远耐心时，企业短期内肯定有生存压力，这时可以先想办法做私域流量、精准流量，把业绩做好。如果稍微有余力，一定要考虑品牌，品牌不仅仅包括品牌广告，也包括公共关系、公司服务定位。不要简单地把心智影响力等同于投广告。

白如冰：品牌广告和效果广告在日常工作中不矛盾，都在同时做。从企业的角度来看，各方面都不能出现短板，任何一个短板都是问题。两者总是在具体过程中相互辅助、相互促进；品牌广告做得好，流量转化率、效果广告的收益就高一些；效果广告投得多的时候，比如信息流内容，对品牌也有帮助。

我们是一家相信品牌的公司。过去几年我们自认为做得比较好。刚进入二手车行业时，我们对品牌的关注度、投入度比较高，希望缩短战争，不想把这场大战拖得太久。缩短战役一个很重要的方式就是我们在品牌上押了重注，包括从最开始的时候就做了一个崭新的品牌瓜子二手车，也包括在一些主要媒体，包括分众上做针对性的投放。我们要尽快追求自己对用户认知造成引爆性的影响。其实我们过去几年在瓜子这个品牌上投入了很多资本。

所以瓜子很快建立起了在二手车领域入口级的能力。我们今天来看中国二手车行业的流量，不管是买家还是卖家，绝大部分都聚拢在瓜子这边了。今天在国内，瓜子无提示第一提及比例已经达到60%。能达到这样的水平，用户基本就把你当作购买清单里的第一位了，应该可以算是达到入口级能力了。

对于投入，我们其实一直在算一个大账，不计较短期一城一地的得失。做品牌是无法做到早晨打广告、晚上七八点数据团队就给结果的，甚至以周为单位都太短。虽然我们也会看这个指标，但是不能单看它。其实很多企业刚开始做品牌的时候，是不能做到 ROI 收敛的，或者说资金流为正的，做品牌刚开始没有做流量划算。

以瓜子为例，我们 2015 年 9 月投广告，当时看 ROI 占了很大的成本，我们在短期获客上的花费是很高的。当时我们预测了未来商业模型的收敛点，计算了每年花费的规模、获客数量的增速，到一定水平的时候，我们预测它就会降下来。2016—2018 年，我们的获客成本都在不断下降，从上万元降到几千元，今天我们的获客成本已经是一个非常低的数字了。而且我们也收获了巨大的属于自己的流量，这种流量池是免费的。尤其，疫情期间是头部品牌浮出水面的时期，我们今天的自有流量大概有 60% 都是来自自己，这大大减轻了我们未来的增长压力。

我觉得品牌的最终目的还是形成入口，我们把它当作一种投资，帮助用户缩短决策时间。现在用户在考虑二手车的时候直接想到瓜子，其实还是从品牌获客变成品牌入口化，最终形成用户习惯的过程。

从品牌和流量来看，市场有时候像商场。品牌是什么？是你作为品牌方、企业方和流量平台博弈的工具。如果你没有品牌，不是海底捞，只是一个普通的火锅店，那在商场里肯定是被压制的。但是如果你是海底捞就不一样了，在商场里不用讲究商铺的位置，也不需要每天在门口给用户发传单、在楼梯口截用户、天天促销，用户会主动来找你。当然那些动作也是需要的，但是只有有了品牌才能和今天的流量巨头博弈，否则流量巨头不断涨价，你是很难成功的。

流量更像自身能力的一个结果，还不是一个在前端能做太多动作的东西。获客能力或者流量获取能力才是自己的综合能力，拥有链条成本、后端转化效率等综合能力之后，才能在前端给用户提供某种吸引力。只有后台转化链条比较好，才能使前端的一个点击或曝光给出比别人更高的价格，从而让自己的获客能力变强。

只有让自己的能力不断变强，才能最终增加自己获取流量的竞争力，优化这些东西其实都是一些短期能力。今天的互联网企业，大家很难有极其巨大的本质差异，即使有差别也不大。最后获取流量的能力还是靠企业的综合实力、综合效力来提升的。

江南春：我觉得流量和品牌对广告的组合协同各有优势，流量广告的精准性非常好，品牌广告的广谱性非常好，二者是互补的。流量广告虽然精准，但是会遗漏很多潜在的目标客户，因为如果你有 100 个目标受众，你能根据数据投出去的钱大概能打通 30 个消费者，70 个你的潜在消费者是无法触达的，你发现不了他们。

此外，我一直觉得广告不仅要打中购买者、相关决策影响者，还要打中相关的传播者等。有很多相关人群对最后的购买产生了作用，但由于你是精准数据转发，所以往往找到的仅仅是那个购买者。

举个例子。我曾做比亚迪·汉的广告策划，比亚迪精准推送了一个广告，获得了一个客户，该客户付了两千元定金，可后来又要退钱。我问：你为什么退钱？你觉得比亚迪·汉哪一点不如 Model 3（特斯拉车型）？他说他觉得比亚迪·汉大部分数据都比 Model 3 好，但是他老婆不干。他老婆说，你二十几万元还不如买辆 Model 3。潜台词是什么呢？我理解有这样两点：

第一，比亚迪·汉的精准广告虽然触达该客户，但没有有效触达他老婆，他老婆是有否决权的。

第二，他老婆为什么有二十几万元一定要买 Model 3 的想法呢？我认为她很大程度上是受周边人看法的影响。

比亚迪·汉在做了大规模的品牌广告之后，2020 年 11 月的销量单月已经超过一万台。大家想象一下，再增加三四千台，销量从五千到七千，再到一万台，这就好像当时华为的 Mate7，就会改变大家对比亚迪的看法。当在高端市场登顶的时候，它就会打破特斯拉的迷信，最后重建它的认知。一个好产品通过大量的品牌广告，最终会重塑，就像今天华为手机是高端机的象征。

所以我觉得打广告要有场能，不能仅仅局限在搜索数据的购买者，要把购买者、影响者、传播者这些相关人士全打中，在社会上形成一个场。品牌广告能形成引爆的社会场能，而精准性广告我自己的体会是好像我跟如冰两个人互动了一下，最后就我俩知道，出了门没人知道，就好像私定终身。品牌广告就像在广场上求婚，大家都看到了，成了一个社会共识，形成了一种场能。很多人在抖音上打了 5 亿元广告，它是流量分发的，也很难建立起这种场能引爆的社会共识。

效果广告的优点是什么呢？它能够迅速产生一个结果，可以让你迅速看到效果，因为看见所以相信。而品牌广告可能经常需要你因相信而看见，所以我觉得效果广告通常是撩拨消费者的情绪，引发他们的单次购买行为，但是品牌广告取决于消费者有没有共同的认知。品牌广告是塑造消费者认知，而流量型广告是撩拨情绪，两三秒之内看完必须得点，不点就过去了，所以这两者之间是不太一样的。在网络上同样一个效果广告投放出去，如果是有很强品牌认知的品牌，转化率就会非常不同。

所以以前双十一都是流量型选手登顶，现在基本上都是品牌型公司。而传统大品牌登顶不是因为它的流量算法更好，而是它本身的品牌认知更强大，所以它的流量转化水到渠成。

电商行业中有一个流量公式，GMV= 流量 × 转化率 × 客单价 × 复购率，其中流量有精准分发，有裂变、私域，可以做成流量的洼地、红利，我认为这就叫流量的运营。流量运营水平需不需要提高？当然需要提高，这叫优化。你会优化，别人也会优化，这并没有什么秘密，大家都在优化的过程当中比拼。

那大家在电商平台能不能赚钱？核心取决于品牌自带流量的比例，就像刚刚如冰讲到瓜子二手车品牌自带流量 60%。所以你要把品牌打透了，让它进入消费者的“血脑屏障”，将其种进去。农夫山泉把“农夫山泉有点儿甜”这句广告语种进去了，你今天即使用 200 亿元也拔不出来，所以它就成为品牌的持续免费流量，成了消费者心智中那个条件反射。

为什么欧莱雅在电商平台上挣钱容易，而很多品牌挣钱不容易呢？因为欧莱雅自带的流量比例高，可能有 50%~60%，还有 40% 可能也要靠广告，用流量广告去打。但它的流量广告打出去之后，转化率是很多品牌的 3 倍，为什么呢？因为它的知名度、认知度高。所以大家可以发现一个核心的特点，就是今天的转化率取决于品牌力，取决于品牌知名度、认知度的高低。那客单价取决于什么？取决于品牌的溢价能力，你的品牌势能高，溢价能力就高。比如 Model 3，它的品牌势能就比较高，虽然它的配置可能还不如你，但是它的溢价能力更强。

所以从根本上讲，从第一代到第八代，每一代雅诗兰黛小棕瓶的价格都在不断上涨，就是消费者对品牌产生了更多的认可。这个时候虽然它偶尔也在“6·18”、双十一促销一下，但是雅诗兰黛在消费者心中的势能在积累。可能有些国产化妆品每个月、每天都有促销，而雅诗兰黛一年只促销一两次。你还可以发现它虽然也在促销，但推出的新品价格一代比一代高，这就使得它的促销空间比较大。

平安保险和永安保险，同样是保险公司，但同一险种，平安保险可以卖 2800 元，永安保险只能卖 2400 元，这 400 元价差可能就是利润。这种情况之下，消费者买平安保险的比例依然更大，这就是我认为的品牌溢价能力，它决定了你在这个市场上能不能赢利。

未来广告、品牌、营销行业的趋势和应对

白如冰：第一，我觉得未来十年，主要细分品类会不断涌现出一些头部品牌，而且品牌的头部效应会越来越明显。和成熟市场的规律一样，最后中国不管是衣食住行还是生活服务、消费品类，在每个领域里面都会有一个让消费者容易选择的头部品牌，这个过程就是中国企业家面临的机遇和挑战。如果成为头部玩家，成为用户在主要消费品类中的固化认知，就能赢。如果做不到这样，即使这个市场份额做得比较大，也是不安全的。头部品牌的效应会比较明显。

第二，未来品牌媒体的头部渠道应该是稀缺的，从业这么多年，我感觉这个趋势是越来越明显的。记得 2003 年时，当时在中国做品牌比较简单。而今天，在企业里面再做品牌、做广告的时候，挑战应该很多。而且我们也发现，头部媒体越来越重要，头部媒体的稀缺化也越来越明显。

第三，品牌的能力。除了广告，我们也在关注综合品牌价值体现，除了品牌本身的影响力，还有品牌背后的价值驱动，是不是帮助客户建立了价值。在建立品牌价值的过程中，广告是加速器，背

后还要有一定的产品和服务实力，要给用户提供好的服务、好的体验，形成口碑的正循环。我们过去一年里在这方面投入比较多，甚至把我们的销量分成两类。一类是正口碑销量，一类是负口碑销量，我们不断追求正口碑销量。

陈小华：中国接入互联网快 30 年了，前面 20 年主要是消费互联网，这 10 年逐渐在往工业互联网上走。消费跟工业最大的区别是，产业互联网要改变供给侧服务本身，所以我有个判断，如果完全把思维停留在过去消费互联网的打法上，遇到的困难会越来越多。这五六年来崛起的互联网公司的共同特点之一是，它们都在往产业互联网方向走，都在改变供给侧。包括卖菜，卖菜如果还是像在传统互联网时代一样，大家只是比价格，很多企业会死掉，因为没有竞争力。如果它们重建物流体系、蔬菜运营、管理、种植，把消费者买菜的体验做得更好，就不仅仅是连接平台了。再比如外卖，外卖是改变供给侧，帮助餐饮行业解决供给侧问题，让消费者的订餐体验变得不一样，而不只是像团购一样，预约一个标准服务。我把这叫产业互联网，要改变传统产业，要把之前的玩法用来改变产业供给侧。

所以供给侧既是一个互联网公司，也是一个服务的提供者。比如用户去天鹅到家，是通过天鹅到家这个平台找一个阿姨，同时天鹅到家也为阿姨提供培训和就业等蓝领服务，这个升级是未来必然的趋势。今天新的消费品牌公司都是在提供服务，在重构基础设施。天鹅到家就是在做这件事。

另外，在发展趋势上，我认为有两点最重要。

第一是服务，因为要重构服务。第二是品牌力。互联网即产品，互联网即服务，新一代互联网消费品牌必须有龙头企业。全世界有很多百年品牌，今天中国的品牌也都是很多年前积累的。希望中国也出现很多长期品牌，它们能够存续很久，有持久的生命力。

江南春：新经济十年，我最大的体会有这样几点。第一，新经济品牌的产生一定是开创了一个品类或开创了一个特性，所以它一定对社会产生了一个差异化价值。

第二，它一定抓住了一个时间窗口。后面的人做得也不错，但大家往往只会记得第一个。在时间窗口中，它采用品牌饱和型攻击，在消费者心智中先入为主，无论是瓜子二手车还是天鹅到家，可以发现它们在自己的领域中把生意在线化了，变革了一个行业。它们也抓住了创新的时间窗口先入为主，拥有的是消费者的心智产权。所以开创差异化价值、抓住时间窗口、品牌饱和攻击、在消费者心智中把品牌与品类之间的等号画上、拥有心智产权，这些非常重要。一个新物种从产生到拥有心智产权，要实现“惊险一跃”，这“一跃”有三个固化。

第一个固化，我们称为资本固化。资本涌来，主要的资本要在你这儿。第二个固化叫规模固化，要迅速上量，取得规模上的领先。第三个固化是心智固化。就像果冻就吃喜之郎，即使别人能做出更健康、更好吃的果冻，但是在消费者心目中果冻等于喜之郎，这个等号关掉了竞争对手在消费者心智中的入场之门。一旦拥有了心智产权，后面的人就很难进入。就像有再好的凉茶、更去火的凉茶，也不能改变王老吉在消费者心目中的位置。这是我本人一个非常重要的体会。

促销搞流量短期有效，可以上量，但是过度依赖流量到后面就会不促不销，促了也不销。流量要伴随促销，而且流量的成本越来越高。很多中国企业的困局是陷入了“双杀”。流量成本不断往上杀，客单价不断往下杀，当中的利润越来越稀薄。只有走向品牌才是它从量变到质变的正确方式。飞鹤以前在中国奶粉市场排第七，提出“更适合中国宝宝体质”五年以后，营收从 35 亿元涨到 137 亿元，2020 年冲到 200 亿元。元气森林营收从 2019 年的 2.6 亿元涨到 2020 年的几十亿元，它在开创 0 糖 0 脂 0 卡饮料品类以后做了品牌饱和攻击。后面很多人也都开始做无糖饮料，但是已经很难再改变消费者心目中已经形成的认知。就连品类的开创者，能不能守住第一的位置，在消费者心目中成为标准、常识，成为不假思索的选择，也要看能不能抓住时间窗口抢占心智产权。如果不能，你的位置就会动摇，或者陷入促销战、流量战。

至于对数字化的体会、产业互联网的提升，分众作为线下媒体行业，这几年互联网的变化给我们带来很多数字化的东西。第一，比如原来需要 1000 多人去换卡上刊，现在是在线云端分发，不用那么多监控人员去维护机器，而是物联网化，哪台机器出现问题后台立刻可以看到。第二，我们推送广告以后，数据是可以回流的。这么多年，很多传统媒体面临的很大一个问题是，打了广告不知道谁看过。今天，分众的投放数据可以回流到天猫数据银行，知道哪些区域的人看了广告，有了一个人群包。你可以先选择这个区域再跟踪投放。

第三，精准分发。我们知道产品只在家乐福卖，那就在家乐福周边 3 公里做广告，这是基于物业数据做，我们还可以通过小区的消费标签，比如哪些小区奶粉购买概率大，我们有 200 个品类的购买趋势和购买概率分析，可以帮助用户更精准触达。

品牌化是未来发展的重要趋势，数字化对传播效率的提升也是我们一直追逐的方向。

认知越强，后劲越足

36氪 / 文

“定位之父”杰克·特劳特与艾·里斯合著的《22条商规》中专门有一条“认知定律”（The Law of Perception）——“市场并不存在客观现实性，更不存在更好的产品。存在的只是顾客或者潜在顾客心智中的认知。只有这种认知才是事实，其他的都是幻觉”。

“认知定律”指出：商战是一场各种认知之间的较量。企业定位的第一法则就是“成为第一”，这样才能在顾客心智中占据一个强有力的定位。

2020年，各行各业的“第一”企业获得了更多的顾客选择、更大量的资本追捧。

一些从大赛道中分化出来的细分品类的头部企业也获得了迅猛发展，如2020年销售规模30亿元左右的“奶酪第一股”妙可蓝多市值近280亿元人民币（2020年底）；“玻尿酸第一股”爱美客2019年营收仅5.58亿元，但市值超830亿元。

企业该如何理解“认知”，运用“认知”，乃至学会“在认知的大树下捡果实”？

流量广告是私定终身，品牌广告是广场求婚

因为疫情，整个2020年似乎是灰色的，但是我们在分众身上看到了非常不同的一年。从第二季度开始，我们发现分众的业绩、市值开始猛烈抬头。

从分众看趋势

江南春：疫情虽然对很多企业造成了冲击，但是对一些头部企业可能是好事。

因为头部企业的很多人会采用踩油门，而不是踩刹车的方法。踩油门之后清扫了市场，更向头部聚集了。

对于创新型企业而言，它们的独特创新性价值开始被消费者知道，这种公司也会抬头。

而这两种公司恰好是分众最主要的客户类型，因此并没有受到太大的影响，头部客户一路猛进，创新型客户全面发力。

李湘群［特劳特（中国）管理合伙人］：这10年，崛起的品牌都会在分众出现。换言之，从分众可以看到整个中国经济的晴雨表。

特别是2020年疫情的影响，使得分众的地位更加突出了。

为什么会这样？因为消费者的选择更趋向谨慎，这一方面是对自己的支出更加谨慎，另外一方面是大家更关注健康。所以这个时候消费者的选择一定会趋向于头部品牌。这也就是为什么2020年开始分众的业绩会越来越好。

对于消费者，用江总的话来说，信息获取的方式原来是碎片式

的，现在是粉尘化的。

只有在一个地方集中把信息传递给消费者，才能进入消费者心智并建立品牌。其实分众这些年崛起，就在于它担负了新一代打造品牌的平台的责任，也成为经济发展的一个基础设施。

创业公司如何建立品牌?

李湘群：创业过程有两个阶段，其中业务测试期可以主要集中在各种流量平台，去获取你的流量，测试你的业务，获取精确的反馈。

但是真正要建立品牌发力的时候，就不应该那么精确，目的是要让更多、更广谱的人知道你，要出圈，这个时候可以用分众这样的媒体去引爆品牌。

江南春：我觉得流量广告和品牌广告不太一样：流量广告有点像私定终身，只有两人知道；品牌广告有点像广场求婚，成了社会共识，形成了一种社会场能，这是引爆的感觉。

品牌经常讲要引爆，但不积累到一定程度就不能引爆，不在消费者心智中固化，很难成为一个社会的共识，也就很难爆发出巨大的生命力。

所以我认为，品牌广告和流量广告其实不矛盾，品牌认知越强的公司在流量型广告上的转化率越高。现在双十一都是传统大品牌占据榜单。

为什么会这样？不是大品牌玩流量的水平高，而是大品牌认知足够强，所以它做流量水到渠成，在认知的大树下捡拾胜利的果实，流量效果就很好。

由品牌建立有效认知、流量精准推送的双向组合，品效是不可能合一的，但是可以协同的。

李湘群：我更愿意把流量广告理解为渠道，它的本质是渠道，在这里面做的传播，就像我们以前在超市里做试吃、促销，所以你会看到在阿里、快手、抖音等流量型平台上，所有广告都带有促销性质。

但一个本质不会变：消费者是根据品牌来选择产品的，品牌才是真正持久的流量。促销是单次的，而品牌在你的头脑中建立认知之后会持续很长时间，下次你在渠道看到这个产品的时候，就会更倾向于选择它。

所以企业一定要分清楚，流量广告和品牌广告的作用是不一样的，要让流量更有效、成本降低，必须建立品牌。不建立品牌就运营不下去，因为流量成本会越来越高，无法持续。

创业一开始要尽可能地“小”，先占据一个第一

中国消费行业的趋势

江南春：新锐品牌崛起一定是因为看到了新人群和新需求，比如元气森林。唐彬森是怎么把元气森林做大的？

他先是做了几十种饮料反复在互联网上测试顾客反馈，最后发现“燃茶”的概念很好，元气森林“0 糖 0 脂 0 卡”这个概念非常好，消费者有这个喜好，试销了两三亿元的时候突然发现元气森林会爆。

2020 年 5 月在分众上投放了第一轮广告，瞬间众人皆知，一个月的销量几乎赶上了之前全年的销量，到了 8 月、9 月销售额都是三四亿元级别，元气森林就进入了高速循环期。

此外，他还会先抓住新流量、新渠道，之后逐步在各大传统渠道上铺货，渗透率也很高。同时，他一定抓住了品牌爆发的红利，以及像分众这样的媒体红利。

李湘群：我们更看重的是创业家，他们看到了这个机会，然后把事业开创出来，引领整个行业发展。

例如，没有郎酒的开创就不会出现白酒行业的酱香热。放眼整个中国，创业家都在成长，成长过程中要更多地掌握更新的知识，例如定位的知识，通过定位在消费者心智中建立起品牌，成为行业的头部，这是很重要的。

一些令人眼前一亮的创新品牌

江南春：比如特劳特也做妙可蓝多的业务。妙可蓝多的前身是位于吉林的奶企广泽股份，早期处于一个充满挑战的处境，为什么？

提起牛奶企业大家会马上想起谁？蒙牛、伊利。一个地方的牛奶公司如何能抵挡一个规模比自己大数百倍的全国巨头？

所以这家企业跳到了“奶酪”这个没人关注的战场上。现在它的奶酪销售额已经接近30亿元了，2021年可能到五六十亿元，这个市场就被一个遥遥领先的品牌引领出来了。

蒙牛也入股了这家公司。为什么？

因为行业里的人是非常懂的，你抢占了一个核心要道，我如果越不过去，不如投资你。蒙牛入股说明这个行业的战略投资者对妙可蓝多所占据的奶酪市场头部位置的认可。

创业公司无须害怕细分赛道

李湘群：我们主张企业一开始赛道尽可能“小”，占据第一后再把它做大。如果没有占据，这个红利是不持久的，而且通常会把这个红利还回去。

所以规模小不可怕，可怕的是没有控制权。占据第一的时候，你要考虑怎么样去扩圈，下个第一在哪里，要不断去把它拓展、做大。

妙可蓝多做细分是为了将来更好地做大，而不是为了做小，在奶酪棒市场取得第一之后会迅速扩展。细分是一个动态的过程，它的标准是你能不能成为第一。

想从热门赛道出圈，千万不要跟着领导者跑

造车新势力如何持续赢得用户的心智？

李湘群：汽车是一个规模巨大的行业，车企的品牌营销费用非常高。但其实在我们看来，很少有汽车品牌广告做得好，大家都停留在建立形象这一阶段。

当然，大家都这么做格局也是比较稳定的，而特斯拉的崛起打破了这种局面，所有车企都面临着新的挑战。

现在，电动汽车领域已经分为两个阵营：一边是特斯拉，特斯拉的强势就跟当年苹果在手机领域一样，可以说在消费者心智中是一家独大，让大家有比较向往的感觉；另一边是新势力，如小鹏、理想、蔚来，它们现在最重要的不是去强化哪方面的技术，而是要找到一个跟特斯拉差异化的概念，然后把这个概念做大。

传统车企面临的挑战会更大，但是机会也更大。它们有很多忠实的用户，而且品牌也很强，所以这个时候领导品牌要迅速地攻击自己，同时也要找到和特斯拉的差异，把自己的优势发挥出来。

任何企业在时代变革时都有自己的机会，一定不要跟着领导者跑，或者站在某个单点去攻击它，而是要走不同的道路，这样才会有出路。

学会走不同的道路

江南春：我觉得其实往往是向相反方向走才能带来机会。特斯拉是往技术高端走，蔚来就把服务做得很深，用户也非常喜欢。

蔚来在分众做广告是找 4000 个车主自己代言，它的车主是可以主动帮助它推荐的，把服务做到极致，因为对用户特别好，用户就会希望你好，希望你千万不要倒。蔚来现在的市值很高，用户也就特别高兴。

对白酒市场企业的建议

李湘群：对企业而言，行业好的时候反而要小心，要去分析自己的优势在哪里，迅速集中资源做大优势，而不是市场好的时候什么都可以做，这个时候反而要做少，把自己的优势做出来，等到市场不好的时候，自己就突出出来了。

譬如郎酒，它原来有 1000 多款商品，分析下来，郎酒最大的优势是酱香酒。

郎酒的生产基地在赤水河南岸，那里自然条件非常好，郎酒在那里建了全球第一的白酒酒庄，其“生长养藏”的工艺这个酒庄里面都得到了充分展示，独特的酱香酒工艺使得它的酒质非常好，它决定集中资源做大酱香酒。

这几年，郎酒对行业最大的贡献就是推动了酱香酒热。

分众和特劳特都只选择最终能打赢战争的人

特劳特的转型

李湘群：特劳特既不是咨询公司，也不是投资公司，我们开创了一种称为“创业伙伴”的全新模式，形成长期相互内外双打的合作。现在，我们基本上都会拥有合作企业的股权。

其实，特劳特在普及定位知识的同时，也在不断地进化和创新。

我们将定位知识注入企业，承担起企业战略定位功能，企业家负责战略配称和运营的实施。

一是长期护航企业战略，一起走三年、五年甚至更长时间；二是我们会持有企业股权，与企业一起共创大业，打造行业典范。

分众挑选客户的原则

江南春：分众选客户的原则主要有：第一，我们会看赛道，会把重兵押在那些崛起的行业中；

第二，赛道中的人不一样，我们会把核心资源放在能打赢这场战争的人当中。

商战中，分众只是一个必要元素，绝对不是充分元素。一个企业能不能成功，主要还是看企业家自己。分众内部特别喜欢两个词，一个是雄心，一个是定力。

雄心就是你相信这件事，因为相信所以看见，要沿一条道走到黑，几乎所有创业成功的企业家都是这样的。

我们在近距离观察这些企业家的时候发现，在关键时候他们不会为一些表象或者短期的东西所动，会坚持长期主义，做可以累积、可以享受时间复利的事情，这一点非常重要。

对创业者和新品牌的建议

江南春： 综合来看我们还是比较乐观的，2003 年非典之后，中国迎来了黄金五年。

2020 年，很多压力之下，还叠加了一场疫情，这反而激发了中国人的创造能力和斗志。我觉得一方面内部有巨大的信心，另一方面外部环境给我们留有一个很好的缓冲。

在这一时间窗口中，我觉得中国经济一方面会持续高成长，另一方面经济转型升级势在必行，不能因为当前出口膨胀，低端产能就可以继续维持下去了。一定要从同质化转为差异化，要从价格维度走向价值维度，从中国制造走向中国品牌。

每个品牌在自己的人群中形成独特的优势，提供独特的价值，最终让中国人民对美好生活的向往都得到满足，企业在消费升级和满足人民对美好生活的向往的同时得到长足增长。

李湘群： 我们一直都是非常乐观的，这里要提醒大家的是，企业的挑战永远会越来越大，无论有没有疫情，它们都会碰到各种各样的挑战。追逐红利的时代已经过去了，只有梳理好自己的优势、建立好自己的品牌，才是企业长期、持久的红利。

/ 案例 /

飞鹤：全产业链创新助推可持续发展[①]

魏静 / 文

关于飞鹤，我将从外部环境、发展历程以及未来机遇这三个方面，跟大家做分享和探讨。

每一个中国品牌都是国家崛起的受益者。我们综合国力的不断增强，提升了年青一代的民族自信心，带动了一批中国品牌的发展和崛起，飞鹤就是这众多品牌中的一个。

飞鹤始建于 1962 年，是中国最早的奶粉企业之一。初创时，我们的加工手段非常初级，很多生产流程都要靠手工完成；20 世纪 80 年代，我们进行了初步的机械化改造；2001 年，我们迎来了体制改革，走上了二次创业之路，生产上也全面实现了自动化。

到今天，飞鹤已经成为中国婴幼儿配方奶粉的领军品牌。在过去十几年的时间里，飞鹤建设了全国乃至全球第一个婴幼儿配方奶粉的产业集群，实现了从源头的牧草种植、饲料加工、规模化奶牛饲养，到生产加工、售后服务各个环节的全程可控。在产业集群建设过程当中，我们还引入了生态循环化综合利用项目，构成了一个完整的、可以形成闭环的产业集群。

我们这个产业集群中有得天独厚的优势，就是飞鹤诞生在黑龙江齐齐哈尔，那里四季分明，日照最长时间可以达到 17 小时，全

① 本文为中国飞鹤副总裁魏静在 2021 年 9 月 25 日“国货发展高峰论坛”的演讲。

年累计可以达到2600小时以上。良好的气候条件再加上肥沃的黑土地，让我们种植出来的饲草、饲料能够给奶牛提供最丰富的营养。近年来，飞鹤也在逐渐打造有机奶源，率先转换专属玉米地，不打农药、不施化肥，给奶牛提供绿色、营养、有机的饲料，产出高质量的奶。

俗话说，“得奶源者得天下”。目前飞鹤已有近60万亩专属农场，7个牧场，近8万头奶牛。正是这样一些前端的品质保证，让飞鹤在生产过程中能够保证奶源的优质和奶粉的新鲜。飞鹤希望通过这样的努力，给中国宝宝提供更新鲜、更优质的产品。

同时，飞鹤今年也启动了“产业链＋创新链”双链融合战略。2021年8月底，飞鹤乳品工程院士工作站就邀请了4位院士齐聚齐齐哈尔，就飞鹤科研创新、中国母乳研究、行业突破方向等进行研讨。未来，我们会按照既定的步伐和专家学者的建议，以科研创新引领发展，为更多家庭带去欢乐与健康。

为了给消费者创造更好的消费体验，我们历时8年时间打造的陪伴式育儿平台“星妈会”，目前注册会员已经超过4000万。我们打造这个平台，是希望在给宝宝提供更好的物质食粮之外，给中国妈妈在生、养、教等多个方面提供全生命周期育儿内容服务，帮助大家解决育儿问题。

同时，我们连续10年开展了新鲜溯源产业集群探访活动，并将活动由线下延伸到了线上，实现了24小时不间断直播，我们希望将我们的做法展现给消费者，告诉大家一罐奶粉是怎么做出来的。我们也希望能够通过这样的方式，让消费者更加信任我们的国产品牌。

为了更好地让技术创新赋能企业发展，飞鹤还实行“3+2+2”

的数字化战略，将数据的大量存储转变为大数据的不断应用和提取。数据大和大数据是两个不同的概念，我们也希望在自己的数据中台上不断加强与消费者的沟通和互动，不断加强企业内部的管理，以及整体供应链的打通和建设，让数字化优势在企业经营和用户服务的过程中提供更多可参考的意见。我们也希望通过数据的应用提高效率，让数据化体系更好地为消费者服务。

绿水青山就是金山银山，在企业发展过程中，可持续发展战略是最高战略，所以我们不遗余力地引入第三方合作伙伴，共建可持续发展的新能源体系，将秸秆废料和牛的粪便进行处理，来制取生物天然气和生产有机肥。我们自己产的气可以用在我们的工厂，自己产的有机肥可以播撒在自己的农田里，真正实现产业闭环、消费闭环。

2021 年 9 月，我们也发布了飞鹤上市后首份可持续发展报告，通过这种形式，让消费者更了解我们是一家什么样的企业，了解我们如何为整个产业链的伙伴赋能，为消费者创造更好的体验。

飞鹤与分众的合作，我觉得不失为一个经典的案例。与分众传媒创始人兼董事长江南春相识应该是在 6 年前，在这几年的合作过程当中，我们能够深刻领会到分众传媒在打透市场、打透精准目标人群方面，具有很强的号召力和感染力，能够让消费者和用户在一个狭小封闭的空间感受或感知品牌需要跟消费者沟通的内容。

我们与分众在合作的过程当中，也一起探讨通过大数据的方式进行楼群的选择。可以说，每一块屏幕的选择后面都会有精准的数据支撑。

通过分众的这种场景形式，我们还进行了商超、影院、梯媒以及一部分户外的合作。对于飞鹤来讲，无论是在抗击疫情期间、飞天探月工程中，还是我们的中国宝宝日、新鲜产品溯源，以及经销商合作伙伴大会，都与分众展开了紧密的合作，可以说是一路相伴、一路向前。

针对我们的主流受众人群，这确实起到了很好的品牌宣导和推广作用，也让更多用户能够理解我们在推荐产品、推荐品牌价值的过程中所输出的内容。

我们对未来的品牌发展有这样一些思考。第一，从中国制造到中国创造，中国一定会成为全世界最大的消费品市场，而且消费升级的趋势不会减弱。我们可以看到，更多新锐品牌在不断崛起。相信在未来，在具有这么大潜力的中国市场中，作为中国品牌，我们一定会用更好的服务、更好的产品、更好的消费者体验，赢得更多用户的信赖。

第二，互联网技术日新月异，未来产品会嫁接更多新科技。比如互联网技术、5G和物联网，一定会让产品体验、产品与消费者之间的沟通和互动变得更加容易。

第三，消费升级，从基础功能到创新，更多功能性产品不断涌现。作为婴幼儿配方奶粉的生产企业，我们也要在研发领域、在中国母乳的研究和中国宝宝体质的研究上不断突破，从基础研究到应用研究，最终实现产品转化。这个过程可能会相对漫长，但作为乳企，这是我们必须要去做的事情。我们也会不断推陈出新，创造更多好产品去满足消费者的需求。

飞鹤的价值观是用户第一、行胜于言、互为成就、永进无潮。我也希望在国家不断变强的情况下，每一个中国品牌、每一类中国品牌都能够屹立于世界品牌之林。

/ 案例 /

妙可蓝多：用工匠精神做极致产品[①]

柴琇 / 文

很高兴参加“国货发展高峰论坛”，有机会讲述过去5年妙可蓝多的成长经历。

5年前，我从吉林省一个地方乳品企业，带着几个人来到上海，成了“沪漂”。因为心里有一个梦想，不甘心就做一个地方的乳品企业，也希望像蒙牛、飞鹤一样，在乳品行业有一番作为。

我们过去5年成功的最重要的因素是什么？我觉得是我们选择了奶酪赛道。2016年，奶酪零售的总份额也就在40亿元左右，而且前5名都是国外品牌，中国人均奶酪的消费量只有0.18公斤。落后也是机会，所以我们选择了这个赛道。到目前为止，在中国几千家上市公司当中，妙可蓝多是唯一一家以奶酪为核心业务的公司。我们专注奶酪，专为国人，这就是我总结的过去5年最重要的一个正确选择。

选择进入奶酪赛道后，到底从哪里入手做呢？在国外，奶酪是孩子从一岁开始一直都在消费的，而中国过去20多年，奶酪市场份额一直很小。我觉得这与中国的饮食文化有关系。奶酪是舶来品，我们的饮食文化对奶酪的认知不够。所以我们选择做奶酪教育，从娃娃抓起，从80后、90后的孩子妈妈入手，因为她们已经

① 本文为妙可蓝多创始人柴琇在2021年9月25日“国货发展高峰论坛”的演讲。

被一些西式快餐教育过了。欧睿数据显示，2018年妙可蓝多的市场份额只有3.9%，当时市场第一名是一个外资品牌，市场份额为28.3%。而到了2021年，妙可蓝多已经成为名副其实的中国奶酪第一品牌。

我们在2018年的市场份额很小，增长这么快，是因为选对了目标人群。在这方面我想说，有幸结缘分众传媒创始人江南春。产品准备好了，渠道也铺进去了，怎样能让消费者记住妙可蓝多呢？我们研究了过去传统的媒体，寻找引爆的更好方式。认识江总之后，江总说想成为头部企业、成为奶酪第一品牌，必须和头部媒体合作，选择分众能引爆市场。我就去做了功课，不仅市场部的同事研究分众，我也站在有分众媒体的电梯旁，一站就是一个小时，研究分众对各种品牌的宣传方式。

我们把2019年定位为妙可蓝多的品牌建设元年，同年，我们把上市公司的名字改成了妙可蓝多。

投放分众之后，整个过程当中其实也有一些纠结。比如说，按照定位理论，妙可蓝多这个名字不能用，因为不好记。江总建议想办法把这个名字唱出来，我们就把一首法国童谣（中文版是大家熟悉的《两只老虎》）改成了妙可蓝多的广告歌，唱到现在，两年半的时间，大家记住了妙可蓝多。

同时，在我们做奶酪的时候，奶酪的渗透率特别低，2016年的市场渗透率是12%，而且说到奶酪，尽管外资品牌占比很大，消费者心智当中并没有第一品牌，所以我们开始做品类教育：在欧美，奶酪被誉为“奶黄金”，妙可蓝多奶酪棒，浓缩牛奶精华，高钙美味，好好吃。

做了两年半的广告，大家记住了三个点：第一，奶黄金；第二，好好吃；第三点也是最重要的一点，大家记住了妙可蓝多。这也是为什么我们在短短两年多的时间内，迅速由行业第五变成了行业第一。

2020年，我们又请了知名演员孙俪做代言人，持续提升品牌力。在这里，我还得感慨江总当时说的真是对，投广告要聚焦。其实很多人都问过我，你当时做广告的时候，怎么就敢聚焦分众？因为江总说，只有聚焦，才能打爆。我选择相信江总，就以分众为主要投放媒体。我在当时大胆投入，还有很重要的一点，是我的产品力足够好，不仅广告做得好，歌曲唱得好，产品也做得足够好。

2018年我们的奶酪棒单品上市时，奶酪棒外资品牌的市场份额在五六亿元。我们的产品上市后，2019年销售额达5亿元，2020年光奶酪棒一个单品就销售了15亿元，2021年应该有更好的表现。截至2021年9月，我们所有生产线都在满负荷运营，生产产能又创历史新高。

我们一直本着做食品的企业能够基业长青，必须做到产品足够好的理念。我们说用工匠精神做极致产品，说奶酪就选妙可蓝多，就一定会用行动进行诠释。为什么奶酪就选妙可蓝多？不是我们会打广告，而是我们把产品力的打造作为企业最核心的竞争力，所以有了很多忠实粉丝，包括我自己的家人都是我们产品的忠实粉丝。

我们走过了第一个五年，我自己感觉还行，毕竟做到了第一。我想借着这次机会感谢江总、感谢分众传媒，如果不是有分众这样一个媒体平台，不是一路走来江总给予的鼓励和支持，我想可能妙可蓝多没有这么快做到这个程度。江总给我的支持，不仅仅是广告怎么投放，还有从企业战略包括遇到一些困难的时候该怎么做，他是我的良师益友。

从中国领先到世界一流，这个说法其实有点大。我原来从来没想做世界一流，蒙牛集团总裁卢敏放说：你有机会做世界第一。我和卢总说：说世界第一，咱就做世界第一，所以我的这个题目是给卢总看的，从中国领先到世界一流，开启妙可蓝多新的征程。

第二个五年的宏伟蓝图开始，我很淡定，很坦然地说，我已经知道未来五年怎么做到中国领先、世界一流了。我们不再像五年前那样一点点摸索了。今天，我们已经很深入地了解如何在奶酪领域进行产品研发和创新：一方面，国外奶酪那么多，把奶酪大国好的、传统的经验学来，同时结合国人的需求做奶酪研发，做结合中国人的文化研发；另一方面是做奶酪应用的研发，也要结合国人的需求进行研发。在这一点上，我可以很自豪地说，妙可蓝多是极度重视研发的企业，妙可蓝多的奶酪研发人员有很多博士、硕士，在研发团队编制上目前我们没给他们限制。同时，我们也在培养自己的研发人员，也引进了一些国外优秀的奶酪工匠帮我们做研发。在产品力的准备上，现在奶酪棒等于妙可蓝多，但妙可蓝多不等于奶酪棒。说到奶酪就想到妙可蓝多，这才是我们要做到的。我们要用行动把奶酪就选妙可蓝多诠释出来。所以，我们未来的产品矩阵当中，不仅有针对儿童的产品，有针对年轻人和中老年人的产品。进入老龄社会，老年人更适合吃奶酪，奶酪高钙、高蛋白，不仅孩子成长需要，年轻人、中老年人也很需要。我们的目标消费人群还会持续增长。在渠道上，我们原先只有低温产品，2021 年 7 月我们启动了常温奶酪棒，上市不到一周，就得到了很好的消费者反馈。

同时在渠道拓宽方面，我们有 to C 和 to B。五年前，我们的企业很小，而现在我们兵强马壮、粮草充足。有了这样一手好牌，在实现中国领先、世界一流上，我觉得心里还是比较有底的。目前面对 14 亿人，妙可蓝多还没有做到家喻户晓、妇孺皆知，这也是未来我们要做的。

新经济时代，新媒体不断涌现、不断变化。你万变，我就有我的主张，在过去成功的地方继续加大投入。我曾找江总，说谈一谈未来 3 年帮我引爆几个奶酪棒这样的大单品。我觉得对我们来说，分众传媒把一个又一个针对不同消费人群的品类引爆，还是有很大机会的。2020 年 12 月我们已经在中国奶酪领域排名第一了。在这个过程当中，大家都说你的企业发展得很好，为什么要找个大股东？其实，我心里这个梦就是想把奶酪做成中国第一，让更多中国人了解奶酪、爱上奶酪，让这种健康美味的产品强壮中国人的体魄。

我觉得自己也是有家国情怀的。和蒙牛合作，我觉得我们做中国奶酪第一品牌，甚至当世界一流企业的可能性更加确定了，我是不是大股东真的不重要。只要员工高兴，股东高兴，消费者高兴。有这样的实力，企业就能给中国百姓做出更多好的奶酪，所以非常高兴我们成为蒙牛大家族的一员。有蒙牛对妙可蓝多的赋能，我觉得我们未来五年更加确定能够打造出中国领先、世界一流的奶酪企业。2021 年是“十四五”规划的开局之年，也是我们第二个五年的开局之年，妙可蓝多作为在这么短时间内成长起来的一个本土品牌，如何让奶酪进入每一个家庭，任重而道远。我也相信只要各位企业家共同携手，国潮品牌崛起就势不可当。我们也一定能够完成让妙可蓝多进入每一个家庭的使命，让生活更美好！

/ 案例 /

妙可蓝多：重度投入分众，绝大多数人没看懂

妙可蓝多 CMO / 文

2021 年的“6·18”，妙可蓝多再次传出捷报，天猫旗舰店、京东自营、拼多多三大平台销售额分别同比增长超 43%、172% 和 288%，一举拿下京东自营同品类流量指数、访客指数双冠，天猫芝士、奶酪黄油双类目第一，以及抖音自播、拼多多、天猫超市三个渠道的奶酪类目第一。

妙可蓝多 2021 年“6·18”期间的销售成绩

这也是 2019 年以来，妙可蓝多连续第三年横扫“6·18”品类榜单。这样的战绩自然也反馈到公司业绩层面。妙可蓝多奶酪板

块 2019 年营收为 9.21 亿元，同比增长 102.2%；2020 年，这一数据超过 20.7 亿元，同比增长 125.15%，实现连年翻番。

然而，仅仅在三年前，妙可蓝多面对的还是截然不同的光景。

奶酪作为“舶来品”，在购买选择上，消费者天然地倾向于“进口货”和外资品牌。奶酪品类的前 5 大品牌全是外资品牌，几乎没有国产品牌被认为能够从这样的“虎口”里面抢到市场机会，更不敢想能够坐上奶酪市场的头把交椅。

三年后，妙可蓝多做到了。采访今天的妙可蓝多消费者，相信超过 90% 的人会说，在电梯广告里反反复复看到过妙可蓝多。没错，我们引爆品牌、制胜品类的打法，就是集中资源，重度投入分众。

事实证明，这是一次成功的选择，然而在当时，很多人并不赞成这样的传播打法，质疑声一路伴随着妙可蓝多的发展。但我们却走得很坚定，因为我们知道，我们做的是正确的事情。

要逆袭，必须重力品牌投入

品牌能快速增长，核心是产品要好。在产品力上的投入始终是妙可蓝多的坚持。我们不仅是中国乳品行业首批掌握原制奶酪生产技术的企业之一，多年来，更是相继开发出了奶酪棒、马苏里拉奶酪等拳头产品。可以很自信地说，妙可蓝多的奶酪产品质量，完全不输任意一家外资品牌。

有了产品力的保证，品牌力的建设就有了底气和根基。但理想很丰满，现实太骨感。

这几年的国潮之下，我们看到不少中国品牌成功崛起，很鼓舞人心，让大批的中国企业看到希望和方向。但是，国潮兴起之所以励志，是因为这件事本身并不容易。

是的，中国品牌崛起真的太困难了。很多行业的中国品牌长年被外资品牌压制，这一点我们深有体会。在妙可蓝多进军奶酪行业伊始，行业的头部品牌几乎都是外资，尤其是法国品牌百吉福，已经在中国市场发展10余年，以近30%的市占率和10亿元左右的年营收遥遥领先。

品牌力的达成，根本上是品牌核心价值的有效表达和消费者信任感的建立，这也是企业将产品优势转化为认知优势和竞争优势的过程。这个漫长过程中，品牌投入必不可少，尤其对于绝大多数的中国品牌而言，要逆袭、要超车，更是不可回避的现实。

而事实上，即使在今天，还有大量的企业试图寻找所谓捷径。轻视品牌，甚至苛责重金投入品牌建设的品牌，这种观念上的偏差，带来的后果就如同输在了起跑线。

重度投入分众背后的战略洞察与战略魄力

妙可蓝多把2019年作为开启全面品牌建设的元年，在这个决策背后，是我们和时间争分夺秒的赛跑。

尽管奶酪赛道已经强手如云，外资品牌环伺，但由于整个中国奶酪消费市场仍然处于初级起步状态，绝大多数的消费者还没有开始消费奶酪，而且提到奶酪品牌，他们并不能说出任何一个。这里蕴藏了一个巨大的机会，如果妙可蓝多能够做大奶酪品类，率先让顾客记住，并且成为顾客购买奶酪的首选品牌，就完全能够反转行业格局。

中国消费升级加速，奶酪行业的巨大潜力已经是共识，虽然妙可蓝多看到了机会，但这是一场赛跑，妙可蓝多作为新入者之一，必然会面对竞争对手的警觉和追击，唯有始终加速跑，才不会被淘汰。并且当时的妙可蓝多，在资源和规模上都远不及行业第一的竞品，当时竞品在中国的市场份额是妙可蓝多的十几倍。在如此悬殊的差距下，妙可蓝多必须找到迅速一击制胜的方法。

首先要找准自己的方向，去触动消费者的内心，找到消费者选择你而不选择竞品的理由，是妙可蓝多在当时做出的迅速反应。

我们把“适合中国人吃的奶酪产品”作为品牌定位，把“奶酪就选妙可蓝多”作为品牌的宣传语。其中包含的是我们对于妙可蓝多作为国牌的比较优势分析，也是将妙可蓝多品牌和奶酪画上等号，封杀奶酪品类的雄心。

其次，看准战机，聚焦资源，在品牌传播上发足力。押宝分众，是妙可蓝多在这个前提下的最佳选择。

一场品牌攻坚战，首先要保证能够快速、高频地把信息传播出去，打透市场。再就是对于妙可蓝多而言，要保证能够精准触达有奶酪消费习惯或潜力的城市高收入家庭。

分众电梯媒体的优势，在于占据了电梯这个城市主流消费人群生活轨迹中不可或缺的核心场景。无论是在公寓社区、写字楼还是商场，它都可以充分利用碎片化的时间，把广告高频次、精准地渗透到目标消费者必经的电梯场景之中，与消费者产生高效深度的沟通。

在信息高度碎片化甚至粉尘化的时代，这样的媒体特质难能可贵。有哪个媒体能保证一天 6 次有效触达目标消费者？

有人说现在是移动互联网的时代，应该追求有趣新奇，用各种概念去捕捉消费者，综艺视频、社交种草、爆款刷屏才是做品牌的潮流。事实上，真正引爆的品牌凤毛麟角，而且难以复制。

品牌传播的关键在于信息的重复和有效触达。品牌只有通过不断地重复信息，才能对抗消费者本能对信息的遗忘，最终牢牢被他们记忆。而分众这样的品牌广告，恰恰可以解决消费者通过品牌信任从而实现长期持续复购的问题。

做一个大而全、什么媒介都投一些、什么创意都玩一下的品牌方案，是一件很容易的事情。反而集中在分众进行饱和攻击，对妙可蓝多的决策层来讲，是一个无比正确的决策。

简单粗暴？还是你没看懂

有人质疑妙可蓝多和分众的组合就是广告简单粗暴地重复再重复，我想说，这还是没有看懂。

虽然分众电梯媒体的媒介特性保证了它的传播可以很饱和，可以高触达，但真正剖析那些被分众引爆的成功案例，会发现投放分众其实也有着高度的技术含量。

传播的本质在于信息更有效地被消费者接受，妙可蓝多并没有简单粗暴地把“奶酪就选妙可蓝多”这句话无限循环，也在借力IP和广告歌曲两方面进行着力。

借力IP，我们考量的是父母是奶酪产品的实际消费决策者，使用他们和孩子都熟悉的动漫形象，能极大地吸引其注意力，更好地建立起品牌沟通渠道。所以妙可蓝多选择和火爆中国的知名动漫IP汪汪队达成深度合作，不仅在奶酪棒的外包装上印制了汪汪队的动漫形象，还把妙可蓝多的品牌和产品要素融入《汪汪队立大功》的动画之中。这些举措为妙可蓝多在儿童奶酪市场的突破起到了重要作用。

要让消费者牢牢记住“妙可蓝多”这个品牌名称，广告歌曲的打磨也是妙可蓝多品牌传播中非常重要的一笔。经过研究比较，我们选择了《两只老虎》这首家喻户晓的儿歌，将其改编成妙可蓝多的广告歌曲——“妙可蓝多，妙可蓝多，奶酪棒，奶酪棒，高钙又营养，陪伴我成长，真美味，真美味”。在朗朗上口之中，熟悉的儿歌赋予品牌超强传播力，为后续的强势传播埋下伏笔。

传播也需要控场

当然，投放了分众也不是一劳永逸、一成不变的。如同球赛中，双方的较量结果往往取决于控场能力，品牌传播的节奏把控也常是整个传播战役成败的关键环节。

在逐步达成奶酪品类领导者的过程中，妙可蓝多规划了三个阶段。

- **第一阶段：明确妙可蓝多是谁，价值是什么**

在投放初期，我们以快速引爆品牌为预期。这也就意味着，是否有力度打透消费者心智，支撑品牌越过量变到质变的拐点，是这个阶段最大的挑战。

此时，我们选择聚焦火力，利用大家耳熟能详的广告歌曲的强效传播力，将广告片在各大城市的分众电梯媒体上高频次滚动播放，用饱和攻击的方式实现引爆品牌的目标，让消费者能够在短时间内牢牢记住妙可蓝多。

于是，后来的故事大家都很熟悉，由《两只老虎》改编的妙可蓝多广告曲回响在各大写字楼之间，“奶酪就选妙可蓝多”的广告语一时间深入人心。不到一个月，我们的微信、百度指数也都有了显著的提升，奶酪与妙可蓝多画上了等号。

- **第二阶段：明确销量，建立销量第一的领导者认知**

在第二阶段，我们开始放大分众电梯媒体平台所具有的新闻传播价值。

当时，在持续投放数月之后，妙可蓝多已经一跃成为新的行业领导者，各项关注指数均超越了洋品牌。2019年“6·18”期间，妙可蓝多拿下天猫、京东销量双冠王，同比增长超过300%。这些事实和数据都是最好的品牌信任状，有助于抢夺奶酪消费的存量市场。

传播学里有个非常著名的理论，叫“媒介即信息”，放到今天的传播环境下依然适用，媒介本身才是真正有意义的信息——我们选择什么样的媒体平台打广告，证明了我们是什么样的品牌。

所以在第二阶段，我们迅速把分众平台的广告片内容更新为“妙可蓝多荣获京东、天猫双冠王，销量增长300%”，通过分众这样一种广泛覆盖、高效触达的媒介载体，像传播新闻一样地去传递信息。分众广告渗透到城市主流消费人群必经的电梯场景中，所触达的人群代表了中国城市绝大部分的主流消费力和影响力。

同时，销量作为品牌产品强有力的背书信息，突出销量领先，也能打消很多还不了解妙可蓝多的妈妈的疑虑，使其认可品牌产品品质。毕竟更多人的选择一定没错。

- **第三阶段：强化品类教育，给消费者更强的购买理由**

推进到第三阶段，在前期的消费者心智抢占和品牌势能积累之后，妙可蓝多已经成功占领了奶酪这个品类。但是在中国，奶酪消费习惯还属于初级，人均消费量仅为欧洲的1%，更多人还不知道奶酪的好处。所以，到了这个阶段，我们开始将传播重点转移到品类教育，广告内容也转为以“在欧美，奶酪被誉为奶黄金”等宣导为主打，给消费者更强的购买理由，扩大整体奶酪消费的潜在市场。唯有肩负起领导者的责任，品牌才能持续发展。

很多中国企业的生产能力很强，但是不懂品牌，不会传播，最后只能靠价格战去获取顾客，非常可惜。外资强就强在会做品牌，即使产品品质和国产品牌一样，也能有很好的利润。今天，中国的消费者越来越对国产品牌敞开心扉，国产品牌超越外资品牌已渐成现实。

在这种情况下，想在品牌打造上弯道超车，跑得更快，我认为电梯媒体非常值得关注。在这个信息粉尘化、分散化、过载化的时代，分众是屈指可数还具备广泛引爆能力的媒体，其传播核心是要使信息有效抵达消费者形成记忆，这正是分众作为中心化媒体平台的强项。也正是因为这一点，我们看到除了妙可蓝多，还有很多中国品牌通过这块小小的屏幕变成家喻户晓的品牌。

第二章 流量焦虑破解之道

流量和品牌广告如何配比才能完成惊险一跃？

经纬创投[①]/ 文

2020 年，我们经历了史无前例的全球货币大放水，在市场高涨的热情下，很多高增长但盈利不佳的公司被资本催熟，问题被情绪掩盖。

但在春节后，情绪开始突然回归，一家新上市的新消费公司破发，一些通过抓住流量红利而取得高速增长的公司，也纷纷陷入不赚钱的泥潭，对流量过分依赖的副作用开始显现。

自 2018 年开始，随着短视频和直播的崛起，流量去中心化令局势变得严峻，大平台对流量的掌控力降到十年来的最低点。曾经好用有效的增长方法，今天却越来越难。

新的有效方法是什么？没有定论，所有人都在摸索。例如钟薛高的创始人林盛在做新的水饺品牌理象国，但他也认为，因为营销

---

① 经纬创投，自 1977 年创立至今，已完成数百个项目投资，并在许多成功企业的发展过程中起到重要作用，因其杰出的投资业绩和悠久的历史在全球风险投资行业中享有盛誉。

环境改变得很快，做理象国不可能再复制以前做钟薛高时的方法，必须发明新的。

带着这些问题，我们访谈了分众传媒创始人江南春。分众传媒几乎是品牌广告的代名词，如今在广告界形成了“两微一抖一分众”的格局。以下内容整理自我们与分众传媒创始人江南春的访谈，江南春分享了他所经历的具体案例，从自嗨锅、元气森林等如何定义一个细分品类，妙可蓝多抢占儿童奶酪棒市场营销窗口，简爱酸奶信息锐度极高的品牌广告语，到波司登作为老品牌倾泻资源做品牌升级，我们探讨了这些新兴品牌如何成长起来，以及它们怎么从流量广告切换到品牌广告。

流量广告与品牌广告

流量广告开始暴露出什么问题？品牌广告是救命稻草吗？

如今，人口红利和流量红利都已经消失，我们正式进入了存量博弈时代，以前很多品牌利用搞大促、买流量、网红带货“三板斧”来提升销量，如今便宜的流量已经没了，获取流量的成本越来越高。

可以说，以前这是一块贫瘠的土地，一种草就能被人看见，但现在这已经是一片草原，这个时候就得种一棵大树，才有可能被人看见。

流量广告最大的优势在于精准流量分发，它解决了传统广告业很多问题：第一是调整非常方便，因为流量广告制作本身就很方便，渠道也可以及时反馈效果，从而动态调整；第二是直接连接销售，用户点击就可以直连销售或是取得销售线索。

但凡事有好处也有坏处，流量广告也存在三大问题。

第一个问题是因为过于精准，影响的人群小，不破圈，从而造成流量广告很难形成品牌，陷入增长瓶颈。互联网广告经常针对精准人群营造渴感，但类似分众传媒这种品牌广告，能够形成社会共识。品牌的受众不仅仅是购买者，而是一个人群，所有能够影响他们的因素都具有相关性，才能形成一个“社会场域”。

第二个问题，是流量广告存在时间太短，无法植入用户心智。消费者在互联网上是为了看内容，不是看广告，这导致用户一定会在几秒钟内去掉广告，不太有机会去看一个完整的品牌广告，而品牌广告要求的是重复，要来来回回创造熟悉感，熟悉才有信任，信任才有安全感。但这在“秒滑”的互联网环境中很难建立。消费者在看完大量信息后，很可能仍然不知道如何决策，只会变得更加迷茫。

第三个问题是流量广告带来的成本飙升。流量广告在效果方面听起来很好，效果等于钱。但在电商流量部门去投广告，讲 ROI 的时候，就是打折促销。一旦不断地打折促销，品牌就被拉低了，容易陷入价格旋涡。

流量广告的主要运作模式是竞价，如果你不是消费者心智中的首选（指名购买），只是靠流量的话，流量马上就会竞价涨价。当流量竞价到一定程度之后，利润就会变得微薄。此时，如果你决定减少投放，销量马上就跌回去，因为这种依赖很重，这就是很多网红品牌正在经历的困境。

所以，流量广告解决了精准分发问题，告诉消费者买它买它、何时买、以什么价格买，而品牌广告是为了解决为什么要爱这个品牌、爱它有多深的问题，它们解决的是两个完全不同的问题。

流量广告转品牌广告的时机

应该在什么时候从流量广告转向品牌广告？

网红品牌不能太早得意，依靠流量打法高速增长到几亿元的时候，很多战术的成功其实是错觉，因为如果不慢慢改变路径，到了营销成本飙升的那一天就难了，因为流量广告起量快但破圈难。

很多品牌的成长经历都证明，品牌营销的“三段击”——社交种草、流量收割、品牌广告，应该在初期预算有限的时候先做前两个，当营收到了几亿元之后，开始逐渐向品牌广告倾斜。

如果要总结一个大致路径，就是当一家新兴品牌的年营收在 5 亿元以下时，应该继续把有限的资源聚焦在社交种草方面，因为此时流量广告还很便宜。随着规模越来越大，流量竞争就会变激烈，比如营收达到 5 亿 ~10 亿元的时候，要开始逐步配比品牌广告，这一阶段以“70% 流量广告+30% 品牌广告”为宜。当达到 10 亿 ~20 亿元时，就需要 50% 做流量广告、50% 做品牌广告，因为流量广告的边际效益递减了，而品牌广告是为了从长远建立自带流量的品牌力。当大到 20 亿元以上，就需要 70% 做品牌广告、30% 做流量广告，真正的大品牌都是这样配比的，来强化品牌的认知势能。

流量广告与品牌广告配比

营收范围	5 亿元以下	5 亿 ~10 亿元	10 亿 ~20 亿元	20 亿元以上
流量广告 / 品牌广告配比	绝大部分流量广告	30% 品牌广告 70% 流量广告	50% 品牌广告 50% 流量广告	70% 品牌广告 30% 流量广告

很多新兴品牌都符合这个路径。最初品牌早期增长主要靠产

品口碑，很多人看到一些明星在用，这是最初那一拨种草，但整体知名度还不够。等跨过几亿元的门槛后，仅仅通过种草瓶颈明显，这时候开始投放分众传媒的品牌广告。

更多人看到之后，又来到小红书等网上去搜索，最初的很多“种草文章”就被精准分发出来，大家都发现原来很多明星已经在用了。这时候就得到进一步认同，也得到了新顾客的关注，形成了一波新浪潮，品牌广告投放和营收也形成了阶梯式增长。

反观这个过程，最初的那一批明星种草是非常重要的，这对后面分众广告的引爆也起到非常重要的作用。

总之，新兴的网红品牌一定不能得意于初期的快速成功，而是要对下一个阶段的战争做好准备。

新兴消费品牌惊险一跃

下面，我们从自嗨锅、元气森林、简爱酸奶来看新兴消费品牌的惊险一跃。

对于任何品牌来说，什么时候才能到达“品牌投放拐点”，都是非常关键的。要想越过拐点并不容易，有的品牌拐点是6个月到来，有的是9个月。

品牌广告见效没那么快，它需要经历从量变到质变的过程，往往呈现阶梯式增长。自嗨锅在一段时间内，其增长曲线都是平的，这与其创始人选择品牌策略的打法有关。自嗨锅在最初的8000万元中，5000万元选择了投放品牌广告，没怎么买流量推广，而是植入影视剧，之后又选择了分众传媒的梯媒广告。

这导致自嗨锅初期的增长是阶梯式的，只有积累一段时间才能迈上下一个台阶，即从1000万~2000万元的营收量级一下子跳到5000万～6000万元，再跳到8000万元。在这个阶段，如果看MoM（按月同比）增长，是不太行的，但YoY（按年同比）增长却十分惊人。自嗨锅的创始人蔡红亮还曾经创立过百草味，他太理解流量广告了，也深知其弊端。

要想越过拐点并不容易，有的来得早，有的则来得比较晚，这时候就需要考验创始人的耐心。分众传媒在做飞鹤的时候，“更适合中国宝宝体质”这句广告语本身很棒，但在大规模投放的前七八个月，销量变化很小，没有越过拐点。但到了第10个月，就突然越过了拐点，这个时机也很难提前判断。

飞鹤董事长冷友斌倒不关心拐点是6个月还是10个月才能越过，他坚信这句广告语可行，要打到有效的那一天。所以不是每个人都能做品牌的，做品牌的人需要“因为相信，所以看见”，而不是因为看见，所以相信。

元气森林则走出了一条从社交种草到品牌广告的完美转型路径。元气森林最早在网上做了很多产品，不仅把互联网平台当成传播平台，也当成研发平台，通过精准流量分发，找到了更多用户去尝试产品，然后反向协助公司定制产品。

元气森林从100多种产品中，慢慢做减法，小规模试错，最终聚焦到几款产品上，例如燃茶、气泡水，靠着这几款爆品打出圈。

当产品选定之后，元气森林开始做线上种草和地面铺货，等到2019年规模上到2亿元的时候，开始在2020年5月大规模投放分众传媒的品牌广告，在一线城市的主流人群中引爆，第一个月就达到了2亿多元的销量，几乎是之前一年的总和。

在跨越拐点上，很多新兴品牌都采取了“三段击”战术，大大缩短了拐点的到来时间。它们都是先把产品打磨到相对完美，然后通过流量广告和社交种草，在小圈层里实现一定的认可度和渗透率，然后通过品牌广告引爆、出圈。

引爆之后立即形成一个正向循环，更多人尝试过之后，回到网上看他种过的草，这些优良测评反过来又强化了消费者认知。当元气森林在原有网点卖得很好的时候，别的经销商就会自动去找它，或是去铺货的时候就变得很容易，进一步加强渠道渗透，广告打下去的转化率也更高。这就是一个互相启动的“三段击”。

“三段击”是新兴品牌充分利用“流量广告 + 品牌广告”的组合战术，与军事上的“空地协同”一样，线下地面战做得好，品牌空军一打之后，知名度迅速扩散。

另外，自嗨锅、元气森林都在某种程度上开创了一个细分品类。自嗨锅最为成功，以自己的品牌名直接定义了一个赛道，现在大家一想到自热火锅或是自热米饭，第一反应都是“吃一个自嗨锅”。元气森林也开创了“0 糖 0 脂 0 卡”苏打气泡水。

如果你无法做到开创一个品类，那么品牌广告中的信息锐度就极为重要。简爱酸奶就是靠信息锐度取胜，它的广告语只强调了最核心的无添加主义，“加了复原乳，就不是简爱；加了明胶，就不是简爱；加了香精，就不是简爱；其他没了，才是简爱”。

对于父母来说，这种非常清晰的广告很难抵挡，相比于那些冗长、强调“三大优势，七大卖点”的广告语，简爱的广告语足够尖锐，一剑封喉。

抢占窗口时间，击败国际大牌

下面，我们从妙可蓝多来看如何击败国际大品牌，抢占时间窗口。

新兴品牌的创业者，经常会遇到一个“国产替代”的问题：自己所涉足的市场，在国内几乎找不到同行，是领先者，但很快就会遭遇国际品牌的竞争。

但其实国际品牌没那么不可撼动，在某些情况下，市场份额排名第一的不叫第一，第一个打入消费者心智的才叫第一。

近几年快速崛起的妙可蓝多就是这样一个例子。在儿童奶酪棒市场，法国品牌百吉福占据更有利的地位，在国内也是第一品牌，与妙可蓝多有大约 10 倍的差距。

但国际公司有它们的弊端，它们大多数时候要考虑很多因素，往往不太能够在被进攻后，立即花大力气组织反击。百吉福是靠铺货慢慢发展起来的，几乎没有打太多广告。

此时，百吉福追求的是盈利性，在中国的广告投入非常有限，所以虽然是品类的销量第一，但并没有在消费者的心智中留下深刻印象。

这就给更懂中国市场的本土品牌巨大机遇。妙可蓝多敢于超越自己，这时候甚至拼的不是实力，而是魄力。很多国际公司一年有 20% 的增长、30% 的利润，就非常满足，但妙可蓝多定下了百亿元的营收目标，因为看到的终局不同，所以执行也远远不同。妙可蓝多投入巨量资金，在分众上打了好几轮品牌广告，引爆主流人群。

对于消费品牌来说，技术壁垒不够牢固，心智壁垒才是最大的壁垒。抓住巨头们看不清市场方向、不敢投入的时间窗口，是很多新兴品牌以少胜多的法宝。

在这一点上，自嗨锅也面临了同样的竞争，如今在我们的心智中已经形成了“自嗨锅 = 自热火锅、自热米饭”的概念，但其实海底捞旗下的颐海国际做得更早。在二手车电商领域，瓜子二手车也比人人车晚了一年。

所以，强势之下也往往掩盖着弱点，如果想击败市场份额排名第一的竞争对手，你需要成为打入消费者心智的“第一名”。

重设定位，使老品牌焕新

下面，我们从波司登来看，老品牌如何通过重设定位来焕发新生。

羽绒服一直是近年来消费升级的典型代表。

加拿大鹅、Moncler（盟可睐）在中国销量暴增，其上万元的定价打破了老品牌对羽绒服的认知。

作为老品牌中的代表，波司登倒没有做太多奇技淫巧的流量营销，而是赶紧做了一轮品牌的重新定位。

波司登的创始人高德康其实非常懂品牌广告，他在20世纪七八十年代就赞助了南极科考队，打造了第一波波司登的品牌高点，一度十分辉煌。

但随后大环境变了，第一是购买渠道发生了变化。波司登当年主要是通过步行街店面来销售，但很快城市里的购物中心崛起，但波司登没有及时切换，导致购物中心里的羽绒服基本被优衣库、Zara等快时尚品牌占据了主要位置。

波司登甚至还尝试了男装女装，但很多年轻人并不熟悉波司登这个品牌。当销量下滑之后，收入下降导致品牌广告支出下降，店面数量缩减，想要获取年轻客户难上加难，形成了恶性循环，波司登被边缘化。

此时，波司登做了一系列重新定位。

第一就是不要去学习像优衣库这样的快时尚品牌，什么都有，而是只做羽绒服，“羽绒服专家”符合消费者认知，砍掉冗余产品线。

第二是品牌广告定位于中国品牌、全球热销，所以叫作“全球热销的羽绒服专家”。波司登想告诉国人，我是一个畅销全球的羽绒服专家品牌，这时候就跟快时尚品牌有差异，你们什么都做，我只做羽绒服，你们是在中国卖得很好的国际品牌，我是中国品牌，但全球人都在穿。

第三是重构产品定位。波司登曾经是个中高端羽绒服品牌，后来因为快时尚品牌攻势凶猛，一度认为年轻人需要便宜的羽绒服，结果产品定位也跟着下来。

重建认知后，波司登跟全球十大设计师联盟，包括爱马仕、LV 等大牌的设计师，亮相纽约时装周、米兰时装周等等，推出了很多全球热销款，以此重建产品力，产品力更强、价格更高，迎合消费升级的打法。

第四是重构渠道。波司登开始把渠道往购物中心里开，同时把店面设计得更潮流，符合年轻消费者的审美习惯。

波司登基于对品牌认知的改变，几乎重构了这个品牌，这是一场经典的掌握资源但处于颓势的老品牌反击战。但这种重构，不是重新写一句广告语那么简单，本质是要产品、渠道、品牌力等三方面全方位重构，只有这样才能重新取得在消费者心智上的优势。

营销中的变与不变

在变幻莫测的营销环境中，不变的是什么？

在丹尼尔·卡尼曼的经典心理学著作《思考，快与慢》中，他提出了人的大脑有快思考和慢思考两种思维方式。

例如在面对一张照片时，观察和直觉思考结合在一起，大脑对照片的反应是自然发生的，这就是快思考的例子；而面对一道复杂的计算题时，需要刻意努力并且有序思考，这就是慢思考的例子。

广告毫无疑问是快思考的典型，而人的决策会被直觉和认知偏见所影响，此时不停地重复，营造熟悉感就是最本质的方法。

因为人作为一种生物，曾经在丛林需要时刻保持警觉，突然有个信息重复出现，并且没有给人带来不好的影响，此时人会放松认知，会产生熟悉感和安全感，认知放松了、舒服了，就慢慢喜欢了。

现在新的营销方法层出不穷，刷屏级的事件一个接着一个，导致很多品牌疲于奔命。但重复依然是品牌广告成功的本质原理，不需要追求刷屏级的文章或是奇技淫巧，而是把一个饱含信息锐度的东西不停地重复，从而实现心智渗透。

但品牌广告从量变到质变需要时间，有可能是三五个月，也有可能是七八个月，此时需要创始人的定力和雄心。

在初期，频次一定要够高，在局部时间内突破消费者的心理阈值。如果预算是 5000 万元，就聚焦在一些城市打两轮结束，保证足够的强度和信息锐度；如果有 1 亿元，就在上半年把它打掉；如果有 2 亿元，就可以上下半年各打一次。但也要在渠道上聚焦，不能到处都撒一点，这样消费者是看不见的。

另一个常见的误区是，妄想通过网红直播来形成品牌。网红直播是一个高效的流量收割方式，但对形成品牌却没有多大作用。

粉丝们看李佳琦或是薇娅，信任的是他们，而非品牌本身，他们会倾向于认为，李佳琦或薇娅推荐的商品是有保障的，同时还能享受一次不错的优惠。但要在此之上形成自己品牌的生命力，并不现实。

说了这么多案例，一个新物种的惊险一跃，就是从规模、资本、心智、渠道四个方面的固化过程，固化之后就能成为领导品牌。

如果你是一个新品类的开创者，就赶紧抓住时间窗口，固化在消费者心中的地位，要通过品牌广告饱和攻击，成为与品类画等号的品牌。如果你没有开创一个新品类，那么就要在品牌广告的信息锐度上下足功夫，一剑封喉，并且如果竞争对手还没有占据消费者的心智，那就要更激进地去抢夺占领心智的时间窗口。

成也流量，败也流量，是时候重新审视品牌广告的价值了。

新消费下半场：有人“破圈”，有人困在流量里

深燃[①]/文

被热捧的新消费，正在经历洗牌。最直观的变化是，2021 年 8 月，多个新消费品牌销售额同比下降，有的甚至腰斩。矛头直指水涨船高的流量成本、越来越低的 ROI。品牌们不得不承认，砸在线上营销的钱，赚得了一时的热闹和销量，却赚不来品牌和用户。不少品类过去跑成了新兴头部玩家，但上市后的日子并不好过，部分被资本烧热的赛道开始降温。品类的头部老玩家也清醒过来，对新玩家加大了拦截力度。种种迹象表明，过去新消费品牌批量复制的那套流量逻辑和爆款打法不好用了。进入新消费下半场，新品牌如果无法“破圈”，成为广大普通消费者心智中所在品类的首选，就很容易被困在流量里，陷入增长瓶颈和利润危机。

新消费品牌跳出流量困局，并非没有范例。2021 年 9 月 25

---

① 深燃，聚焦创新经济、专注优质内容的新媒体平台，以财经视角跟踪产业创新、解读产业变革。

日，在上海举行的国货发展高峰论坛上，有不少新锐国产品牌分享了“破圈”的经验，比如华熙生物旗下的润百颜、国产奶酪品牌妙可蓝多等。它们有的从线上种草起家，在瓶颈期果断发力品牌广告，开创出爆款品类；有的利用行业巨头举棋不定的时间窗口，聚焦媒介渠道，抢占用户心智。回过头来看，它们的共同点是，及时摆脱流量战、价格战的“内卷”，转向品牌建设，成为一个品类的国货代名词。从它们打造品牌的经验来看，相比互联网营销，以电梯媒体为首的品牌广告媒介，更能成为引爆品牌的拐点。有观点认为，线下品牌广告与线上流量广告的结合配置，或将是下半场品牌“破圈”实现跨越式增长的最优解。

批量复制的爆款打法不灵了?

关于新消费，互联网上一度流行一句话：所有品牌都值得重新做一遍。品牌怎么做，也被总结出一套固定公式：5000 篇小红书 +2000 篇知乎问答 + 薇娅、李佳琦带货 = 一个新品牌。凭借类似的流量打法，几乎每个新消费品类都疯狂加速，跑出了早期头部品牌：美妆有完美日记，护肤有薇诺娜，茶饮有喜茶和奈雪的茶，内衣有 Ubras 和内外，无糖饮料也有元气森林独当一面。一位资深品牌营销专家向深燃分析，这波新品牌的崛起，首先得益于上游供应链的完善与产能的提升。以前供应链不成熟、产能有限的时候，供应链都被大品牌掌控，但现在新的创业者要找到优质生产资源，比以往会容易很多。而传统品牌对用户痛点的忽视，也让新生品牌有“可乘之机”。比如无糖饮料并不是一个新概念，但饮料巨头们都没有把它作为推广重点，元气森林成功把握住这个潜在机会，引领了无糖饮料风潮，也成了饮料行业的“小巨头”。

流量红利面前，资本蜂拥而至，井喷的新品牌开始沿用模式化的打法，批量打造爆款。这样一来，流量打法就会同质化，不断攀升的流量成本、下降的 ROI 和复购率是最明显的印证。根据国家统计局发布的数据，2021 年 8 月，化妆品零售总额为 294 亿元，是 10 年来同期增幅首次 0 增长。久谦中台数据显示，2021 年 8 月，零食、速食、美妆等品类的多个新锐品牌销售额呈同比下降趋势，某方便速食品牌销售额同比下滑甚至高达 55%。一位新兴护肤品牌电商负责人的直观感受是，大家的打法越来越相似，流量成本越来越高，砸钱换来的流量非常有限，转化来的顾客也很难形成复购，又会被其他竞争对手用更大的代价抢走。“就算找大主播带货，主播佣金加上超低折扣，大多数时候也只是赔本赚吆喝。”

事实上，对品牌力普遍较弱的新消费品牌而言，想在直播间打造品牌，本身就是一个悖论。因为品牌力越弱，越需要在直播间用更低的折扣来拉动销量，这对打造品牌而言反而会有负面作用。而且，一场直播里，主播带货的品牌非常多，每个品牌只有几分钟时间，品牌力越弱，越不会被顾客关注。更何况，在传播粉尘化的时代，消费者的注意力很难被抓住。大多数新消费品牌做的是“微创新”，打法相似，更难出头。对消费者来说，套路化的爆款营销，也会带来审美疲劳。一位早期投资机构的投资人曾向深燃表示，太多新消费品牌迷信“冲量”，觉得 GMV（网站成交金额）上来了，消费者就会信任品牌、忠于品牌，复购成本就会大幅降低，统治品类后可以转化私域流量。但实际上，这套故事模板很难完全走通。随着互联网流量被摊薄，赛道逐渐“内卷”，越依赖流量的品牌越陷入了增长瓶颈。

有人成功“破圈”，有人困在流量里

要摆脱“内卷”，新消费玩家们需要思考的，是如何成为所有消费者愿意选择的品牌。上述品牌营销专家认为，在产品同质化严重的当下，成功的品牌是能成为消费者产生某类需求时的首选，即一个品牌等于一个品类或一种需求。比如，想喝矿泉水，就会想到农夫山泉；想喝可乐，就会想到可口可乐；想喝气泡水，脑子里就会跳出元气森林；想给孩子买奶酪棒，就会下单妙可蓝多。但想要在数亿消费者中构建这样的心智“护城河”，流量打法有跨不过去的鸿沟。在经纬创投的一次访谈中，分众传媒创始人江南春曾表示，流量广告能解决精准分发问题，“告诉消费者买它买它、何时买、以什么价格买”，而品牌广告是为了解决“为什么要爱这个品牌、爱它有多深”的问题。他认为，只有重复出现在消费者面前的品牌广告才能创造熟悉感，熟悉才有信任，信任才有安全感，这在流量按秒计算的互联网环境中是较难建立的。

一个典型的案例，是仅用三年就反超比自己大 10 多倍的竞争对手的妙可蓝多。奶酪作为“舶来品”，在购买选择上，大多数消费者更倾向于选择进口产品和国际品牌。因此在国内市场，三年前，奶酪品类的前五名都是外资品牌，仅法国品牌百吉福市场占有率就高达 30%，彼时的妙可蓝多还是一家刚刚崛起的奶酪品牌。2015 年，妙可蓝多瞄准了奶酪赛道。当时，奶酪赛道极具发展潜力，行业内虽然有进口产品和强势的国际品牌，但消费者认知中还没有一个明确的奶酪品牌，这对妙可蓝多来说是一个巨大的机会。妙可蓝多创始人柴琇在国货发展高峰论坛上分享道，妙可蓝多首先聚焦产品力的打造，在奶酪产品的品质提升上下足了功夫，有了好的产品，怎么做好产品营销也是一个非常重要的问题。为了有效影响目标消费群体，他们选择与分众传媒合作，看中的就是其核心优势——迅速引爆市场。

2019 年 5 月，一首改编自《两只老虎》的广告曲伴随着“奶酪就选妙可蓝多”的广告词，开始在分众的电梯媒体上高频滚动播放，有效触达广大消费群体。而这也是品牌最终希望达到的效果——抢占消费者认知的空白期。通过产品力、品牌力等卓有成效的战略打法，妙可蓝多奶酪板块 2019 年营收为 9.21 亿元，同比增长 102.2%；2020 年，这一数据超过 20.7 亿元，同比增长 125.15%，妙可蓝多超越百吉福成为中国奶酪行业第一。在消费者的认知中，妙可蓝多成功和奶酪这个品类画上了等号。

跃居天猫“6·18”美容仪类目销量冠军的新锐家用脱毛仪品牌 Ulike，也是“破圈”者之一。“我们发现，互联网流量费用越来越高，并且这些广告都是引流的，你投了才有成交，没投就没成交，一直是货在找人。”Ulike 品牌 CEO 潘玉平在论坛上坦言，Ulike 后来也决定摆脱流量“陷阱”，发力线下品牌广告。“事实证明，线下广告让更多消费者记住了 Ulike 脱毛仪，哪怕今天不买，但是消费者记住了，等下次需要脱毛仪的时候就会想到 Ulike。”在他看来，这就是广告带来的品牌力的增长。然而，也有很多企业对品牌广告望而却步。因为这种广告的投放成本相对更高，且以品牌信息为主，促销性质更弱，甚至没有促销信息，见效也不如线上流量投放回报快。有些品牌浅尝辄止后又走回了冲流量、打价格战、换销量的老路，困在流量“内卷”的循环里。

新消费下半场，怎么做品牌？

事实上，第一波新消费品牌的突围，也为业内积累了一些行之有效的方法论。比如，江南春曾总结过品牌营销的“三段式”：社交种草、流量收割、品牌广告。他认为，当一家新兴品牌的年营收在 5 亿元以下时，应该继续把有限的资源聚焦在社交种草，因为此时流量广告还很便宜；当营收达到 5 亿 ~10 亿元时，要开始逐步配比品牌广告，以 70% 的流量广告、30% 的品牌广告为宜；营收达到 10 亿元以上时，就需要流量广告和品牌广告各占一半，因为流量广告的边际效益递减了，而品牌广告长远来看能建立自带流量的品牌力；营收增长到 20 亿元以上，品牌广告可以占到 70%，剩下 30% 做流量广告，这样能强化品牌认知。

对于新消费品牌来说，线上破亿，相当于完成了初期的产品测试、内容测试、运营测试。而在瓶颈期发力电梯广告等来实现“破圈”式的品牌打造，似乎已是新消费的一种默契。

从线上种草走向线下广告、建立品牌认知的华熙生物护肤品牌润百颜，就是这样的典型。几年前，润百颜凭借“玻尿酸次抛原液”这一新概念卖出爆款，吃到了一波流量红利，还被众多明星主动推荐。但当时护肤品依然是国际品牌当道，润百颜在消费者心智中并不强势，“种草”内容也很容易被淹没，转化效果并不算好。一段时间后，有消费者发现，润百颜开始在写字楼的电梯广告里轮播。背后的策略是品牌经调研发现，其消费者多为具备一定经济实力的白领女性，基于她们的高频出入场景以及触媒习惯，选择与分众传媒合作，在一、二线城市的写字楼梯媒进行了引爆式投放。

“润百颜背靠华熙生物，在产品品质上有充分说服力。分众广告能有效传递润百颜品质信息，也能放大润百颜的热销感，这样就提升了消费者对润百颜的品牌认知和信任度。”华熙生物董事长兼总经理赵燕分享称，线下传播的发力也带动了线上平台的关注与转化。一位新消费品牌负责人向深燃表示，这背后的逻辑并不复杂。比如分众传媒日覆盖超4亿城市消费者，且基本上触达的是写字楼的白领和高层居民楼住户这类消费水平相对更高的消费者。同时，这种触达是高频次的。比如，出门回家至少会看到两次，写字楼上下班加中午吃饭可能会看到四次。这符合大多数新消费品牌的定位和营销目的。反观互联网流量广告，其表面最大的优势——“精准”是一把双刃剑。当赛道逐渐拥挤、品牌“内卷”时，所有品牌都在争抢精准目标人群的流量，导致价格被不断推高，最终所有人都无利可图。也正是因为“精准”，品牌影响的人群范围很窄，并不能像品牌广告一样形成广泛的认知共识。更关键的是，为了让流量有更好的即时转化，企业往往会匹配大力度的促销活动，使得触达的消费者并不能形成正向的品牌认知。这其实是品牌包装下的“卖货思维”。

归根结底，新消费品牌要跳出流量困局，不是要寻找更好的流量广告，而是要打造深入人心的品牌。在新消费品牌之战的上半场，流量广告是新消费品牌的基础配置。但进入下半场，胜负手将会落在品牌打造能力的比拼上。留给还困在流量中的新消费品牌破局的时间，不多了。

90% 的品牌营销连常识都做不到

寻空[①]/ 文

营销的变与不变

营销行业在移动互联网爆发之后，似乎迭代越来越快，新概念层出不穷，今天私域流量，明天种草，后天直播带货，不少营销人大呼“大人，时代变了”，我们再不变就要挨打了。

在这样的情况下，营销人员似乎也越来越累了。一个拥抱变化（善于跟风）的营销人可能会根据市场趋势今天做私域，明天做直播，后天做短视频，在忙忙碌碌中惶惶不可终日，生怕自己错过了什么。

这个现象并不夸张，我认识的很多甲方就是这么做的，他们经常为市场趋势变化而焦虑，焦虑的往往是在这些趋势下自己能做些什么，才能让老板看到自己拥抱变化，并且还能获得一些看得见的营销效果？

---

① 寻空，商业观察者，社会化营销探索者。

不过，他们似乎从没有或者说从没有时间思考一个问题：在错综复杂的市场环境中，哪些东西是一直不变的？一直变化的东西很多时候只是概念和现象，不变的东西才是本质。整天被动焦虑和跟随变化，而不去思考问题的本质，这是战术上的勤奋，战略上的懒惰。

每一个中学生都明白，只要熟练掌握牛顿定律，不管是 100 道还是 1000 道力学试题，都可以通过各种方式得到答案，所有试题都不过是牛顿定律的变体。

在今天，亚当·斯密《国富论》中的基本经济学原理依然有效，且是每一个学习经济学的人的必备基础知识。

因此，对于不少领域来说，变的是形式和概念，不变的是原理，这个原理也可以叫第一性原理。

那么，对于营销来说，到底什么是不变的？

曾看到波司登对外分享的一篇叫《流量时代，波司登不焦虑》的文章，其品牌中心总经理朱金丹说：波司登经验分享是从本质来思考的，虽然时代不同，媒介特点不同，但是本质没变，品牌认知的形成就是"内容 + 覆盖"。

"内容 + 覆盖"，完整表达就是"基于定位的正确内容 + 对于消费者的高频覆盖"，我认为这接近于营销的基本原理，不管是在传统广告上种草，还是在当下的短视频媒体上种草，它们的本质都是"内容 + 覆盖"。

"营销老炮"杜国楹一直在赚不变的钱

这里我想说一个人，看他是如何在不断变化的营销环境中，多年来一直用不变的一招赢得市场的。这个人业内大多数人都知道，他叫杜国楹，我们来简单看一下他的品牌创造和营销历程。

1998 年，杜国楹基于国内的“矫正带”市场，创立“背背佳”品牌，借助铺天盖地的广告，背背佳取得成功，杜国楹也在 25 岁就赚得了自己的第一桶金。

2003 年，杜国楹针对国内的学习机市场，推出好记星学习机，用大山作为代言人并大力宣传产品的单词功能，再次取得成功。

2009 年，杜国楹创立了 E 人 E 本，其定位为面向商务人士的高端笔记本，用葛优和冯小刚代言，其价格比后一年发布的 iPad 还高，E 人 E 本同样获得成功并最终被清华同方以 14 亿元收购。

2015 年，杜国楹创立 8848 手机，在智能手机已成为趋势的时代，其目标客户定位高端商务人士并用王石担任代言人，系列手机最低 9999 元，最高 25888 元。2016 年，8848 手机销售额达 7 亿元，净利润超过 7000 万元。明确的定位和一贯的营销打法，让杜国楹在那个很多手机厂商都亏钱的年代，赚得盆满钵满。

2016 年，杜国楹推出小罐茶，再次定位高端市场，单价最高卖到两万多元一斤，很多人将其买来送礼。2018 年，小罐茶完成 20 亿元销售额。

从杜国楹的经历来看，其从 1998 年开始到今天，打造的品牌横跨传统广告时代、互联网时代和移动互联网时代。按理说，不同时代的营销打法应该不一样，但杜国楹根本不管什么媒介变化，就是用“一招定位（往往是高端）+ 央视”、分众大规模广告，让其产品在短时间内获得大幅盈利。

做到这点，说简单也很简单，说不简单也不简单，简单的地方在于杜国楹多年来就是那两板斧，不简单的地方在于杜国楹没有为外界的快速变化所动，而是把握营销中不变的基本原理——“内容 +

覆盖”，将其作为制胜市场的武器。

提到这个武器，说大部分品牌不懂我是不信的，但它们就是难以做到，说到底是“认知 + 定力”的差距。

稳稳赚到在自己认知之内的钱

许倬云在“十三邀”中指出了当下知识界的一个问题：新的理想没有出现，旧的理想就被放在一边。

这其实也是当下营销界的一个问题，在混乱而多变的媒介环境下，不少品牌营销人连旧的营销体系都没有消化，就着急去寻找新的出路，结果捡了芝麻丢了西瓜。

杜国楹不眼馋那些芝麻，只做自己有把握的事，因而将自己的优势发挥到极致，实现成功。

巴菲特说不投自己看不懂的生意，当年他不投资亚马逊而投可口可乐，就是在寻找不变的东西，做自己有把握的事。

有句话叫“你永远赚不到超出你认知的钱”，这句话也可以换个说法，你可以稳稳赚到在自己认知之内的钱，做到这一点的人，我相信能跑赢至少 90% 的人。巴菲特只投自己看得懂的生意，就跑赢 99% 的投资者。

《哈佛商学院最受欢迎的营销课》的作者扬米·穆恩曾通过教学期间的研究发现，在面对市场的激烈竞争时，大部分企业的做法是集中改善自己产品的弱点，以便让自己看起来无懈可击。很少有企业反其道而行之，刻意回避自己的劣势，集中力量加强自己的优势。比如对于华为手机来说，其芯片相比高通并不占绝对优势，其设计相比苹果也并没有高出一筹，但其重点加强了手机的拍照功能，借助几乎是市场最强大的拍照功能赢得市场。

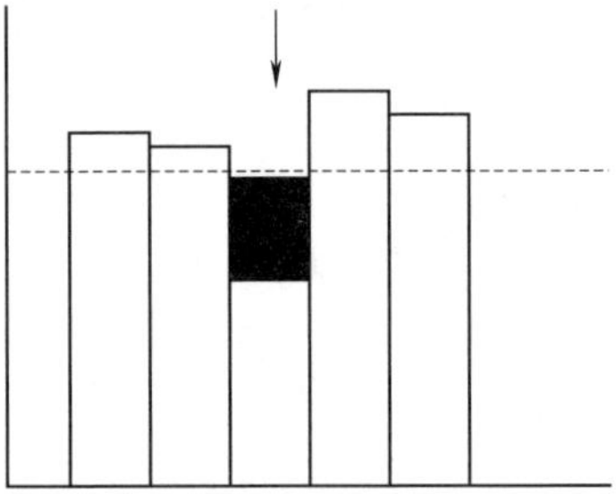

面对市场竞争，大部分企业的做法

来源:《哈佛商学院最受欢迎的营销课》。

差异化战略不是把每一个环节都做到中等，那是平庸的表现，而是集中力量加强自己的优势，以优势特点来吸引消费者、占据市场。

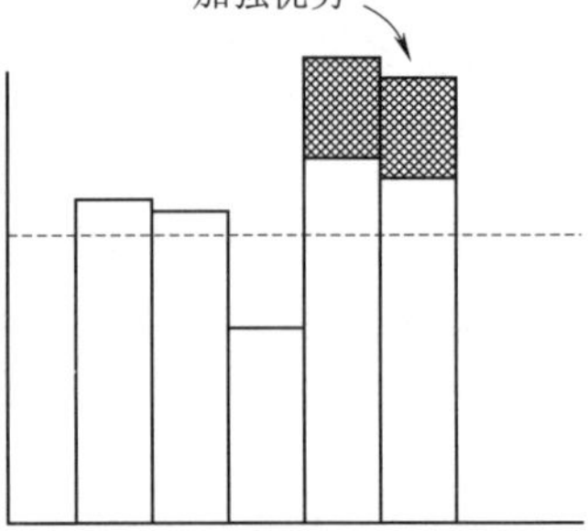

面对市场竞争，少见的做法

来源:《哈佛商学院最受欢迎的营销课》。

这个原理运用在自己身上就是，避免去做自己不懂的事，将自己的强项发挥到最大。比如杜国楹没有在互联网时代做网络营销，在微博时代做微博营销……只是一直坚持在做当下看来比较传统的营销。

对于营销人来说，拥抱看得到的变化不难，就是在新的媒介环境下做点新的东西。相反，坚持不变、基于营销的基本原理持续贯彻，很难，因为 90% 的人是没有耐心和定力的。

波司登靠回归不变二次崛起

本文开头说到波司登的营销理念，这里再来说一说波司登是靠什么营销打法二次崛起的。

波司登曾经靠“专业羽绒服定位 + 央视广告”做到全国品类第一。我小时候，穿一件波司登羽绒服是很让人羡慕的事。但波司登随后的发展并没有顺风顺水，上市之后的暖冬让其销售受阻。波司登认为单一季节商品让其发展受限，2009 年正式提出品牌化、四季化、国际化，推出男装、童装等非羽绒服业务。

这里的问题是，波司登没有解决羽绒服的问题，就去盲目扩张品类，结果可想而知，其营收从 2012 年的 93.25 亿元一路跌到 2015 年的 57.87 亿元，股价也一度跌至 1 港元以下。

2017 年，波司登宣布砍掉男装、居家服、童装等业务，聚焦羽绒服，逐渐开始了自己的二次崛起之路。其崛起的路径我概括为以下几点。

重新定位：聚焦羽绒服

波司登首先决定聚焦羽绒服，并将这个品类做好。波司登定位为“羽绒服专家”，并在各种对外宣传中强化这一点，近几年波司登的对外广告基本不变，都是这几句：

为了寒风中的你

波司登努力 45 年
波司登羽绒服
畅销全球 72 国
赢得超两亿人次选择

这是典型的定位下的重复理论。

营销“出口转内销”

近几年，在营销领域“出口转内销”的例子并不少见，比如回力、飞跃、李宁，甚至老干妈、马应龙，这些品牌都是在欧美突然暴火，然后信息传播到国内来，对国内的消费者形成影响。

波司登在定位清晰后，也玩了一招营销上的“出口转内销”，连续参加了纽约时装周、米兰时装周、伦敦时装周三大时装周。伴随国潮的崛起，波司登国潮风设计的服装图片、视频通过网络传到国内，让不少消费者惊呼波司登时尚了。

在提升时尚性方面，波司登还与著名设计师合作。2018 年，波司登与法国、意大利、美国的三位国际知名设计师合作；2019 年、2020 年，与爱马仕品牌艺术总监让保罗·高缇耶（Jean Paul Gaultier）合作推出高定羽绒服系列，提升了品牌溢价。

“央视 + 分众”广告高频覆盖

波司登曾经也是在央视上重金投入获益的品牌之一，当年做到家喻户晓很大程度就是因为央视广告。如今，波司登依然坚守这个策略。这两年很难见到它在新的媒体上玩什么刷屏的营销，相反，它依然选择了“没啥变化”的“央视 + 分众广告”，并将其作为主要的对外营销渠道。

波司登品牌负责人也说到了选择这两个渠道的原因，他认为：“电梯广告对一、二线城市的覆盖率很高，这是波司登薄弱但亟待打开的市场；在接收状态方面，电梯的封闭性能够降低干扰，提高单次触达的有效性；在触达频次方面，电梯广告一天能实现对同一住宅、写字楼消费者 2~4 次的高频触达。所以总体来看，这几点优势是其他硬广媒体不具备的。”

“央视虽然受到互联网的冲击，收视率有所下滑，但它对全国尤其是三线及以下城市的全面的、长尾覆盖较好，而且对品牌有一定的背书能力。”

在这些“中心化渠道”，波司登的诉求也很简单，就是上面的那几句话一直重复，典型的如在分众上近几年的策略：为了寒风中的你，波司登努力 ×× 年。每一年，广告只是把年份数据换一下。有的人会说这么做太懒了，但在我看来这是把一个诉求贯彻到底、建立心智。

在这点上，波司登的做法与前文杜国楹的做法没有本质的区别，就是做到简单的“内容 + 覆盖”，做到了这一点，它也超过了 90% 的同类品牌。

高端路线

很多国内品牌在品牌升级的路上都会用那么几招：第一是改良设计，第二是把中文名改成英文名，第三是高端路线。比如近几年，鄂尔多斯改名 ERDOS，太平鸟改名 Peacebird，然后逐渐提升设计，提高价格。

品牌提升溢价能力，提升价格是必经之路，问题在于如何提升价格才能让消费者接受。近几年波司登一直在提价，据报道，2019年波司登平均售价提高20%～30%，定位高端的“登峰”系列售价甚至在5800 ～ 11800元。

我在《海底捞报复性涨价不可取，品牌如何正确地涨价？》中写过品牌应该如何正确地涨价，其中一点是包装、产品、品牌升级。当你的产品全方位升级了，并且品牌已经强到了有溢价能力的基础时再涨价，消费者也就接受了。比如2012年的小米手机就没有能力涨价，而今天的小米旗舰机已经名正言顺地涨价了。

波司登在近几年随着设计和品质的提升，将价格提上来，股价也大幅上涨，由此可以看出市场已经为波司登的消费升级买单。

结语：你认为落伍的往往是你还没有掌握的

波司登品牌负责人说：在内部复盘交流时，大家会笑称我们是“保守派”，因为没有那么多互联网时兴的玩法。在我看来，品牌传播要回归本质，就是对目标群体的有效沟通，我们每年也会基于这个标准，不断检视策略的有效性。

回归本质，简单来说就是要做到常识。但在营销领域，据我观察，90%的公司做不到常识，它们要么被外界新概念的风吹草动所影响，想用小预算撬动全网，打造爆品，要么就是看到某个品牌火了，想复制人家的路线。大部分品牌被焦虑和变化所困，难以基于营销的基础原理做到常识。

你能在营销领域做到常识，就赢了90%的人，不是因为你多强，只是因为别人连常识都做不到。

你永远赚不到超出你认知的钱，换句话说，你可以稳稳赚到在自己认知之内的钱。

抓品牌 or 抓流量，哪种投放思路更有效？

m360[①]/ 文

反思营销效果，再次成为营销圈刷屏级话题。

媒介投放市场现在有两大主流派系：一种是“品牌广告”派，着重于“抓品牌”，以树立产品品牌形象，提高品牌的市场占有率为直接目的；还有一种是“效果广告”派，着重于“抓流量”，消耗多少钱，有多少点击量、多少下载量和注册量，都可以监控且用数据展示出来，只需要为可衡量的结果付费。

两种投放思路争论已久，此前“阿迪达斯 30 亿元教训”更是引发业界的广泛讨论和思考——阿迪达斯全球媒介总监西蒙·皮尔（Simon Peel）指出阿迪 77% 的预算在效果，23% 在品牌，过度投资了数字和效果渠道，进而牺牲了品牌建设。

那么，品牌到底应该如何制定媒介策略，怎么花钱才能把营销

---

① m360 是行业唯一整合全媒体的行业趋势、战略、思想、数据、案例及解决方案的第三方创新咨询智库平台，旨在创建市场广告主 – 传媒 – 专业机构的行业智能生态系统，搭建行业顶层架构。

效能进行最大化升级？

我们通过对四个问题的思考，来为大家打开些思路。

企业赢利的本质

企业赢利的本质是什么？是消费者的认知转化所带来的销售收入。

这个社会未来的最大商业成本是什么？顾客的认知成本。

品牌是企业参与市场竞争和赢得消费者的根本单位。品牌立足顾客心智，从顾客心理情感出发，是建立顾客认知的最为重要的方法，也是企业极为重要的无形资产。

BrandZ™ 中国最具价值品牌 100 强榜单报告证实了这一点。在过去十年，中国最具价值品牌 100 强榜单中的品牌在资本市场的表现是普通品牌的 3.8 倍，那些忠诚度最高的 20 个品牌其表现是中国 MSCI 指数的 6.5 倍。尤其是 2020 年疫情后，3—5 月中国 MSCI 基准指数反弹 19% 时，最具价值品牌 100 强的反弹速度是 29%，那些忠诚度最高的品牌反弹速度是 50%。

纯线上的投放，其对顾客的认知影响是有限的。尤其是信息大爆炸的当下，消费者看过的东西更多了，阈值就提高了，曾经引众人传播的内容，如今也会无人过问，靠内容撬动低成本传播会越来越难。所以，现在品牌在线上社交媒体做传播主要面临的问题是：传播变难、触达弱化和人群分散。在线上，消费者可以轻易跳过品牌预设的信息，使企业劳心费神铺排的各类广告营销活动变成“打水漂”。

广告投放的本质

广告投放的本质是什么？触达消费者，完成对消费者的认知教育。

从这个角度来说，线上或线下之争并无意义，关键在于“找到人”的能力，以及传播的效率。

互联网和移动互联网的崛起，令信息进入粉尘化时代。在主流人群每天三四小时的手机时间中，品牌都想瓜分这块蛋糕。

现在的人虽然离手机很近，但离手机广告越来越远。因为大家在手机上都是有选择的，有选择的消费者往往以看内容为主，并不会对广告留下太深刻的印象。

Questmobile 显示，2020 年一季度全国增长的移动端互联网用户数量仅为 0.41%，但是投入流量大战的企业和个体数量增长了近八成，线上流量竞争已经白热化。

于是，很多企业将大笔营销预算从线下挪到线上，希望通过视频电商和社交媒体来解决销售问题，但这对于没有互联网基因的企业来说无异于舍本求末。因为传播分散、人群分散的特点，线上渠道对很多品牌来说，只是隔靴搔痒，社交裂变、私域运营和直播带货无法在根本上解决问题。

正确的做法，应该是“精准分析用户数据，合理规划投放策略”。

例如天鹅到家（原 58 到家）品牌焕新后选择在分众投放，分众银河大数据系统提供了目标人群的浓度和热度数据，通过到家数据和银河数据进行对比选择、客户重叠的匹配，天鹅到家可以进一步按照城市热力图进行投放，将直击消费者痛点的广告内容更精准地触达目标人群。

电梯媒体处在城市主流人群每天必经的公寓楼、写字楼等生活空间。在低干扰的电梯场景中，广告对用户构成了高频且强制的触达，从而使每天 4~6 次等候与乘坐电梯的用户，对电梯媒体反复播放的广告语记忆更为深刻。这些优势，使其成为这个时代为数不多保持成长的传播渠道中，具有强触达主流消费人群、引爆品牌能力的渠道。

天鹅到家投放分众后，效果非常显著，基本投放 1 元的广告就能获得 1.5 元以上的投放效果回报。

凯度在全球做的 220 项研究也佐证，由品牌带来的中长期销售的拉动是更加显著的。以天鹅到家在分众投放 1 元收回 1.5 元的效果为例，其中这 0.5 元是短期 ROI，0.5 元 ×3 倍才是其获得的中长期 ROI。两者相加，能更精准地反映出整个投放在中长期对销售、对整个品牌建设的拉动。

越来越多的品牌布局线上媒体之后，继续选择线下电梯媒体集中引爆以抢先占据消费者的心智；以此为基础，再做长期运营，积累品牌美誉度。这其中，以分众传媒为代表的户外媒体在影响消费者心智方面的功力，更可见一斑。益普索发布的《2019 年中国国内流行广告语受众调研报告》中的数据显示，流行广告语通过主流媒体电梯、互联网及电视等进行传播，更容易被人们记住。

事实的确如此，2019 年，国内 81% 的品牌流行广告语来自分众电梯媒体。瓜子二手车“没有中间商赚差价”、飞鹤“更适合中国宝宝体质”、西贝莜面村“闭着眼睛点，道道都好吃”等耳熟能详的广告语，皆出自分众传媒的电梯媒体。

同样，在“天鹅到家”短短15秒的电梯广告中，邓超强调天鹅到家“品牌改名”、“平台价值”和“优惠福利”的品牌信息，以具有感召力的“公告体”和一镜到底的拍摄手法，让人印象深刻，强化用户品牌认知。

线上线下的界限

线上和线下的界限是什么？越来越模糊，未来只有数字化与非数字化之分。

以前大家看报纸、看电视，看到的都是同一个广告，这是“人找广告”。现在大家打开App，每个人刷到的广告都是不一样的，会根据每个人的购物兴趣、生活习性、社交习惯等推送不同的广告，这是“广告找人”。

今天，线上、线下的界限已经非常模糊，未来只有数字化与非数字化之分。数字化大潮下，分众这样的楼宇电梯媒体也拥有了互联网基因。自2020年9月起，分众在智能屏领域已逐步向授权代理商开放DSP（数字信号处理）系统。这一举措将帮助代理商实现在线精准选楼和选择时间，以及在线投放和监测，为生活服务类实体终端开启了基于地理位置的在线屏幕广告服务。

所谓营销，都是在不同的场景中对消费者种草，然后割草完成转化。过去我们太重视线上的人群，但分众是真正能把人流从线上引到线下，从线下引到线上的媒体，是一个真正的数字化线下媒体。线下流量的开发对于整个营销来说是一个非常好的流量入口，这也是一个非常高效的割草闭环，给品牌提供了高ROI保障。

“谁有用，我就投谁。”今天广告主使用预算时，改变了原先撒胡椒盐的方法，而是选择真正对其品牌建设和市场推广、产品销售更有效的媒体。CTR《2020 广告主营销调查报告》显示，广告主对商务楼宇电梯广告的投放预算增长比例超过 30%。

从 CTR 的监测数据来看，疫情初期，虽然市场出现应激性下滑。但 2020 年 4 月以后随着疫情的逐步稳定，市场也在慢慢出现转机。电梯电视和电梯海报广告花费均呈现两位数上涨，其中，多行业对电梯电视和电梯海报投放增长更是达到三位数。户外数字媒体在疫情后快速反弹，成为市场持续复兴的风向标。

品牌和流量的重要性

品牌和流量哪个更重要？媒体投资要有长线思维，构建核心品牌资产。

媒体投放效果就如同药效一样，有的发挥时间长，有的发挥时间短。

以现在的品牌广告和效果广告为例，做品牌就相当于固本培元，做效果就相当于吃猛药，如果没有前面的品牌积累，各种新媒体引流、DSP 导流等效果手段一旦停止，企业的销量马上就会跌下来。所以，前者虽然短期内疗效平缓，但却是一种细水长流的方式，而后者虽然立竿见影，却缺少长久的韧性。

最佳的投放策略，是兼顾从消费者心智到传播效率，再到全链路整合的多个维度。

基于人的数字化以及商品的数字化对广告主而言，投放媒体就是要利用数字化技术，精确圈定人群，并且在投放过程可以实现动态评估与调整优化。

而数字经济时代的分众，同样可以实现精准投放、投放平台化，平台化全链路分析使广告投放实时可监测、数据可回流、效果可评估，并建构起透明精准、品效协同的数字营销服务体系。并且，因为分众和阿里的合作契机，依托阿里大数据银行，消费者链路变成可视化可运营的消费者资产管理过程；广告主可以更准确地触达目标人群，与投放人群沟通，打破品和效之间的阻隔，缩短从“品”到“效”的周期。

一组数据证明了品牌在分众投放广告的高回报：天鹅到家 80% 以上的市场预算都投放在分众，从第一周和第二周的品效的效果提升上来看，天鹅到家的线索提升在 52% 以上。

当然，这还只是一个多月的短期 ROI 回报，一年之后、两年之后，甚至五年之后，再用综合数据跑归因，计算出的长期 ROI 必定会远远超过这一数值。因为有了数据资产的积累，每一次投放就是一次品牌增量效果的叠加，最终由量变完成质变。

分众传媒 2020 年发布的财报显示，第三季度营收为 32.65 亿元，净利润为 13.79 亿元，同比增长 136.77%。2020 年以来，不仅飞鹤、波司登等已通过分众电梯媒体成功引爆的品牌仍持续加大投放，元气森林、京东金融等众多品牌均选择分众进行大量投放，这也从一个侧面证明了品牌主对分众的品牌引爆能力和效果转化的认可。

流量不是资产，流量是产生资产的起点。

品牌、长期购买的用户才是企业的资产。本质上，资产是需要时间积累的。

品牌广告最重要的一点是广告的持久性，短期的广告曝光几乎无法打造出一个品牌，像王老吉、农夫山泉这种品牌，都是数十年如一日地将一个卖点翻来覆去地说，占领用户心智，把这个心智夯得死死的。除非消费行为发生变化，否则用户绝对不会更换品牌。

品牌建设、媒体投放，都需要有长期主义，不能仅着眼一个短期的营销活动，更要看中长期的增长。

品牌广告、效果广告殊途同归，关键是构建数字资产及心智资产，这才是企业安身立命的根本。

人心红利和它背后的诺贝尔奖心理学原理

胡喆 / 文

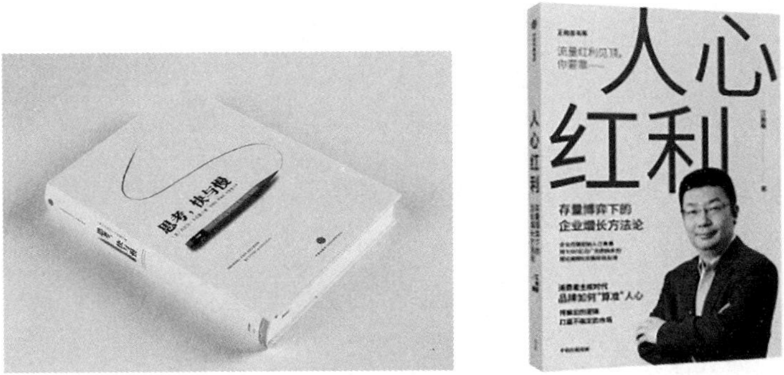

《思考，快与慢》与《人心红利》

2021 年春节之前，我先后收到了两本书。

一本是分众传媒创始人江南春的新作《人心红利》，另一本是《思考，快与慢》（*Thinking Fast and Slow*）。

《人心红利》这本书，准确地说是企业在分众用 1000 亿元广告费投出来的，它提出新十年人口红利已经消失，人心红利正在展开，流量红利已经消失，精神红利正在展开……这是一套品牌引爆体系的理论阐释和未来趋势指南，因此，可以说是一本实用性很强的品牌操作手册。

但就我个人而言，并不赞成大家仅仅把它当成一本工具书、操作手册使用，因为它更是一本有理论深度、构建了一套非常独特的理论体系的作品。

那它和《思考，快与慢》有什么关系呢，容笔者卖个关子。

《人心红利》本质是“存量博弈下的企业增长方法论”

在《人心红利》一书中，江南春用《孙子兵法》的理论来演绎品牌创造的一系列案例，已经成为业内对这一领域最鲜活、最生动的应用。

所以，《人心红利》这本书，更可以看作是“存量博弈下的企业增长方法论”。

也许你不同意现在是“存量博弈”时代，那我们先来讨论一下这个问题。

什么是存量博弈？具体到现在的经济社会，就是供给侧要改革，要从低水平重复式的“工厂模式”切换到以品牌为引领的高需求竞争模式。

事实上，中国的政策制定者早就意识到，产能过剩、存量博弈的天花板已经越来越低，所以我们看到什么动作呢？

首先，自上而下，新基建作为顶层设计提出，线上经济发展加速，传统行业数字化转型加速，人们希望以人工智能、大数据、云计算等为核心的“科技底座”提供经济增长的新动能。

其次，自下而上，新消费成为消费经济的新增长点，一批优质的新企业、转型的老企业通过新消费风口进行了品类创新，然后通过心智手段重塑了和消费者的关系，心智即定位，心智即营销，心智即引爆，创造了人心红利。

之所以要进行“新基建”，是因为我们在创新上需要新的技术动能，这是一种驱动力，但我们不能只靠这一种驱动力，更需要新品牌引领下的新消费崛起和新生活方式转变，这是一个高度主观但价值又高度可测算的神奇领域，我们可以称之为“人文红利”，或更准确地说就是“人心红利”。

技术红利和人心红利，两者结合才是整个中国经济社会继续U形复苏，甚至打开下一个长期成长通道的密钥。

我们要想获取人心红利，就必须先分析新消费的本质是什么。

元气森林、妙可蓝多、完美日记重新发明了什么吗？没有，但是通过从同质化到差异化、从制造驱动到品牌驱动的转变，它们在新消费这个大背景下，选对了新的方向，锁定了新的赛道，创建了新的品牌，其本质是依靠品牌力赢得了新的市场空间。

所以，我们可以看到，驱动内循环的新动能其实有两个飞轮：一个是底层数字化、智能经济、智能制造创造的数字飞轮；另一个是满足消费者日益增长的对新消费的渴求、对更多品牌获得感的渴望驱动的品牌飞轮。

为什么拼多多能够崛起，为什么整个淘宝系、京东系都一起转身去搞“产业带品牌”“电商新品牌”？除了提高性价比，其实大家都在做一件事——希望在自己的哺育下诞生新的强势品牌，从而在未来的存量博弈中占据优势。

选择比努力更重要，掌握人心红利就是掌握了新动能

本书最有价值的部分，其实是对已经被“流量思维”严重带偏的品牌之道的重新思考。

在某种程度上，每个流量贩售者都会告诉你，“做生意”这件事在当下这个时代很简单，只要购买足够的流量，加上够分量的补贴，再加上我们用大量消费者数据形成的所谓“精准投放”，就没有你无法达成的销售目标和无法完成的 KPI（关键绩效指标）。

从短期来看，这种做法并没有问题，但是否有人注意到，这里没有提及品牌。

为什么呢？因为流量打造不了品牌。

流量的本质是注意力，品牌的本质是心智认知，注意力只能带来短期刺激，心智认知才能带来持久的生意。人心比流量更重要！

《人心红利》并不反对流量的价值，不反对任何形态的精准运营之道，它只是提醒我们，任何时候都要警惕“流量万能论”和“品牌无用论”。

任何品牌都需要流量来帮助销售，但最好不要陷入“唯流量论”的陷阱中，否则容易舍本逐末。阿迪达斯曾经公开发表过一个观点，反思正是把过多的预算（超过 70%）投入流量营销，忽视长期品牌建设，最终造成品牌势能下降的长期损害。

而《人心红利》试图告诉你，中国聪明的创业者现在已经越来越倾向于把流量、认知和品牌结合起来，创造出一种新的品牌范式。

首先，《人心红利》告诉大家，应该把流量广告理解为渠道，

这是它的本质，在这里面做传播，就像企业以前在超市里做试吃、促销一样，所以你会看到在阿里、快手、抖音等流量型平台上，所有广告都带有促销性质。

但一个本质不会变，消费者是根据品牌来选择产品的，品牌才是真正持久的流量。促销是单次的，而品牌在你的头脑建立认知之后会持续很长时间，下次你在渠道看到这个产品的时候，就会更倾向于选择它。

其次，人心红利的获得是一个复杂的过程，部分新消费品牌充分利用网络社区的“种草”法则，在社交媒体上与部分消费者进行信息沟通，再引流到电商平台“拔草”。

幸运的企业抓住部分消费者将其变成粉丝，年销量达到几亿元，成为网红品牌。但 2020 年社交媒体的流量红利消失，信息过载，环境日益粉尘化，成为网红越来越难，成本越来越高，那网红品牌如何从年销售几亿元向几十亿元突破呢？

任何品牌从“网红”向有公信力的公众品牌的关键一跃，都要经过三个阶段。

第一阶段：打造坚实的产品力，然后基于渠道力量的流量收单——企业通过各种销售渠道和互联网流量广告促成交易行为；

第二阶段：基于社交媒体的社交种草——通过社交媒体、网红、明星在社交网络中传递和推荐产品；

第三阶段：基于像分众这样的核心媒体平台的品牌引爆——企业通过品牌广告广泛地向主流消费者表达品牌价值主张和承诺。

《人心红利》中提出：流量的算法值得持续优化，但品牌更应该掌握人心的算法。品牌才是持续免费的流量池。这一套完整的方法在书中有非常系统的体现，所以笔者不赘言。我们下面谈谈另一本书。

认知＝真相，品牌引爆的心理机制是什么?

获取人心红利，品牌是必由之路，但人心红利的获取是很难的。

宝洁副总裁何亚彬谈了一个问题，就是我们每个人被广告包围的现状反而激发我们去躲避广告，即“去广告化”。

你每天5个小时看手机，一个月真的记得住的广告有几个？你离手机很近，离手机广告却很远。因为你在手机上是有选择的。

消费者不太看电视了，1亿多人去打游戏了，还有几亿人看视频网站，他们的基本模式是什么？付费去广告！

消费者已经迫切到愿意花钱躲避广告，那躲避不了的广告就是最强的。

那么，有能够与“去广告化”对抗的媒体吗？仔细分析一下，你就会发现，几乎有且只有线下以分众传媒为代表的，消费者每天必经的公寓楼、写字楼电梯媒体以及一部分设置于影院等封闭场所的广告。

你必然经过的、天然抵御其他信息干扰的、能够被反复引爆的、能够在你进入办公室或回到家里之前“留下最后一个印象的”，似乎有也只有电梯广告了。

这里就必须提到《思考，快与慢》了，因为这本书揭开的是电梯广告背后的心理机制。

简单说，这本书告诉你，为什么重复是电梯媒体最大的价值。

诺贝尔经济学奖获得者卡尼曼认为——要使人们相信一个概念或一个事物的方法就是不断重复，人们很难分辨熟悉感和真相，因为越熟悉的事情，越让我们放松认知，从而做出舒服且轻易的判断。

结合电梯媒体，就是用重复冲击心智的办法，即让我们不断“熟悉”新的概念，最后打开很难松解的“心智牢笼”，给我们造成一个好的“第一印象”。而心智一旦被打开的价值是什么呢？是越来越多的信任和安全感。

卡尼曼在《思考，快与慢》一书中指出，人是一种生物，在生存环境中要保持警觉。重复性会引发认知放松的舒服感和熟悉感，一个信息反复出现没有带来不好的结果就会变成一个安全的信号，时间长了，安全的就是好的，熟悉了就容易喜欢。这就是心理学上讲的单纯曝光效应。

如果用这个方法来观察电梯媒体的引爆方式，会发现其实理论和现实是完美耦合的，它证实了分众的基本模式为什么历经近 20 年一直高速成长，营收规模从 6000 万元增长到 155 亿元。因为在封闭空间，品牌重复播出有效地影响用户，潜移默化地赋予品牌熟悉感、安全感和信任感，继而让品牌成为消费者在某一品类中不假思索的选择，就是最简单、最完美的对卡尼曼快思维理论的复现。

如果你仔细观察，会发现品牌主特别喜欢购买电梯广告，为什么？传统的解释是会影响下一阶段的购买。

如果从《思考，快与慢》中找答案，作者会告诉你——刚刚看到和听到过的信息很容易影响人的判断，这叫“可得性捷径”，也就是说什么信息能最快、最容易被想起来，我们就会觉得这个信息的重要性和真实性高于其他信息，这也完美地解释了电梯广告的播放逻辑。

比如你在电梯口老听到一首广告歌，叫《妙可蓝多》。那么接下来的一段时间内，你对“妙可蓝多”这个品牌的敏感度会升高，在超市里就更容易注意到它。这种行为和情感在不知不觉间被他物启动的现象，就是《思考，快与慢》中反复提及的心理学上的启动效应。

值得注意的是，启动效应十分常见，往往在你完全没有意识到的时候，就被电梯里的广告启动了。

品牌广告的作用不仅是宣传这么简单，还利用心理学的快思维在消费者决策的各个阶段产生着潜移默化的影响，这几年成功的大部分品牌往往是在消费者必经的生活空间中持续重复地曝光，让消费者大脑中不知不觉种下品牌的种子，并在某一天开花结果。这种影响往往是不动声色的，从量变到质变，一旦越过拐点就会让品牌深入人心，取得持续高成长。

最后我才要解释，为什么推荐读者把《人心红利》和《思考，快与慢》结合起来看，因为前者是“用”，后者是“体”，前者是应用的理论体系，后者是解释应用体系如何在心理层面运转得更深层。虽然我们更多是要“用”，但知道消费者是如何“想”的，对我们更好地获取人心红利有着莫大的助力。

有趣的是，卡尼曼 2002 年因为这项研究获得了诺贝尔经济学奖，而分众传媒诞生于 2003 年，一个理论体系和一个应用体系在“双盲”状态下，各自发展而又能互相解释，这无疑让电梯媒体在科学层面的价值有了更为牢靠的依据。

从种草到种树，从流量到留心

刀法研究所[1]/ 文

越来越多新品牌正在向“下”生长。

一些新品牌开始向线下衍生实体，如完美日记计划未来三年布局 100 个城市，开 600 家线下门店；王饱饱覆盖的终端门店已突破 1 万家；橘朵不仅接连在一线城市布局快闪店，更将原定半个月的营业时间拖长为半年的“慢闪店”……

还有一些新消费品牌选择将广告投放蔓延到线下，例如电梯间的广告开始越来越热闹了。

2020 年双十一期间，花西子和李佳琦的苗族印象广告，把很多城市的电梯间刷成了深绿色；在元气森林官宣代言人张雨绮后，印着“0 糖 0 脂 0 卡”的海报就像住进了电梯间；还有 A1 食品、钟薛高，甚至钟薛高的新品牌“理象国”在线上还没进行大规模

---

① 刀法研究所，洞察新消费，赋能新品牌，剖析新营销，成就中国好品牌。

投放时，反倒先现身于电梯间。

对于依托线上渠道的流量红利崛起的新品牌而言，线下是一个相对陌生的领域。线下电梯广告能够为品牌带来什么样的效果？如何有效地扎根线下，推动品牌的发展？什么样的动作才算有效？这些是摆在新品牌面前的又一轮议题。

基于对这一问题的思考，刀法研究所总结了 2021 年新消费品牌的打法趋势：从流量打法到品牌打法，从种草到种树。

新消费品牌正在进入一个新的阶段，比起打造一个销量好、增长快的电商爆品，通过线下布局和广告引爆品牌价值、构筑自身壁垒是一件更迫在眉睫的事。

流量红利消失，从流量打法转为品牌打法成必然

回顾 2020 年，尽管直播带货非常流行，关于“私域流量”“品效合一”的讨论非常热闹，但毋庸置疑的是，所有品牌都面临着流量红利消失的困境。

流量与品牌的天平摆在新消费品牌的面前，不同的企业做出了不同的选择，但是从最终的结果来看，无论是头部品牌还是新消费品牌，那些占据着消费者心智认知优势的品牌才能成为赢家。

经过 2020 年，我们很明显地看到，过去大家经常谈到的“品效合一”，更多还是侧重于基于流量所驱动的交易场景。

互联网流量直播的核心是做带货，寻求的是消费者立刻的购买反应，让消费者对“要不要现在就买这个产品”快速做出决策，就是直播干的事。

直播是没办法去做认知，也没办法看到消费者用过产品后的评

价的，真正的直播只能达成消费者立刻购买或不购买的反应。

越来越多的品牌经过实践也发现，只单纯地追求流量，仅仅是关注交易渠道，并非长久之计，因为流量成本越来越高，无法持续。

商业的本质不会变，消费者是根据品牌来选择的，品牌才是真正持久的流量。

促销是单次的，而品牌在你的头脑中建立认知之后会持续很长时间，下次你在渠道看到这个产品的时候，就会更倾向于选择它。

同时，随着流量红利日渐式微、新的高增长平台捉摸不定，新消费品牌想要从营销打法上冲出重围越来越难了。

如今，摆在营销人面前最痛苦的问题莫过于数字化的渠道和触点太多，当你所持的预算非常有限的时候，会发现如果每个数字触点都要去重视，最后会造成分散的营销。

尽管今天的精准营销是精准触达消费者、直击购买者的手段，但很多时候一对一的精准流量营销和社交种草做不到品牌的社会认同感和品牌消费氛围的塑造。

因为消费者都是社会性动物，消费者的选择会受到周围人和圈层的影响，还有很多消费决策是家庭决策，精准营销往往不能够同时覆盖决策者、购买者、体验者、传播者，让影响力局限在有限的范围内，无法形成社会共识。

也因此，引爆品牌、打破瓶颈、迅速出圈、建立社会共同的认知变得愈发重要。

在这样的趋势之下，新消费品牌开始了从种草到种树的巨大转变。

种草红利正在结束，种树更能形成优势和壁垒

种草还是种树，对品牌的塑造和持续成长有着巨大差别。

流量和种草，是指通过线上精量算法的迭代促成下单转化，或通过社交平台上的 KOL 种草实现引流增长。

在这一过程中，制胜点在于营销技术。主要表现在品牌对流量的操盘掌控、用户人群的精准捕捉、流量红利的顺势而为等方面。本质上更倾向于卖货思维，如爆品方法论，起量很快，但也容易被模仿抄袭。

于是，我们看到现在新消费品牌的同质化正在变得越来越严重。例如在速溶咖啡品类中，大部分都是像三顿半那样的“迷你咖啡杯”，进攻审美红利；而在美妆品类中，品牌在做投放时，都喜欢突出妆前和妆后的差别，用视觉冲击刺激消费者的即时满足欲望，等等。

如今，当社交种草成为营销标配时，大规模种草的红利已经结束，转化率越来越低，因为大家都在草地上种草，一堆草种在草原上，如何才能被消费者发现？这成为新消费品牌的另一个瓶颈。

除非你能制造出社会热点，打造出热搜级的刷屏文章。但刷屏文章很难创造，就算创造了大众热点话题能抓住关注，也很难有效传达品牌的核心价值，而且刷屏文章往往在一夜之后就被遗忘或取代，无法复制与长期累积。

当产品同质化和种草同质化越来越严重，塑造品牌价值、形成自身的壁垒变得越来越重要。

科特勒咨询集团中国区总裁曹虎也曾表示：“新品牌正在从

早期的种草逐渐向种树演变。新品牌不仅意味着产品的高销量和高转化，也需要打造品牌价值壁垒。”

因此当别人还在种草的时候，你应该去种一棵大树，把品牌声量拉升到大家都能关注到的程度，这时大家才会注意到这棵与众不同的大树以及树下种的那些草。种树，就是首先建构品牌的可见度，让品牌在某种程度上成为消费者心智中的一种价值符号，进而成为消费者生活当中不假思索的一个默认选项。

如果说种草需要利用内容进行精准流量投放，那么种树需要利用品牌广告进行饱和攻击。从种草到种树，新消费品牌不仅需要对流量的捕捉，更需要对消费者心智的把握。而心智，需要反复巩固才能产生复利效应。

要想打造品牌、成功种树，需要利用品牌广告不断重复、进行饱和攻击。而品牌广告的作用，不仅是扩大品牌的音量这么简单，它是品牌核心价值的表达以及信任感的建立，是帮助企业将产品优势转化为认知优势和竞争优势的核心武器。

“怕上火喝王老吉”，“瓜子二手车没有中间商赚差价”，“奶酪就选妙可蓝多”，“美团外卖送啥都快”等，这些深入人心的案例型品牌广告帮助品牌重塑了竞争格局，建立了竞争壁垒。

“两微一抖一分众”，种草、种树高效结合

信息碎片化时代，集中引爆主流是品牌成功种树的核心逻辑。纵观当下的媒介环境，“多、杂、碎”特点显著，品牌信息有效触达用户日益困难。线上，消费者以获取信息看内容为主，长视频主流用户买会员除广告，短视频一滑而过，而主流人群基本逃离。在“去广告化”大趋势下，面对浩繁的选择、信息粉尘化的

加速，品牌迫切需要找到中心化的媒体来对抗碎片化。

研究诸多品牌案例后发现，除了线上种草、流量收割，线下以分众为代表的中心化媒体成为诸多新老品牌主打造品牌的选择，与电梯广告这三个优越性相关。

1. 主动观看

电梯是4亿城市主流人群生活场景中的必经之路，并且他们走进电梯间，很难不注意到身旁的广告。因为等电梯、乘电梯时人们状态不稳定，会主动观看广告。

2. 重复性

通常情况下，一个人每天至少会乘两次电梯，这就意味着他一周之内必须看到某个电梯广告许多次，这还不计算在一次电梯之旅中，重复看到该广告的次数。这样的重复甚至能够令人把剧情和代言人都记下来。

3. 穿脑能力

基于以上两点，电梯广告的一箭穿脑属性也催生了很多营销案例，例如黑白调、认养一头牛等，均是在消费者必经的生活空间中持续重复地曝光，让消费者大脑中不知不觉种下品牌的种子。

对于新消费品牌来说，种草很有用，但种树更重要。2020年之后，靠“两微一抖”内容种草赢得核心粉丝，靠分众电梯媒体的品牌化广告种树突破圈层，这种“两微一抖一分众”模式，成为众多品牌选择的组合传播模式。

凯度中国区首席执行官兼BrandZ™全球总裁王幸在“2020年

中国 TOP100 品牌”发布会上指出：当前“两微一抖一分众”是打造品牌的最优范式。品牌既要重视以内容营销为主的社交媒体传播，也要重视核心生活场景当中的品牌势能传播。

“两微一抖一分众”本质是线上与线下、内容化与场景化的高效结合，这种高效结合解决了品牌虽然实现种草却没有实现品牌引爆的问题，解决了只有一对一更精准沟通却没有真正地培育群体化消费者心智的问题。

因此，把以“两微一抖”内容营销为主的线上推广和以分众电梯媒体、影院为主的线下传播充分结合起来的场景营销将成为品牌引爆的核心法则。

前两年，我们提到做品牌，很大程度上还是在说做流量，把增长手段当品牌建设。但事实上，流量是短期的，品牌才是长久的。流量渠道就像一个浩瀚的宇宙，品牌在其中不断搭建星轨。这些轨迹不仅驶向数据和销量，更需要驶向消费者的内心。

当新品牌走出自己熟悉的流量舒适区，走向品牌建设之路，获得的回报将不是眼前的短利。

手机屏幕不敌“电梯制造”？

胡喆 / 文

通过“两微一抖一分众”的有效组合，通过单一爆品引爆品类流行，从而迅速实现品牌崛起，不仅是2020年的典型现象，也将是2021年的发展必然。

一份新的调查报告给了我们一个很好的研究素材。

83%的流行广告语由电梯制造

这份调研材料，就是益普索发布的《2020年中国广告语盘点》。

这次调研的对象，主要针对北上广深四大城市中月收入4000元以上的18~60岁人群，被访者中30 ~ 39岁的占45%，6成以上为本科及以上学历，个人月收入8000元以上者占52%。

《2020年中国广告语盘点》评选出的前十大热门流行广告语中的前三位是：

猿辅导——“全国累计 4 亿用户选择猿辅导，上网课，用猿辅导”；

唯品会——“品牌特卖，就是超值”；

妙可蓝多——“奶酪就选妙可蓝多”。

益普索评选出的 2020 年中国十大热门流行广告语

益普索的研究显示：对于 2020 年 Top10 热门、高辨识、占据心智的广告语，47% 的消费者认知渠道源于电视广告，56% 源于互联网媒体，83% 源于电梯媒体。

而如果对比 2019 年的数据，会发现 2019 年的数据是，54% 源于互联网媒体，50% 源于电视广告，81% 源于电梯媒体。

简单说就是，电视广告影响力略有下降，互联网和分众影响力日益提高。这句话也正好反映了“两微一抖一分众”的发展趋势和不同优势。

在品牌传播领域，通过电梯媒体传播的广告语更易引爆消费者。

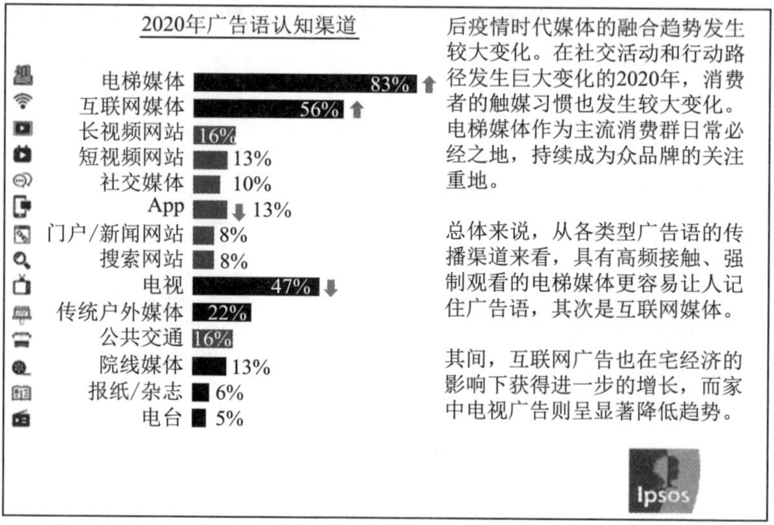

益普索对 2020 年广告语认知渠道的调查结果

从绝对数量上来说，移动互联网媒体的触达规模和时间一定是最高的。很简单，中国有 15.9 亿手机终端，4.47 亿个电视终端，却只有 300 万块电梯电视和电梯海报。

也就是说，15.9 亿块手机小屏幕对流行广告语的引爆力尚不及 300 万电梯大屏幕？

显然，屏幕的大小、多少并不是问题的关键，起决定作用的是位置。

“去广告化”的忧思

宝洁副总裁何亚彬的忧思，或许更能反映营销界的痛点。

他的核心描述是，越来越多的人，特别是年轻人正在脱离广告的触达，这就是让营销界忧心忡忡的“去广告化”。

这种描述看似与常识背离，因为我们似乎在被更多的广告包围。但仔细想来还真是如此，因为面对更多的广告，我们有了选择的权利：

——以前，电视是家里的媒体中心，但现在的年轻人都去看视频网站了；

——即使去了视频网站，大部分人会选择买会员，而会员是去广告的；

——越来越多的 App 都增加了三秒开屏广告，但一晃而过且提供跳过广告的开关；

——即使你在信息流媒体中“不得不”遇到广告，也可以选择在 0.1 秒内滑掉它。

互联网广告变得越来越可以“选择”，这是行业的进步，也是消费者体验提升的必然。在这种情况下，消费者选择放弃部分广告的打扰，就造成了一个客观的问题，即人群在主动“去广告化”，能够有足够触达率的广告媒体越来越少，越来越稀缺。

何亚彬说的一句话很有意思，一个触达率为 50% 和一个触达率为 5% 的平台，是完全不同的，即使后者更为精准，但触达率太低也没有意义。

能够与“去广告化”对抗的媒体还有吗？仔细分析一下，你就会发现，能够让我们和广告无法回避地相遇的，几乎有且只有线下以分众传媒为代表的、消费者每天必经的公寓楼、写字楼电梯媒体。你每天必然经过的、在狭小封闭的空间，能够被反复触达的、能够在你进入办公室或回到家里之前“留下最后一个印象的”，似乎有也只有电梯广告了。

由此，这样的媒体触点在后疫情时代对广告主来说变得越来越有意义，在 2020 年上半年全面下跌的状况下，疫情稍被阻断，市场营销一复苏，分众立刻成为极少数投放、客户双双正增长的媒体平台。

更重要的是，这种广告形态，全球只有中国有（分众把它带到了韩国、新加坡等亚洲国家的30多个城市），欧洲没有，美国也没有，它的独特和强大来自随中国过去30年经济高速增长拔地而起的无数高楼大厦、公寓小区，在笔者看来，这是真正的“中国创造”。

吴晓波因此认为，人们每天会接触2000个品牌，但不在场景中出现的品牌都与你无关。只有在场景中出现、能让你多看两眼的那个品牌，才是跟你有关的品牌。

“两微一抖”和分众并不互斥

另一个值得我们关注的问题是，“两微一抖一分众”彼此之间不是互斥关系，而是互相成就的关系，但各担其责，不能相互取代。

“两微一抖”代表的互联网社交媒体和分众代表的中心化品牌引爆设施，有完全不同的效应。根据2020年的数据，在BrandZ™上榜的百强品牌当中，投放数字化户外新媒体的品牌数量最多，84%以上的百强品牌除了选择互联网，也会选择投放电梯媒体。

为什么“双选”呢？这是由消费品牌的传播过程决定的。

“两微一抖”的意义在于“种草”，也即品牌通过社交媒体、红人、KOL等，通过建立公众议题，以“种草”的方式进行品牌的渗透式传播，进行“先认后知”的沟通式、内容式传播。这的确有效，像近年崛起的元气森林、花西子、完美日记等都会选择社交媒体“种草”。

但问题在于，“种草”是一对一的沟通，是静默式的营销且留意到的受众有限，没有集中引爆效应，其能否进入消费者心智，取决于消费者的心智壁垒是否“选择性开放”，这是一种有效，但同样有局限性的营销方式。

因此，对于“两微一抖”来说，可以实现品牌种草，但很难实现品牌引爆，更难实现品牌引爆后，以一种生活方式的形态在主流人群中“共振”从而成为现象级的营销事件。

因此，凯度中国区首席执行官兼 BrandZ™ 全球总裁王幸女士认为：品牌应更重视将预算分配到更有效的渠道上，把以“两微一抖”内容营销为主的线上推广和以分众传媒为主的场景营销线下传播，充分结合起来。

这种情况下，像分众电梯媒体这样公域化的场景和稀缺性的中心化媒体，势必成为品牌集中引爆的核心利器。

跟手机 0.5 秒就滑过的信息流广告相比，“线下能让你多看两眼的场景太重要了”。

而益普索的研报揭示了一个事实，即成功的流行热门广告语，来自电梯媒体的比例远大于互联网媒体，这充分体现了电梯媒体在集中引爆和人际流行中的核心作用；而对于“去广告化”的忧思者，这份报告则提醒了电梯广告这种形态恰好是瓦解“去广告化”忧思的天然武器，因为其“必须经过”和“高频触达”是别的广告形式所不具备的特点。

长期来看，以内容营销为主的社交媒体传播，结合以核心生活场景为主的线下高频传播，将是赢得品牌价值提升的两大传播趋势，但两者之间的节奏掌握、配比和预算分配，可能需要更精细地计算和评估，而益普索的报告无疑提供了一份很重要的决策参考数据。

/ 案例 /

Ulike：强产品力就是强竞争力[①]

潘玉平 / 文

Ulike起初想在脱毛产品这个领域开创新品类，是因为传统脱毛产品的效果是“野火烧不尽，春风吹又生”，而去美容院又很贵，我们就想，能不能把美容院的这个项目搬到家里来，于是提出了“把医美效果带回家”，开启了一个从美容院脱毛到在家脱毛的时代。

在过去5年的时间，Ulike脱毛仪在中国市场连续5年销量第一。2019年、2020年，Ulike的市场份额是30%多，投了分众以后，2021年1—7月，我们的市场份额达到了55%。Ulike为什么这么幸运？我们做对了什么？

我归纳了两点：第一，我们做了产品资产的投入；第二，我们做了品牌资产的投入。

怎么做产品资产的投入呢？我们对自己的研发人员一直讲一句话：做产品的时候，要想着我们的下一代产品能打败上一代产品。与其等着别人来“革”我们的命，不如自己先把自己的命给“革”了。所以我们在研发产品的时候，一直牢记这句话：强产品力就是强竞争力。

在过去的5年当中，我们的产品进行了5次迭代。举个例子，

---

① 本文为Ulike CEO潘玉平在2021年9月25日“国货发展高峰论坛”的演讲。

传统脱毛仪在打到皮肤上时，会产生灼热感和刺痛感，因为光到达皮肤的温度是 70 ~ 100℃。而 Ulike 脱毛仪打到皮肤上是冰冰凉凉的，一点都不痛。为什么？因为我们研发了冰点无痛科技，真正从用户的需求去解决问题，这就是我们在产品力上所做的事情。这就是我们所说的：强产品力就是强竞争力。

产品的问题解决了，接下来就要解决品牌的问题。我们作为一个新的品牌，刚开始怎么做？

我们经历了两个阶段：第一个阶段是货找人，第二个阶段是人找货。所谓货找人，就是我们找 KOL、找主播，在他们的渠道去销售我们的产品。但是用户买了我们的产品以后，对我们的品牌是毫无认知的，我们去跟进咨询的话，对方一般只会告诉我们，“我在哪个渠道、哪个平台、哪个 KOL 那边买了一个脱毛仪”。而且在整个咨询的过程当中，如果问一些深入的问题，例如这个参数是什么功能，那个是不是我们独有的功能等，他们是不知道的。因此我们就发现，我们的品牌只是一个牌子，没有进入消费者的心智。

2020 年底，我下定决心开始做品牌广告。我之前的广告都是“货找人”的广告，在线上花了 5 年时间、花了很多钱，只是让我们的用户“看到了”Ulike。后来我们在分众上投了半年时间，就彻底让用户“记住了”Ulike。我们负责招聘的人员都有一个最直观的感受：以前都要跟大家解释 Ulike 是干什么的，现在都不用说了。所以，这个广告打得比较成功。

其实在投分众之前我很紧张，因为创业 5 年多，在分众上投放要花很多钱，担心真的“一夜回到解放前”。当时分众传媒创始人兼董事长江南春说，你要花这么多钱打“爆”。说真心话，我当时半信半疑。但投了以后，我们的百度指数、微信指数、淘宝指数都发生了巨大变化。但我还是担心，响声是有了，如果光打雷不下雨，或者只下个毛毛雨，怎么办？

我们在 2021 年 1 月、3 月、4 月、5 月分别进行了 4 波投放，到了“6·18”，既没下毛毛雨也没有下小雨——下了一场大暴雨。这场大暴雨彻底吓到我了。我们在 2021 年“6·18”预售的十大爆款连续 6 年是同期销量冠军，在天猫“6·18”是美容仪器销量冠军，在京东平台也是脱毛仪类目销量冠军。最重要的是，Ulike 是唯一一个进入美妆类目前 10 的美容仪品牌。而且我们的单品热销排行位居天猫“6·18”的第 6 位。这真是吓到我了。

我们在“6·18”的同类产品数据当中，是第二名到第五名的总和，是第二名销量的 3.3 倍，是第三名销量的 5.7 倍。我这才意识到江总跟我说的“品牌心智”是指什么。

品牌资产的作用

Ulike 的品牌广告在未来还会持续进行，正是因为在分众上的投放，Ulike 跟脱毛仪彻底画上了等号，牢牢占据了消费者的心智。

我们投完分众以后，在 2021 年 7—9 月这三个月，还发现一个很奇怪的变化：以前大家买脱毛仪都是搜“脱毛仪”，现在第一大搜索词是“脱毛仪”，但第二大搜索词变成了“Ulike 脱毛仪”，还有“蓝宝石脱毛仪”“Ulike 冰点脱毛仪”，跟 Ulike 挂钩的搜索词一直持续地上升。这就是品牌广告的力量，Ulike 用 5 年的时间，从流量广告破局，走向品牌广告。

/ 案例 /

Ulike：如何走出流量瓶颈

Ulike CMO/ 文

从 2014 年进入中国市场至今，Ulike 已经创下了连续六年天猫垂类销量第一的成绩，2021 年“6·18”期间更是成为唯一进入天猫美妆品牌排行前五的美容美体仪器品牌，双十一销量超同类品牌第二名到第五名总和，覆盖超 200 万用户。

得益于近年来医美行业的蓬勃发展，美容仪品类发展进入快车道，Ulike 站在风口上，一方面要拿出过硬的产品满足消费者的需求，一方面还要面对众多品牌涌入赛道的竞争。如何在这条路上持续领跑，快速建立起领导地位，是 Ulike 一直思考的问题。我想今天的 Ulike，已经能交出一个比较满意的答卷，在快车道上行进，我也有很多感触。

幸运地赶上了流量红利，却也遭受流量的掣肘

以往，很多人对美容仪的印象更多是价格动辄数十万元、上百万元的美容院使用的“大家伙”，普通人去美容院，动辄办卡上万元，还需要抽出专门的时间驱车赶往。抓住这一痛点后，操作简单易上手、价格亲民的家用美容仪应运而生。

脱毛仪是美容仪行业里一个精准垂直品类，非常细分，我们很早就看到了其中的巨大机会。在韩国，消费者对于脱毛产品的接受度比较高，但这在中国还是一个比较私密的产品。如何更好

地教育市场，把适合亚洲人肌肤使用的Ulike变为一个美容时尚单品，是Ulike进入中国市场后必须解决的问题。

总结下来，Ulike能够在这个新兴赛道获得先发优势，大致可以归结于两大原因，一是产品非常过硬，另一个是幸运地赶上了流量红利。

Ulike是首个医美级蓝宝石家用脱毛仪品牌，现在的店铺爆款Air蓝宝石冰点脱毛仪在五年内历经了四次迭代。普通凹面脱毛仪光到达皮肤的温度是70～100℃，而Ulike蓝宝石平面冰点头可以将肌肤表皮温度冷却到10～40℃。热光变冷光、避免高温热损，这一技术优势保证了Ulike在同品类中遥遥领先。

除了核心技术，Ulike脱毛仪在产品的大小上也经历了多次迭代。最早为了达到冰感效果，我们只能把脱毛仪做大，但为了用户使用上的方便，Ulike努力攻克技术上的瓶颈，迭代到如今，产品重量跟手机差不多，一只手就能掌握，脱完全身不累手，这些都是我们一次又一次精进打磨出来的结果。

Ulike 产品展示

Ulike 脱毛仪产品方便、快捷、效果好，帮助我们很快打开了市场。而在营销上，我们也算是比较幸运的品牌。

2014 年刚进入中国市场的时候，Ulike 刚好搭上了线上“互联网种草”的营销热潮，我们投放过阿里妈妈、小红书、微信等线上平台广告。最初，消费者面对 Ulike 这种新兴产品多少会有一些不信任，我们通过线上内容展示技术实力，邀请大量 KOL 亲自试用、反馈真实效果，成功化解了很多消费者对新品牌、新技术的担心，逐渐打开了市场。当时行业规模不大，竞争对手也不多，做起来还是比较容易的。

但随着这几年医美消费需求的迅速升温，行业规模不断扩张，竞争对手大量涌现。加上流量红利的消失，也让互联网的竞价流量广告成本不断上升。而更致命的是，互联网引流广告让 Ulike 始终停留在原始的“货找人”阶段——投了才有成交、没投就没成交，品牌陷入了增长的瓶颈期。

建立品牌打法，成功破局竞争

感受到了互联网流量广告的掣肘后，我们意识到 Ulike 需要迅速建立品牌知名度，让更多人知道品牌、主动找品牌，也就是从“货找人”转变为“人找货”的发展模式。但想通过互联网流量广告或者公关建立品牌这条路，其实很难走通。

一是流量广告的竞争环境非常恶劣，各种竞争对手都针对同一批用户不断投放广告，嘈杂的环境使得 Ulike 淹没其中。一旦想把投放的范围扩大一些，ROI 就非常难看，靠流量广告去建立品牌的成本极高，远远高于直接硬广。

二是 Ulike 流量广告触达的人群相比广谱顾客而言，其实是很窄的，外界对Ulike还没有形成广泛认知。这个时候Ulike做公关，绝大多数用户都不会太关注，想引爆话题，可能性非常低。

后来我们发现，电梯广告的受众人群以及触达效果很好，很多消费领域的新锐品牌都通过分众成功实现了引爆，加上一、二线城市电梯广告的覆盖人群正是我们的目标人群——广泛的年轻都市女性，电梯广告的主动触达也能够让顾客更清晰地记住Ulike，完成心智工程的建设。

经过测试后，我们与分众开展了战略合作，借助这一城市主流人群的必经媒体，在各大城市面向我们的消费者精准引爆，高效传递我们就是脱毛仪品类领导者的品牌信息。

让我们惊讶的是，Ulike从2021年1月初开始投放分众，到当年三八节就已经成功引爆破圈，光天猫就卖了超过3亿元，比2020年同期翻了一番，此后品牌声量和成交量持续获得高增长，可谓是翻天覆地的变化。

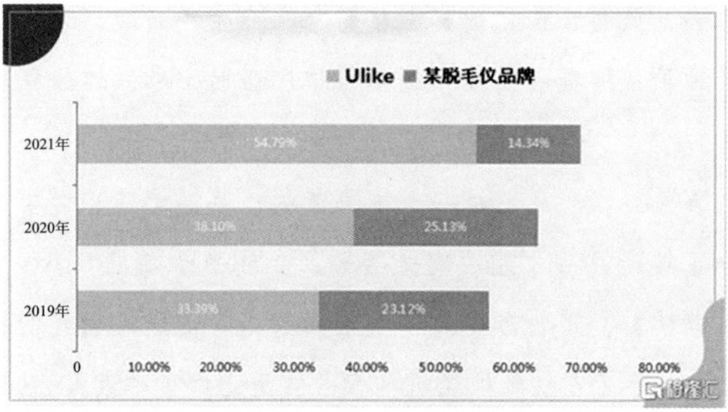

天猫2019—2021年7月脱毛仪市场占比

第一，借助硬广，快速夯实领导地位，消费者开始主动找货。

投放分众梯媒后，Ulike获得了肉眼可见的增速成长，不仅销量翻了一番，品牌百度搜索指数、微信搜索指数也持续上升。最直观的是天猫后台搜索指数，我们很明显地看到Ulike脱毛仪、冰点脱毛、Ulike冰点脱毛仪这些品牌相关关键词搜索量发生了翻天覆地的变化。品牌成功进入了“人找货”阶段，这都是品牌引爆后带来的“不花钱”的流量。

更重要的是，投放分众不到半年时间，男女老少几乎都记住了Ulike，即使你现在不买，但到需要脱毛仪的时候，也会想到Ulike。心智的成功预售和品牌力的指数级增长，让Ulike摆脱了流量的捆绑，成功“破圈”成为一个大众品牌。

第二，线上内容被二次盘活，达成品效协同。

不仅如此，我们还发现了引爆品牌后的另一个“神奇效应”。线上互联网的内容开始更多被消费者关注，点击率和转化率也在不断提高。

这是因为当顾客在梯媒里看到了品牌广告后，不仅对品牌有了熟悉感，更潜移默化地刺激了需求、产生了兴趣，为消费行为埋下了种子。消费者在接收线上推送广告时，感兴趣的程度也大大提高。

但毕竟美容产品还是一个重决策的产品，消费者需要通过线上充分了解产品后才能决定是否购买。得益于前期Ulike丰富的线上内容铺排，消费者提高了决策购买率。前段时间我们也联合丁香医生、第三方权威检测机构SGS在线上做了“素人28天脱毛效果实测”，希望能从更专业的角度教育市场，帮助消费者更深入地了解产品。

现在所有品牌都在追求品效协同，但是绝大多数玩的还是流量广告的那一套。要想真正实现破局，就一定要在品牌端接通顾客。我很认同之前营销圈很火的一个说法“两微一抖一分众”，“两微一抖”是流量广告，分众是品牌广告，在当前的媒介环境下，这是最有效的组合打法。

Ulike目前的成绩只是第一步，我们的愿景是开创从美容院到宅家美容的新时代，让Ulike成为消费者的家庭美容院。把现在大型医美机构、美容院里面的产品都搬到用户的梳妆台，就是Ulike下一阶段更高的挑战目标。我们会努力让这一天早日到来！

波司登：坚持品牌引领的发展模式 [①]

高德康 / 文

1976 年，波司登开启了艰苦卓绝的创业历程，逐步萌发出最早的品牌意识。1992 年，波司登商标成功注册，迈出打造自主品牌的第一步。波司登一路坚持品牌引领的发展模式，以高端的品牌形象、高质量的产品进入当时高端商场最好的销售位置，赢得了市场和消费者的信赖。波司登羽绒服登顶珠峰，远征南北极，助力中国代表队夺得中国在冬奥会上的首枚雪上项目金牌，在市场竞争中迅速和其他品牌拉开差距，成功抢占消费者心智中的第一位。

品牌是一种可溢价的无形资产，是重要的生产要素，我们视品牌为生命，坚持品牌引领，坚定地实施名牌发展战略，通过对品牌进行塑造、培育、提升和创新，成就了今天家喻户晓的羽绒服品牌——波司登。特别是 2018 年波司登回归创业初心，连接时代趋势，聚焦主航道，聚焦主品牌，以品牌力量引领产品，使渠道、供应链等全方位升级，为全国主流消费人群所青睐。波司登品牌净推荐值、品牌美誉度等稳居行业第一。

目前，波司登羽绒服连续 26 年在中国市场销量领先，畅销全球 72 国，是超过 2 亿人次的选择，羽绒服规模总量全球领先。

---

① 本文为波司登董事长高德康在 2021 年 9 月 25 日“国货发展高峰论坛”的演讲。

我们取得这样的成绩，和分众传媒的合作是分不开的。分众是中国领先的生活圈媒体集团，也是波司登的长期战略合作伙伴。近几年来，波司登携手分众达成激活品牌、引爆主流的战略合作，有目共睹的品牌提升和业绩增长，推动波司登品牌建设迈进全新的时代。而实现这些，最关键的因素有以下几个方面。

一是高频触达，塑造品牌核心认知。

品牌是企业的最高领导力，品牌自信是最大的文化自信。企业的核心优势不仅是规模和成本，更重要的是消费者的认可。大品牌、好品质、羽绒服代名词，是消费者对波司登品牌的核心认知。波司登品牌价值的回归和历史崛起，关键在于赢得主流用户的心智，这是一个长期的体系化工作。

分众结合波司登品牌战略，为我们量身定制品牌焕新规划，借助分众传媒在26~45岁主流人群中的强大附着力，我们逐年增加覆盖人群，实现覆盖目标受众2.5亿人，有效锁定活跃核心商圈、高档写字楼和高级公寓等，这些都是主流消费人群。在传播内容上，我们始终做到聚焦，让顾客选择我们的理由清晰明确，并且持续一致。以直观的内容、多人次的传播、多方位的覆盖，霸屏全国100个主力城市的电梯广告，将波司登羽绒服的品牌价值与匠心品质传递给主流消费人群。波司登百度指数大幅提升225%，对市场业绩的提升具有重大意义。通过分众的精准传播，结合波司登的产品全面组合发力，在一线和新一线城市，波司登成功走进年青一代的心智。

二是精确诊流，引爆品牌高位流量。

分众传媒是数字化传播转型的领先者。在全链路精准化发布方面，能够做到以品牌撬动协同。分众的消费者数据分析帮助品牌精确诊流，攻克消费者心智壁垒。比如，分众根据楼盘均价、写字楼租金等信息，快速锁定高端住宅和中高收入人群，为品牌在当地的核心门店圈定周边3公里辐射范围内的楼盘，进行精准触达。利用大数据技术，通过全路分析，选出羽绒服品类、波司登品牌等高端领域的消费人群，对这些进行分析，包括指数排齐，最终筛选出最佳投放目标、需求及赛道、用户及流量。

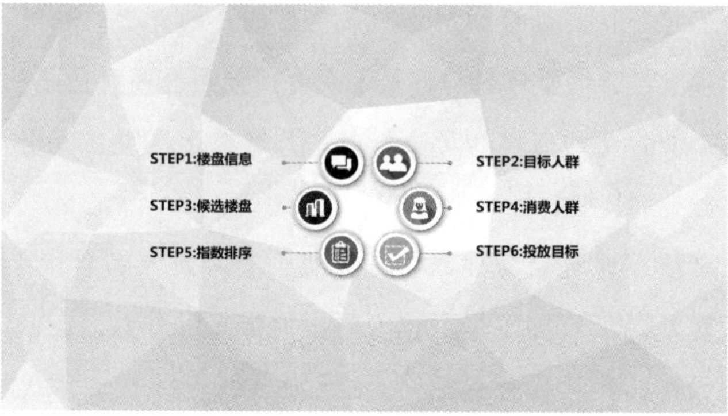

分众的数据分析

分众的用户分析为品牌的产品开发，甚至渠道布局、形象升级等提供了有力的数据支撑和方向指引，为品牌自营提质、增效，使波司登与时代主流消费人群建立起更有深度、更温暖的情感联系。

三是叠加共振，选配黄金“组合拳”。

在新信息时代，私域流量、粉丝经济、社交广告等新概念、新玩法层出不穷，众多品牌向内转化转移，媒体的触达率是最有效的。特别是一、二线城市，具有极强的聚焦力和引爆力，是品牌传播的最佳选择。波司登在全国投下主力媒介，首选分众，依靠电梯广告形成投放量的优势，集中力量，打下一、二线城市主力市场；同时加强央视等主流媒体的背书，入选强国品牌工程，积极参与中国品牌日活动，借势高端品牌，提高品牌传播的叠加覆盖，不但提升品牌势能，在主流媒体高频叠加共振的前提下，实施自我话题公关，有效衔接，联动传播，事半功倍。波司登三年转型升级的阶段性成果，充分证明品牌力是消除流量焦虑的关键。

今天随着90后、00后Z世代消费群体的崛起，中国品牌迎来了新国货崛起的黄金时代。紧跟时代发展趋势，为消费者创造价值，服务人民美好生活，这是企业发展的必然选择。我们将时刻牢记习总书记“三个转变”的重要指示精神，坚定品牌自信，坚持品牌引领，提升品牌形象，丰富品牌内涵，全力打赢品牌升级和高质量发展的攻坚战。真正在全球市场叫响世界羽绒服，中国波司登，创新无限，拥抱创新；发展无限，拥抱品牌；未来无限，迎接未来。

/ 案例 /

波司登：流量时代，波司登不焦虑

朱金丹[①]/ 文

同样身处流量时代，波司登感受到的不是焦虑。相反，我们对未来感到乐观、充满信心。相比追逐层出不穷的新概念、新玩法，我们相信，无论环境如何变化，当拥有一流的产品、一流的品牌时，当越来越多消费者购买羽绒服的首选是波司登时，波司登就没有什么好焦虑的，更不用提所谓的流量焦虑了。

最近这3年，波司登发生了巨大的变化，我作为品牌负责人，参与并见证了波司登的再次崛起，这个过程也令我在品牌传播方面有了很多成长和收获。

高德康董事长曾对我说，波司登这些年在品牌打造上取得了一些成绩，要勤总结、多复盘，不要把这些经验藏着掖着，要多拿出来分享，除了做好波司登品牌，应该想办法帮更多国牌在崛起过程中少走弯路。

波司登和很多成功的中国品牌有所不同，从低谷重新崛起非常困难。回看2018年波司登遇到的问题，虽然羽绒服产品质量是行业领先水平，但是外界对波司登的品牌认知却与之不符。在这个背景下，2018年，高德康董事长确立了全球热销的羽绒服专家战略方向以及激活品牌的战略方针。在品牌传播方面，我们希

---

① 朱金丹，波司登 CMO。

望扭转波司登在一、二线城市主流人群的市场表现，实现波司登品牌的崛起。这几年复盘下来，波司登的品牌力正在稳步提升，我们对品牌传播所取得的成果还是满意的。

这里，我想和大家着重分享其中行业普遍适用的一些经验。

经验一：公关与硬广要打好配合

过去在做品牌传播的时候，第三方公司会提报各种话题公关方案，这些方案确实都很有创意。可问题是，做完这些公关，是否能够有效影响我们的目标消费者？动辄数以亿计的曝光和百万、千万级的阅读数据背后，意味着什么？

事实上，各行业每天都有数不清的品牌在做话题公关，真正能对外界产生影响、让消费者关注到的只是凤毛麟角。想要做出好看的数据很容易，但想真正产生影响不容易。

2018 年的波司登，品牌热度不高，面对天花乱坠的话题公关方案，我们认为要拿到成果，挑战很大。因此，我们做了两个调整：一是在启动话题公关的前几个月就开始加强在分众传媒和强势媒体硬广投放，提升消费者对波司登品牌的关注度；二是在话题公关节点，除了门店信息调整，还同步配备了不少线上、线下的硬广资源，内容上也基于公关主题进行匹配，强化顾客接触品牌信息的频次。从后续消费者调研的反馈来看，话题公关触达的情况比过往有质的提升。

经验二：内容上，要持续给顾客选择的理由

对现在的波司登而言，必须通过品牌传播提升品牌热度，给到消费者选择波司登而不是其他品牌的理由——更专业、时尚。

同时有别于销售话术，这个理由是品牌层面的，兼具内容上的美感。所以大家会看到，我们的广告语和公关主题都会清晰传递这些信息。

这是我们这三年来一直对外传播的广告语：

为了寒风中的你
波司登努力 45 年
波司登羽绒服
畅销全球 72 国
赢得超两亿人次选择

公关主题创意是一个难点，我们希望创意有话题、有热度，但再有趣好玩的创意，如果无法有效结合我们想传递的选择理由，这种创意在我们看来都是无效的。以 2018 年为例，我们通过亮相纽约时装周、推出三大设计师联名款、荣获 Outside 2019 年度户外装备大奖，加深了很多消费者对波司登时尚、品质的感知。

波司登在分众投放的广告

经验三："分众电梯媒体引爆 + 强势媒体"依然是最佳拍档

确定广告语不容易，投好广告更不容易。

我们内部思考硬广主要会从三个要素看：媒介受众、接收状态、触达频次。

在媒介受众方面，不同的硬广媒介有不同的受众群体，比如机场广告，主要覆盖商旅人群。

在接收状态方面，不同的硬广媒介其受众接收状态受到个人当前状态、周边其他信息的影响，尤其是其他广告产生的虹吸效应。比如，当我们广告的信息密度落后时，顾客在这个媒介更容易记住的是其他品牌的信息，我们投放的广告会被虹吸掉。

在触达频次方面，要考虑单一硬广媒介以及媒介组合对消费者的重复触达能力。

我们希望单个消费者能够有效多次接收到我们的品牌广告信息。从记忆的角度看，信息越精炼越好，受干扰越低越好，重复次数越多越好。原则上，单一媒介要形成投放量的领先优势，使受干扰、虹吸的影响尽可能降低。

基于上述考虑，我们这几年的硬广主力重点选择了当下最具引爆力的中心化媒体——分众电梯媒体。

分众电梯广告对一、二线城市的覆盖率很高，这是波司登薄弱但亟待打开的市场；在接收状态方面，电梯的封闭性能够降低干扰，提高单次触达的有效性；在触达频次方面，电梯广告一天实现对同一住宅、写字楼消费者 4 ~ 6 次的高频触达。所以总体来看，这几点优势是其他硬广媒体不具备的。

在机场，我们也做了一些补充投放，叠加一、二线城市的分众电梯广告，加强对商旅人群的重复触达。此外，机场大幅平面广告也有助于补充波司登的品牌势能。

为了评估硬广投放效果，我们每年都会对顾客认知、广告触达情况进行详细的调研，分众电梯媒体的触达率在这三年的调研结果中都是所有媒体中最高的。随着品牌传播的不断深入，波司登在一、二线城市的市场表现得到显著提升，这和我们当初选择分众合作想达成的目标基本也是一致的。

回想2018年，在还无法像现在一样明确知道硬广组合的效果之前，我们能如此笃定地推进这个硬广组合的原因，是对硬广媒介有了底层思考，有自己的判断标准，而不是对市面上其他品牌的跟风模仿。

至于互联网广告，我们更多是配合主题公关投放，而效果广告主要是为电商渠道引流，基本是归属到渠道费用的。值得一提的是，随着波司登品牌力的提升，线上旗舰店对流量广告的依赖大幅下降，流量广告的ROI也提升巨大，品牌力无疑是消除流量焦虑的关键。

最后，还想提一下对“跟风”“模仿”的看法。

一是对互联网新概念、新玩法的跟风。对于波司登这套传播策略，我们在内部复盘交流时，会笑称我们是“保守派”，因为没有那么多互联网时兴的玩法。在我看来，方法新不新不重要，有效才是最重要的，品牌传播要回归本质，就是对目标群体的有效沟通，我们每年也会基于这个标准，不断检视策略的有效性。

二是对成功企业传播方式的照搬式模仿。照搬式模仿往往会得到失败的结果，因为即使是低效甚至是无效的方式，对于品牌力强的成功企业而言，做之后也会看起来有效，它们天然容易受到消费者的关注和追捧。但是对于品牌力还不足的企业而言，传播成功的条件要苛刻许多。

避免盲目“跟风”“模仿”的最好方法，就是实事求是、深度思考。在波司登的经验中，具体做法并没有那么重要，我认为这些做法背后的思考更有价值，做法只是思考的示意而已。中国品牌能基于自身情况独立思考，才是最重要的。

希望这篇分享对崛起路上的中国品牌在传播方面有所启发，共同推动“中国品牌”从国人自豪到走向全球。

第三章

新时期品牌崛起之道

不懂营销的三级火箭，新品牌迈不过十亿元门槛

郑光涛[①]/ 文

互联网时代消费决策模式发生了深刻改变，你很难判断消费者的订单到底是哪个传播方式促成的。

这就是互联网时代的消费决策模式：订单生成在电商或超市里，但是你不知道这一单的功劳由朋友圈、电梯广告、现有顾客等传播方式分别贡献了几成。单一的企业传播或互相割裂的传播组合难以应对复杂的消费环境，你的品牌信息很容易石沉大海。品效合一的理念虽然像馅饼一样诱人，但是却放在陷阱里，你不能指望押中某种单一传播方式就实现品效合一。

与其计算每天吃的食物有多少蛋白质，不如根据食物的各种营养成分，合理搭配种类。整合营销传播变得更加重要。整合营销传播的重点不是赌中 ROI 最高的传播方式，而是针对各种传播方式

① 郑光涛，知名咨询公司企业战略顾问，公众号“郑光涛 Grant”主理人，专注研究企业系统性增长和新经济产业。

的优缺点进行科学组合。比如，近年企业界逐渐产生了“两微一抖一分众”的营销趋势。

从传统时代到互联网时代，品效协同的整合营销传播正在形成三级火箭营销模式。

第一级：基于渠道力量的流量收单——企业通过各种销售渠道和互联网广告促成交易行为。

第二级：基于社会力量的社交造势——企业通过社交媒体和第三方人员在社会网络中传递品牌信息。

第三级：基于企业力量的品牌共鸣——企业通过品牌广告向消费者表达品牌价值主张和承诺。

三种模式发展至今，逐渐形成了三足鼎立的格局。企业随之陷入品效难两全的“人格分裂”。其实，三级火箭本质上解决了不同层面的问题，并没有对立。

流量收单本质上是建立广泛的销售渠道，无论是线上线下的渠道，还是效果广告，都要力求产品销售的覆盖面积，让消费者触手可及，形成快行动。

社交造势本质上是营造消费者接收信息的环境，社交媒体承载的内容相当于消费者认知的延伸，让消费者更详细地了解产品信息，形成慢思维。

品牌共鸣本质上是传递品牌价值承诺，促使品牌价值承诺变成消费决策依据，消费者凭借直觉记忆，迅速做出品牌判断，形成快思维。

品牌成立初期，要建立交易基础设施，可采用流量收单模式，要引发顾客详细地思考判断，可采用社交造势模式，但是要走向成熟期，成为消费者心目中“想当然”的品牌，就必须通过品牌共鸣形成直觉一般的快思维。

本文将分级介绍三级火箭营销模式，回答以下两个关键问题：三种传播方式分别有什么优缺点？三种传播方式如何优势互补？

第一级 基于渠道力量的流量收单

企业成立初期，最短缺的就是资金，任何营销工作都要首先考虑盈利性，所以企业把产品推向市场的第一步基本都是铺设销售渠道，让传播指向销售目标。

所以，企业传播的第一级火箭往往依靠销售渠道，销售渠道就是重要的传播媒介，缩短消费者从认知到购买的距离，力求每一个客流量都会产生利润，即流量收单。

在第一级火箭阶段成功的企业，通常要借助新渠道的崛起。这个规律无论在传统渠道时代，还是在互联网电商时代从未改变。

从 1990 年到 2010 年，家电渠道的重心或者说核心流量平台，经历了百货商场、经销商、连锁零售的演变。其中苏宁和国美顺势崛起，成为家电市场的流量霸主。

当年，家电连锁渠道的销售占比一度高达 8 成，家电行业利润逐渐向连锁渠道倾斜。而善于经营渠道、捕捉新流量的格力、美的、海尔成为家电品牌的典范。

到了互联网时代，快消品牌从 0 到 1 的成功也遵循着渠道即传播的规律和流量收单模式。

互联网广告虽然属于传播媒介，但是更接近销售渠道的性质，所见即所得。互联网广告相当于线下渠道门前的广告牌，你在任何 App 或网页中看到广告，都可以直接进店消费。所以互联网广告更追求销售效果，而非品牌效应。

三只松鼠、韩都衣舍、御泥坊都是借助流量收单的第一级火箭，随着电商渠道红利而崛起的。

很多企业分配营销预算时，把品牌广告和效果广告对立起来。其实效果广告与电商渠道连为一体，并且强调销售效果，更应该归于渠道销售费用，而非品牌传播费用。

众所周知的互联网营销公式“收入 = 流量 × 转化率 × 客单价”，不算是互联网思维，而是销售渠道思维，“流量”一词早在没有互联网的线下渠道时代就产生了。

这个公式是企业评估渠道获利能力的思考框架：流量反映顾客数量，转化率反映推销能力，客单价反映顾客购买力。企业利用这个公式可以定量而简明地判断一个销售渠道是否值得经营，但是无法指导非销售目的的传播，更难以产生品牌效应。

因为传播的目的不只是直接促成销售，还要强化消费者对品牌的认知并解除心理阻碍。如果你不解决消费者对品牌的认知和心理阻碍，即便是免费的商品，消费者也会嫌贵。因为消费者还要额外承担这件商品的运输成本、存储成本、学习成本、身份形象和安全风险等。

“现代管理学之父”彼得·德鲁克说“营销的目的是让销售变得多余”，更确切地讲，传播层面的营销是为了降低产品销售在消费者心智中的阻力。

流量收单谋求消费者即时购买，但是让消费者购买是一回事，让消费者主动购买是另一回事。某次消费行为可能仅仅是由渠道的便利性或优惠条件产生的，而不是出于对品牌的认可，难以形成长期消费动机。

传统时代，采用流量收单模式的企业，往往面临品牌与渠道之间的博弈。消费者想要购买格力空调，但是店里只有美的空调，如果消费者愿意接受美的空调，这就是渠道强于品牌的逻辑，如果消费者宁愿跑去其他店铺买格力空调，这就是品牌强于渠道的逻辑。

互联网时代，企业的流量焦虑本质上是品牌和互联网渠道之间的博弈，即订单来源于互联网渠道的推动，还是品牌力量的吸引。这与传统时代的渠道焦虑如出一辙，只是衍生出更高级的说法，比如品效合一、私域流量等。

传统时代，品牌为了提高市场话语权，通常采用渠道垄断策略，让消费者在每家店看到的都是自己的品牌。据说娃哈哈当年是新疆农村地区唯一能见到的饮料品牌。

互联网出现后，善于渠道垄断的企业，再难编织出密不透风的渠道网络，新企业就像漏网之鱼一样随着新渠道的兴起而涌现。渠道流量体系对企业更加扁平、均衡。

基于渠道力量的流量收单，企业可以高效触达顾客，促进销售转化，但是也面临品牌认知模糊、缺乏主动消费动机的问题。这就需要第二级、第三级火箭的推动力。

第二级　基于社会力量的社交造势

企业要想实现指数级增长，必然离不开社会力量的传播。这时就要让社会中的决策者、购买者、体验者、传播者相互影响，形成连锁效应，一传十、十传百……互联网领域称之为社交裂变，安利等直销公司称之为市场倍增学。

社会力量的传播，因为有第三方观点的介入，会增加品牌信息的可信性，而且社会关系网络可以营造出信息和情绪交织的消费环境，形成品牌传播的势能，即社交造势。格拉德威尔在《引爆点》一书中称之为环境威力法则。

社交造势在移动互联网时代取得了飞跃式发展。从微博、微信、知乎到小红书、抖音、快手，形成了工业级标准的传播方法。每一次社交平台的创新和迭代，都会产生社交流量红利。

根据 AdMaster 的统计，小红书从 2018 年 1 月到 11 月，电商评论中相关声量提升约 719%。完美日记、花西子等新国货品牌如过江之鲫，乘势崛起。

社交造势除了要选中合适的社交平台，还要拥有合适的传播来源。

社交造势也存在与生俱来的问题。面对繁杂的信息环境，社交媒体对品牌价值的传播缺乏焦点，消费者难以形成鲜明的价值认知和记忆，因而不能产生快速决策。这限制了品牌爆发式增长的能力。

此外，对社交媒体的传播环境缺乏掌控，品牌信息容易陷入无效甚至失真的境地。

大多数网红品牌都死于这种境地：该品牌在社会中广为流传，但是消费者却不知道该品牌到底有什么独特价值。黄太吉、雕爷牛腩、泡面英雄、赵小姐不等位等当年红遍互联网的品牌，无不遭此厄运。

品牌传播是否有效，单看曝光量、知名度是不够的，还要看消费者是否记住了有价值的品牌信息。让消费者记住是一回事，让消费者因为正确的理由记住是另一回事。

每年 Interbrand、BrandZ 等品牌研究机构会发布品牌价值榜单，其品牌价值的计算有着丰富的维度，而知名度仅仅是其中最基础的维度。你应该抛开知名度的浅层标准，研究消费者如何看待你的品牌价值。只有当消费者对品牌价值的认知与你的品牌价值主张一致时，你的品牌定位才是有效的。

基于社会力量的社交造势，企业可以将品牌信息快速渗透到社会关系网络中，但是也面临品牌信息过于分散、缺乏有效认知的问题。这就需要第三级火箭的推动力。

第三级　基于企业力量的品牌共鸣

“现代营销学之父”菲利普·科特勒将营销定义为企业理解、创造、沟通和交付顾客价值的过程。沟通顾客价值就是品牌传播的任务。品牌价值主张反映了品牌的内核，是消费者选择你而不选择别人的理由。

基于企业力量的传播，就要站在企业的立场，旗帜鲜明地表达品牌价值主张。你承诺的品牌价值得到兑现，就会赢得消费者的认可，形成长期的消费关系，即品牌共鸣。

营销人员喜欢谈论软文、软广，但很多时候，软文、软广恰恰是低效的，因为它缺少清晰明确的品牌价值主张。

含而不露甚至妙趣横生的软文、软广自然是“润物细无声”，令消费者喜闻乐见，但结果也往往是“水过地皮湿”，没有为消费者留下有价值的认知。

品牌广告虽然带有令消费者抵触的商业意图，但也承担着品牌价值承诺的作用。在央视、分众、机场等媒体投放品牌广告，本身就是在用资金成本来表达品牌价值承诺。没有实力兑现承诺的品牌，无法与消费者产生共鸣，广告费用就会浪费。

品牌共鸣在一定程度上简化了消费者决策过程。消费者虽然不喜欢看广告，但是却需要广告信息来评估各种品牌。如果世界上所有广告都在今晚消失，那么明天我们每次消费都会需要大量时间来阅读产品说明书，或者倾听导购员的推荐。

品牌广告潜移默化地塑造快思维，不知不觉中影响消费者做出决策。

在电视媒体时代，宝洁公司为中国品牌树立了典范，要柔顺选飘柔，要去屑选海飞丝，要滋养选沙宣……

发展至今，品牌共鸣的传播方式扩展到更广泛的生活空间媒体。

2019 年 2 月，妙可蓝多奶酪棒抢滩一、二线城市分众电梯广告，以深入人心的儿歌《两只老虎》为基础，将其改编成广告片，赢得众多小朋友及其家长的关注和喜爱。

妙可蓝多借助三个月品牌广告的饱和攻击，在“6 · 18”促销季首次超越安佳、百吉福等知名品牌，夺得京东、天猫奶酪类目双冠王。2019 年，妙可蓝多实现营业收入 17.44 亿元，同比增长 42.32%，净利润同比增长 80.72%。

品牌共鸣是品牌从创业期走向成熟期的标志。互联网上风生水起的花西子、薇诺娜、完美日记等新国货品牌，纷纷布局品牌广告，渗透到消费者日常生活的各种场景。这是品牌进行市场破圈、由小到大的必经之路。

基于企业力量的品牌共鸣，企业可以澄清和统一消费者对品牌的认知，促进长期的消费关系。但是这种模式往往需要借助高门槛的传播媒介来体现价值承诺的庄重、可信。

同时，这种传播方式存在阈值效应，传播初期对消费认知和行为影响不够明显，需要一段时间的反复触达，才能产生长期稳定的效果。这就需要第一级、第二级火箭的推动力。

品效协同的三级火箭

随着发展进程，企业要不断升级营销能力，把外部动力切换为内部动力。三级火箭营销模式，一方面反映了近 20 年营销环境的变迁，另一方面预示了未来企业从 0 到 1 再到 100 所需要的系统性营销能力。

第一级：基于渠道力量的流量收单，强调渠道即时的销售转化，相对忽略消费者认知与品牌价值的契合度。

第二级：基于社会力量的社交造势，强调借助第三方营造消费信息环境，相对忽略品牌核心信息的传达。

第三级：基于企业力量的品牌共鸣，强调通过品牌价值承诺增加消费者信任和喜爱，并简化决策，相对忽略短期销售效果。

正如硬币的两面，任何优势都会伴随着固有的劣势，你不能苛求享受优势的同时摒弃劣势。但是你可以利用多种方法实现优势互补，不断升级增长所需的动力。

2021 年，随着三级火箭营销模式的发展，新消费企业势必迎来新的行业格局。

数字时代，品牌把握链路营销的不二法门

郑光涛 / 文

随着移动互联网的发展，品牌营销逐渐迈进链路时代。营销链路的思想最早可追溯到 1898 年，美国广告学家 E.S. 刘易斯提出消费者行为模式 AIDMA 模型：attention（注意）、interest（兴趣）、desire（欲望）、memory（记忆）、action（行动）。它描述了消费者购买商品的整个心理和行为过程。

但是在互联网环境下，AIDMA 模型难以精准地解释消费者的行为路径。2005 年，电通广告公司基于互联网传播环境提出 AISAS 模型：attention（注意）、interest（兴趣）、search（搜索）、action（行动）、share（分享）。

链路营销的概念既然由来已久，那为什么直到近年才真正得到品牌商和广告商的广泛应用呢？

其实，这是营销技术和品牌需求的双重结果。

链路营销为什么会火

2019年，营销环境越发严峻，互联网渠道获客成本越来越高，行业变化越来越频繁。这意味着企业对存量的竞争开始日趋激烈，企业不得不跳出原有的流量经营思维，开始思考如何精细化营销。

随着中国疫情的稳定，2020年中国成为全球唯一实现正增长的经济体，中国广告主对2021年国内经济充满乐观情绪，近五成广告主将在2021年加大预算投入。同时，受到生存压力的影响，后链路营销备受重视，超过七成的广告主表示要增加面向消费者的直接转化营销费用。

这点呼应了企业对于品效合一的心声。但是本质上品效合一是不现实的。品牌侧重于前链路，影响消费者的认知，让消费者对品牌产生理解、信任和喜爱；而效果侧重于后链路，影响消费者的购买，让消费者快速完成点击、咨询到下单购买的过程。前链路和后链路的营销特点存在错位问题。

但是前后链路正在从割裂转向融合，让品牌的营销决策更加科学，让营销投资更加有效。总的来说，这带来了三方面的好处。

第一，优化营销链路的重心；

第二，前后链路一体化营销；

第三，前后链路营销效果融合。

优化营销链路的重心

传统的营销方式追求曝光和转化，曝光代表品牌效果，转化代表销售效果，这种粗糙的维度缺乏精细化的营销洞察。营销链路的出现把这种维度划分为更细的颗粒度，可以更加精准地诊断品牌营销现状。

“现代营销学之父”菲利普·科特勒在《营销革命 4.0》中提出了用户营销路径 5A 模型——认知（aware）、吸引（appeal）、询问（ask）、行动（act）和拥护（advocate），可帮助品牌全链路、分场景追踪营销效果，进行针对性提升与优化。

消费者在接触品牌的过程中会沿着 5A 路径推进，但是 5A 阶段并不是直线进行，消费者可能会跳过某些阶段。比如，消费者在一开始没有被某品牌吸引，但因为朋友推荐就直接购买使用。

由于 5A 各环节在不同品类和品牌的营销中占据的重要地位不同，因此在品牌营销时需要明确营销的重点，精细化地制定营销策略。根据品类差异，品牌的链路营销可以分为四种。

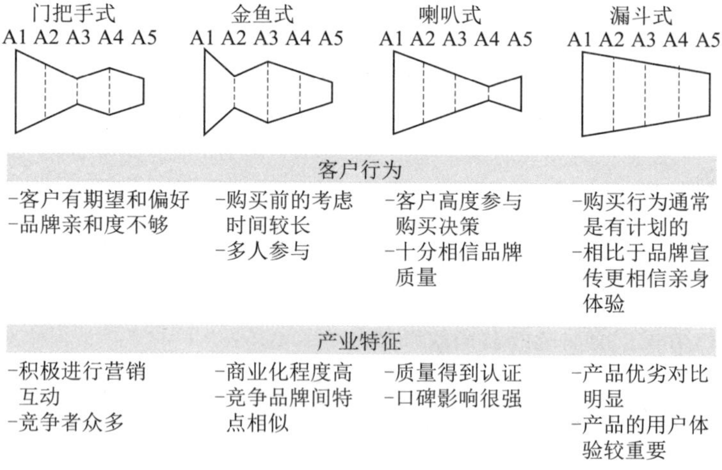

品牌链路营销的四种形式

链路营销一：门把手式——普通快消品

有些普通快消品，比如卫生纸、纯净水等，本身属于产品差异化很弱、熟悉度高、高频消费的品类。消费者不会花费时间调查并比较不同品牌的差异，况且由于价格很低，也不存在安全风险，通常是基于品牌的熟悉程度和获得的便利程度产生购买行为。这样的品类营销链路的重心不是吸引、询问和拥护，而是认知和购买。

比如东鹏饮料在上市后的关键时期，大力布局分众梯媒，借分众超强的品牌引爆能力和 4 亿主流人群的覆盖能力，为品牌声誉和扩大市场份额提供强大的动力，同时股价也在一路高歌猛进。

因此，门把手式——普通快消品这类品牌在链路营销时应该重点关注品牌认知型媒体和销售效果型媒体，而不是社交种草型媒体。品牌认知型媒体可以建立品牌认知，增加消费者的熟悉感，让消费者在做决策时能够凭借第一印象不假思索地快速购买，形成习惯。销售效果型媒体可以高密度覆盖顾客人群，提供购买的便利性，快速收割订单。

链路营销二：金鱼式——企业产品、工业品

企业产品和工业品通常属于大额支出品类，采购决策的链条较长，其客户的决策以理性为主，比如企业软件、制造设备等。这时客户需要大量的品牌信息作为参考，甚至会参考其他人的口碑建议。这样的品类链路营销需要强化认知和询问环节，相对弱化吸引、购买和拥护环节。

比如天眼企服除了霸屏电梯广告，强化“查公司，查老板，查关系”的独特认知外，还在大力布局各类搜索广告，渗透在各类网络信息中。

因此，金鱼式——企业产品、工业品这类品牌在链路营销时应该重点关注品牌认知型媒体和信息搜索型媒体。品牌认知型媒体可以建立认知的突破口，把品牌核心优势传达给客户，然后通过信息搜索型媒体布局大量的知识信息，让客户能够有充足的理由购买你的品牌。

链路营销三：喇叭式——名贵消费品

名贵消费品包括奢侈品、中高档汽车等价格较高的消费品。这类消费品对用户来说精神价值占据非常重要的位置，品牌表达的内涵成为消费决策的核心依据。因为这样的品牌具备强大的吸引力，所以即使在不购买和使用的时候，消费者也会向往和推荐该品牌。换句话说，这类品牌的拥护者的数量比实际的购买者要多。毕竟喜欢法拉利的人多，买得起的人少。这样的品类链路营销要建立强大的认知和吸引力，并且着力俘获大量的公众级粉丝，引发口碑推荐。

比如小鹏等智能汽车通常会通过户外大屏广告牌来展示汽车的高档、非凡的气势，通过央视、分众梯媒等动态视频广告突出优越的性能和驾驶体验。

因此，喇叭式——名贵消费品这样的品牌在链路营销时应该重点关注品牌认知型媒体，谨慎使用销售效果型媒体以及各种促销活动。品牌认知型媒体可以塑造高端、积极的形象，维持较高的价格，同时在渠道的销售和服务环节保持顺畅、周到，不要刻意追求销售效果。

链路营销四：漏斗式——计划性产品、耐用品、服务

这类产品的营销链路与传统的销售漏斗类似，其中大多数购买行为都是有计划的，通常出现在耐用品和服务行业中，比如汽油、电池等。这也是唯一一种需要客户走遍5A链路中每一步的模式。客户会咨询自己感兴趣的品牌，如果得来的信息让他们满意，他们就会下单。并且，他们只有在亲身使用了之后才会拥护该品牌产品。

这样的品类需要全方位优化营销链路，保持各链路环节的顺利推进。因此，漏斗式——计划性产品、耐用品、服务这类品牌必须能够协调好广告（了解和吸引）、网站和客服（询问）、销售渠道（行动）和售后服务（拥护）等多种触点。

前后链路一体化营销

互联网时代的营销基本都是内容导向的。从这个角度来看，前链路包括转发、点赞、评论、参与等，这些属于内容互动行为，比如你对飘柔《18岁的高考纪实》广告片感兴趣，于是在微博、朋友圈转发互动。而后链路包括加粉、直购、到店、注册等，这些更贴近商品交易行为。比如李佳琦直播推荐了一款口红，不仅实现了销售转化，还吸引很多粉丝关注其天猫旗舰店。

在过去的链路营销中，前后链路经历较长，是一场长距离的竞速赛跑。如何缩短时间、缩短链接，与消费者开展更直接有效的触达更为重要。

但在如今的营销环境中，公域流量到私域流量、品牌媒体到

销售渠道，逐渐形成了联合化、一体化的趋势。企业利用碎片化传播方式，IP 合作、内容种草、线上线下渠道活动逐渐打通全营销链路，而且在内容与场景上产生了更为紧密的连通。

企业在考虑营销链路时需要在各个环节上布局，协调各种资源参与作战。这是与传统时代营销模式的显著差异。

比如在十几年前，蒙牛酸酸乳冠名《超级女生》，除冠名费用 1400 万元，还需要花费巨额资金支持其他营销活动，比如户外广告、电视广告、产品包装、卖场活动、新闻稿件等，但是前后链路是分开的，各环节之间还没有形成一体化的营销链路。

到了近年，蒙牛纯甄冠名《创造营》，除了全面布局电梯广告、电视广告和电商活动，还会把各个营销链路打通，形成前后链路一体化联动的效果。

纯甄小蛮腰举办了“撑腰活动”，学员粉丝可以购买纯甄小蛮腰为学员投票，一瓶纯甄小蛮腰可以投 4 票。粉丝可以根据《创造营》节目内的口播和画面，了解撑腰活动，然后打开微信小程序完成投票，如果缺票，就会直接跳转小程序商城购买纯甄小蛮腰，粉丝收到产品后可以扫码为学员投票。

这样前后链路从完全割裂走向了融合，品和效的距离更近了，营销上的协同效应更加显著。这是当前和未来营销的核心趋势。

前后链路营销效果融合

从前，我们认为互联网媒体距离销售端更近，可以实现品效合一，前链路到后链路的转化更高效。可是随着互联网媒体的流行，各种玩法的弊端逐渐显现。链路营销的媒体配置需要重新审视。

一是互联网媒体流量造假日渐严重。秒针系统推算2020年中国品牌广告市场因异常流量造成的损失约为305亿元人民币，较2019年、2018年持续上升。其中，社交平台异常流量占比超过5成，KOL平均无效粉丝占比高达60%。

二是互联网会员服务降低了流量营销效率。随着互联网会员用户的增多，而且会员人群相对高端，这些会员用户根本看不到贴片广告。据秒针系统推测，2020年网络视频行业会员付费市场规模达627亿元，年度增长率高达20%，而近两年可监测的数字广告流量呈现下降趋势。

三是互联网媒介碎片化，广告反感度提升，营销效果减弱。Quest Mobile数据显示网民移动端安装App数量持续增长，2019年平均23.6个，每台个人设备日均接触广告频次10次以上。在互联网环境下，消费者通过互联网平台和KOL了解品牌信息，需要记忆、分析的品牌信息几乎都外包、云包给其他人脑或电脑，反而不利于品牌深入人心。2011年《科学》(*Science*)杂志研究显示：假设人知道的信息或知识会存在电脑中，以后就更难记住这些信息。

在这种情况下，品牌商和广告商不得不探索更加高效的链路营销媒体形态。随着移动互联网的普及和物流网络的完善，购物的便利性越来越高。因此，品牌媒体端的劣势逐渐消失，优势更加显著。

过去消费者从看到品牌广告再到零售终端，存在时间和空间差距，品牌广告作为前链路很难推动到零售终端的后链路。但是现在消费者通过品牌广告形成品牌认知和偏好后，可以随时手机搜索购买。前后链路的营销效果逐渐融合。

根据秒针系统和分众传媒的合作研究成果，生活圈媒体依托背后的数据技术，可以实现广告营销的实时监测，媒体屏幕之间可以联动，并且实验对比发现，看过生活圈媒体比没看过生活圈媒体的消费者可以为品牌带来更多的销售转化，主动搜索率提高了3倍，成交率提高了约40%。

因此，越来越多的品牌开始转向电梯、电视等品牌媒体的营销方式。尤其在疫情后，电梯媒体又迎来了品牌爆发的契机。深入城市主流人群必经的公寓楼、写字楼空间，每天4~6次的饱和攻击，全国楼宇视频媒体95%的市场占有率，已经让分众成为引爆品牌必不可少的中心化媒介。近两年，新消费市场上崛起的品牌几乎都与分众有关。“两微一抖一分众”已经成为品牌从小到大必备的营销路径。

这一点也解释了为什么越来越多的企业甚至投资人愈发关注品牌媒体的价值。《2021中国数字营销趋势报告》显示，2021年品牌重要性的认同度更高，80%的营销高层管理者非常同意“数字化时代，品牌仍然非常重要”。

其实，数字化时代，品牌及品牌媒体的价值早就产生了鲜明的征兆。

益普索《2020年中国流行广告语盘点报告》显示，TOP10热门、高辨识、占据心智的广告语中，83%源于电梯媒体，47%源于电视广告，56%源于互联网。其中密切贴近消费者生活消费场景、曝光频次高、观看干扰度低的电梯媒体对品牌记忆效果更好。

此外，作为品牌营销风向标的金投赏，也显示着这样的规律。金投赏获奖企业具备更高的品牌价值，这些企业的长期股价增长优势明显优于其他一般的企业。

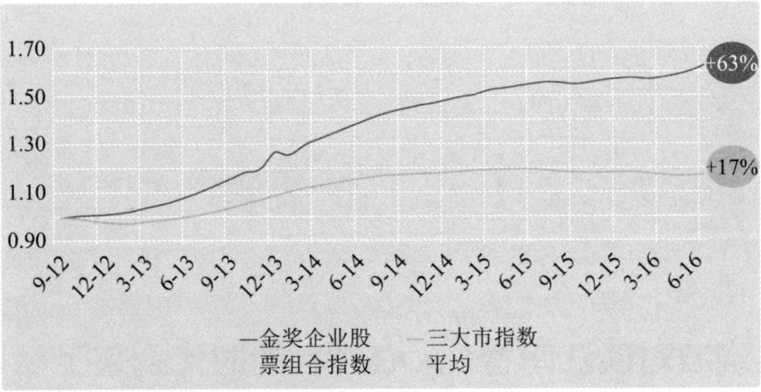

研究团队：明略科技集团研究团队，金投赏研究委员会，2020年10月；
研究对象：金投赏金奖企业154家上市公司；
研究方式：金奖上市企业长期组合股价增长趋势；
参照对象：三大市指数（上证、道琼斯、恒生）作为基准，构造参照企业的基准函数。

金投赏获奖企业和上市公司企业股价表现对比

资料来源：秒针系统

总结

数字时代，链路营销成为企业必备能力，是企业成功的不二法门。随着链路营销的技术和方法的成熟，未来会有更多的企业采用这些科学的增长工具和策略。优化营销链路的重心、前后链路一体化营销、前后链路营销效果融合，将为企业指出一条可借鉴、可复用的发展道路。

吴晓波对谈江南春：人心红利的时代到来了

吴晓波频道[①]/ 文

每天早上，你睁开眼睛，拿起手机，出门上班，进电梯，到公司跟同事、朋友聊天，再到晚上回到家里，看电视，打游戏，听付费知识课程。

在闭上眼睛入睡的那一刻，你知道这一天里，自己看到了多少个品牌吗？

答案是：至少有 500 个，甚至可以多到 2000 个。

你记住了几个呢？

这成百上千个品牌中的绝大部分都只能获得几十秒的关注时长，一般人根本记不住。

在这样一个碎片化、快节奏的时代，品牌打法应该有怎样的迭代？吴晓波对谈分众传媒创始人江南春，试图解开这个难题。

---

① 吴晓波频道是由吴晓波于 2014 年创办的泛财经知识服务平台，内容涵盖财经知识、产业观察、企业管理等，横跨多个媒体平台，全网超过 1500 万粉丝。核心用户为来自一二线城市的新中产用户。

01

吴晓波：你最近造了一个新名词叫“人心红利”，这个词是什么意思？

江南春：我觉得中国有两个红利消失了：人口红利消失了，但是人心红利亟待开发；流量红利消失了，精神红利亟待开发。

人们越来越愿意为能够打动人心的产品、为精神提供服务的品牌买单。今天，渠道端同质化，生产端过剩化，所以当消费者有很多选择的时候，一个品牌要成功，必须在消费者大脑中回答一个问题：消费者选择你而不选择别人的理由是什么？如果你没有形成指名购买，消费者可能会慢慢地把你遗忘和抛弃。

吴晓波：你提到有两种不同的广告，流量广告和品牌广告到底有什么不同？

江南春：我觉得流量广告和品牌广告解决的是两个完全不同的问题：流量广告的精准分发，解决你何时买、何价买，它的核心是带货；而品牌广告解决的是爱，为什么爱、有多爱。

流量广告和品牌广告是硬币的两个面。

没有爱的买是单次的，没有积累品牌认知和信任的销量是不持久的。比如你在直播上看到低价好玩的东西，可能会尝试一下，之后看到别家又推了一个，就再试试别家的。

流量和品牌分别解决短期和长期的问题：从短期角度来说，做流量广告能带来一定的销量；从长期角度来说，消费者是通过品牌信任来持续复购一个商品的。

吴晓波：你建议创业者先做流量广告还是先做品牌广告？

江南春：一个公司在非常小的时候，先做精准流量分发。

吴晓波：你建议创业者先做流量广告，但是又说今天消费者是为人心买单、为精神买单，这和你的建议会产生悖论。

江南春：不矛盾。

企业首先要看规模，处在规模比较小的创业时代，先要用精准流量找到一部分消费者来测试你的产品，跟原始用户不断地沟通。产品一开始不见得特别符合消费者需求，可以不断地倾听他们的声音，根据他们的反馈来完善产品。

在完善产品之后，你可以通过种草引来一批最初的粉丝，在网上积累了一定口碑之后，再破圈去做品牌，把网红品牌做成公众品牌。

这时冲出去做品牌知名度的扩散，大家看到品牌广告之后网上一搜好评如潮，就引爆了一轮比较大的流量，跃升了销售级别，就可以站上一个新的台阶。

吴晓波：一个品牌先去做流量种草，然后开始做品牌，这其实有个拐点。如果用量化来评估这个拐点，是什么？

江南春：如果你把营收做到2亿~5亿元这个区间，就可以考虑进行品牌广告的布局。如果没达到这个级别，企业的综合能力和经济能力可能还没有达到。当你的营收达到5亿~10亿元时，流量形成瓶颈，这时候需要走品牌路线，破圈成为一个公众品牌。

吴晓波：“流量+品牌”的打法，也就是我们说的“两微一抖一分众”，“两微一抖”的投放有ROI作为效果测评标准。电梯广告的考核标准是什么？线下流量如何量化？

江南春：其实量化的方法很完善了。首先是知名度研究，即投放前后的知名度变化；第二个是认知度研究，即用户是否理解了品牌信息；第三个是购买欲望的激发，即广告投放之后用户有没有购买的倾向和打算。

还有 AIPL 指数。A 是 awareness，指电梯广告投放后，在数据银行中可以看到有多少人看过你的广告；I 是 interest，指这些看过广告的人有没有产生兴趣，例如产生加关注或收藏的行为；P 是 purchase，指有没有最后发生购买；L 是 loyalty，指用户是否产生正面评价或复购行为。这个指数既可以量化品牌广告产生多少曝光、引发多少兴趣、促进多少购买、达成多少正面评价，同时也可以追踪广告未曝光人群，两者之间的转化率差异。

02

吴晓波：网红品牌从追求流量走向追求品牌的时候，会走很多弯路、面对很多挑战。从目前比较成功的品牌来讲，如果说它们的成功是做对了某件事，你觉得是哪件事情？

江南春：我觉得它们往往是开创了一个新的品类。比如说自嗨锅就是一个很清晰的品牌，开创了一个新的品类。认知清晰，杀进市场的醒目程度就很高。

吴晓波：抓住新的品类，在 2021 年的年终秀我也认为品类会优先于品牌。你的书里面也专门有一章说要把“品类机会变成品牌机会”。

江南春：对，开创品类之后，一定会迅速引来大批模仿者，你要抓住中间的时间窗口把这个品类封杀，让你的品牌就等于这个品类。果冻等于喜之郎、自热火锅等于自嗨锅。否则，蓝海很快就变成红海。

因为实现这些产品的技术壁垒很低，你只能赢得一个时间窗口。快消品可能只有 3~6 个月的时间窗口，在时间窗口你要采取饱和性的广告攻击，在消费者心中把品牌与品类画上等号。因为虽然技术是可以迭代的，但人的心智很难改变。所以要固化这种认知，把品牌等于品类。

吴晓波：固化消费者认知除了饱和攻击，还有什么特别需要注意的点？饱和投放其实更像一种战术，但品牌认知的建立其实是一个战略问题。

江南春：核心问题是要“力出一孔”。把品牌认知提炼成非常简单的词，让这个词就像钉子一样尖锐，然后用类似分众这样饱和攻击的榔头，用最快速度把它钉进消费者心智中。一定要固化这种认知，之后别的品牌再打类似的广告，就会形成虹吸效应。比如飞鹤说“更适合中国宝宝体质”，其他品牌再说“我也为中国宝宝而生，我强壮中国宝宝”，实际效果反而是在为飞鹤做嫁衣，打 1 元广告，飞鹤就吸走 5 角。

03

吴晓波：在现在这个特别碎片化的时代，一天要接触几百到上千个品牌，怎么让一个品牌占领消费者的认知？

江南春：这实际上是广告为什么能够被记住的一个原理。

第一是信息足够具有差异化，既要符合消费的常识也要有足够的锐度。

第二是重复。广告的本质是重复，消费的本质是遗忘。没有人要看广告，但当消费者反复看到，自然就进入了脑海中。人的大脑中有个屏障，绝大多数信息都没有能力、没有强度穿过这个屏障，你昨天看了 500 条信息，最后记得住的一定是刷屏的那条。只有你在一段时间当中反复观看，可能一天 5 次触达，这个信息才会真正被记住。

吴晓波：当一个新的品类诞生，消费者的认知已经被品类老大抢占，其他品牌想要挑战品类老大、建立新的认知，该怎么办？

江南春：开创品类特性的方法很多，其实都是旧元素之间不断地重组结合。有时候你走进一间屋子，好像位置都被占满了，其实归置之后还有很多空间。中国市场足够大，每一个细分品类都能做，所以我认为根本不用担心这个问题。

吴晓波：在这样的环境下，关于品牌建设，你有什么建议可以给到大家？

江南春：我觉得在这个过程当中，品牌建设一定要在消费者心中找到自己独特的位置。

以电商为例。如果你是行业的“老大”，就封杀品类，“上天猫，就购了”，别的地方不用去了。“老二”通常是找“老大”麻烦，“多快好省购物上京东”，给消费者提供一个独特的差异化的价值。“老三”做聚焦，专门做特卖的网站——唯品会。后来再想杀入市场，就开创新品类，“拼多多，拼得多省得多”。

品牌在不同位置上，都可以找到一个属于自己的独特打法。

找到自己的位置后，就要找到一句好的广告语。品牌定位是产品优势点、竞争对手差异点和消费者痛点的组合，叫作“三点合一”。

评价品牌广告正确与否，要看顾客认不认，销售用不用，对手恨不恨。

找不到写广告语的方法怎么办？

第一，逼“死”老板，让老板用一句话说出选择自己而不选择别人的理由；第二，寻找销冠，销冠之所以成为销冠，他一定说对了什么；第三，寻找忠诚顾客，他们向别人推荐你的时候，通常会怎么说呢？

吴晓波：那么这些独特打法跟分众传媒或者跟电梯广告的关系是什么呢？

江南春：我受一本书的影响很深，这本书叫《思考，快与慢》，它的作者丹尼尔·卡尼曼是唯一一个获得诺贝尔经济学奖的心理学家。他证明了“人的决策是理性的”这一假设不成立。他说人是被很多直觉和认知偏见所影响的。卡尼曼把人类的思考模式拆分成快思考和慢思考（系统 1 和系统 2），人类 99% 的时间是用系统 1 处理问题，所以当一个信号出现、没有带来不好结果的时候，用户会慢慢熟悉，从熟悉到安全，再到信任，最终到达喜欢。从卡尼曼的书中，我总结出要人们接受一个概念或者事物，大概只有一个方法——不断重复。分众做的事情就是帮助一个品牌找到具有竞争性的差异点，然后反复作用于消费者心智。

04

吴晓波：你觉得今天 90 后、80 后的消费者更喜欢哪一类广告？他们的审美跟 60 后、70 后比，你觉得有什么区别？

江南春：区别肯定有，新一代年轻人相对更在意颜值。你认为食品美味最重要，但年轻人还会要求它同时具有好看的或奇特的外表。体现在广告上，年轻人也更喜欢极致化表达，比如瘦身产品，他们的表达方法是要么瘦、要么“死”。

我们这个年代的人表达都是比较中庸的，而年轻人的表达就是极致化的、坦率的。

吴晓波：现在的人可能接触的信息量太大，生活节奏太快，所以他们更喜欢简单直接的表达。

江南春：我们原来追求女孩子就是写首诗歌，约她看个电影，而现在就是在微信里直接跟她说，我喜欢你。

吴晓波：在今天碎片化的时代，要做好一个公司的市场营销，跟十几年、二十年前相比有哪些能力需要迭代?

江南春：首先是不要受太多时髦观点的影响，掌握第一性原理，学习好品牌定位，要比花大量时间追逐这些时髦的概念有用太多了。

当然也有新的能力的提升。比如，我认为现在品牌营销讲"品效合一"是误导营销者。我认为应该叫品牌营销的"三合一"。

第一，要会写品牌广告：你是谁?有何差异?何以见得?

第二，要懂社交种草。现在社交种草的红利已经结束了，但是社交种草成了一个标配，因为用户看了品牌广告后还是会去网上搜索评价。今天，社交种草不是"在土地上种草"那么容易被发现，而是在草原上种草，所以要把品牌打造成一棵大树，这样你种的草才会被看见。

第三，要会流量收割，如精准流量分发、私域流量及用户裂变等。需要品牌广告、社交种草和流量收割"三合一"。

新品牌崛起背后的四大路线图

胡喆 / 文

如今，最热门的商业风口似乎叫“国潮兴起”。

从故宫口红到完美日记、花西子、喜茶、元气森林、波司登、飞鹤奶粉，一波波的国货消费热潮持续升温。

但这只是现象，不是本质。

有人讲国潮兴起是文化自信的象征，有人认为这是因为中国的供应链水准达到了世界级水平的自然溢出，有人认为这是巧妙营销和公众情绪“种草”、品牌引爆等精心操作的成功……

所有这些都没有说错，但如果回归到本质上来，国潮兴起后的每一个细分品类冠军，也就是每个被我们称为“新国货”的消费靶标，其实都代表着一个新的心智入口的形成和新的品牌势能的建立。

因此，我们总结了四类新国货崛起背后的路线图，并深度解析国潮品牌的打造过程与国潮品牌崛起的归因分析。

但大体的结论可以先透露——国潮崛起前，中国经济的总体特征是“供应链经济”，国潮崛起后进入“品牌力经济”时代，只有品牌崛起才能长期护航国潮崛起。

创造新品类认知并锁定赛道——元气森林

在“新国货”的崛起中，红利最大的一类，我们通常称之为“创造新的品类认知”的品牌。这类品牌最大的特点就是，通过锁定心智赛道，获取细分品类内新增的巨大红利。

元气森林其实主要干对了这样几件事。

第一，洞悉趋势并创造概念；

第二，多方面造势，直至引爆，包括社交网络种草、KOL 背书、社交裂变、媒体造势和线下广告轰炸；

第三，大规模复制成功，引入资本，同时建立多向、复杂、不依赖的渠道。

这三大维度并非仅仅是营销节奏，也必须伴随实际的现实支撑，进一步的分析让我们发现了三个更准确的聚焦点：

第一，洞悉趋势和创造概念必须站在新的产品力基础之上；

第二，多方面造势乃至引爆必须建立在创新的渠道触达和用户交互模式之上；

第三，资本入场的大规模复制必须建立在前期可观的增长数据之上。

这三个维度将成为我们研究所有案例的标准程式。但你会发现，并不是简单完成这三个任务就可以达阵，成功的创业者在不同的细分环节上都有各自的微创新，也是重要的关键。

元气森林创始人唐彬森于 1982 年出生，从小就是一个超级学霸。2001 年考上北京航空航天大学，读大二的时候，参加了“国际大学生程序设计竞赛”，一举获得金奖。

2014年，中文传媒以26.6亿元价格收购原计划独立IPO（首次公开募股）的智明星通。这一年，唐彬森仅有32岁，已经是十亿元级富豪。他并没有马上离开这家自己创立的企业，因为收购协议要求他3年内不得离职，不可以抛售全部股份。

但心气极高的唐彬森不愿意把自己绑在已有的成功上，他开始了投资人生涯。不过，在元气森林这家2016年成立的公司中，唐彬森是占股超过六成的绝对控股股东。这意味着这一次，他的身份不是投资人，而是创始人。

抓住消费趋势、创造新的概念是新消费品牌崛起的首要一步，因此很多文章都简单地把唐彬森和元气森林的成功归结于他准确地把握了年轻人对于无糖和健康概念的追求。

但如果仔细推敲，这个理由是不太站得住脚的。或者说，仅仅这个因素是不足以促成元气森林的成功的。

无糖饮料并不是元气森林的发明。2011年，农夫山泉就推出了无糖茶饮“东方树叶”，天喔茶庄推出“天喔金”系列三款无糖茶；2012年，康师傅推出了无糖茶饮料——本味茶庄。而在无糖碳酸饮料赛道上，可口可乐在20世纪就推出了健怡可乐。果味气泡水领域，老牌高端气泡水巴黎水（perrier）也有4~5种果味（但无甜味）气泡水可供选择。

所以，元气森林的成功绝不是因为它首创了某种具有产品力的细分品类。

但是，在产品力上，元气森林把自己优化到了“品类第一”的位置。

虽然无糖饮料并非元气森林首创，但它修补了前辈们的各种不足。

第一，更早推出的无糖茶饮可能更健康，但最大的问题是没有甜味，而根除了“甜味”的饮料如无糖茶饮、无糖巴黎水等注定其受众是一个极小的群体，它们更适合高度在意健康并愿意忍受口味损失的群体，这个群体太小，因而是元气森林所不取的，这也是元气森林即使推出茶饮也是有甜味的重要原因。

第二，传统的“两乐”的确有大量无糖碳酸饮料，但它们的“母体”，即可乐、芬达、雪碧等已经被打上“不健康”的烙印，而且这个烙印太深了。

从资源实力上说，元气森林与“两乐”相去太远，尚不具备发明新型甜味剂的能力，但这并不能阻止它在宣传上的单点突破——它宣称自己找到了赤藓糖醇——一种既能保证甜味口感，又能避免大量热量产生的蔗糖替代品。而且与无糖可乐添加的阿斯巴甜不同，赤藓糖醇没有“影响健康”等负面消息出现。而这一点，正是元气森林脱颖而出的关键之一。

在基本的产品形态确立后，唐彬森面临的就是如何把这种认识注入消费者的心智。在早期，他的做法是标准的“两微一抖一书”，“一书”即小红书。

热爱甜味和恐惧糖分这种极端矛盾的心态，在年轻人群体性形态中非常典型，而唐彬森正好抓住了两者间的平衡。

元气森林在小红书种草的技术达到了大师级的程度。举例来说，元气森林在小红书有一个 1.9 万点赞的内容，知名 IP“老爸测评”（粉丝有 408.5 万）做了一个关于“含糖和变胖”的内容测评，这两个关键词直接切中核心用户和核心痛点。

除了小红书，微博、快手、抖音等平台也都是元气森林的社区化营销重点，明星助阵也是常用的一招，前有费启鸣、王一博、邓伦、黄景瑜等明星点赞，后有黄晓明、成龙等明星打 call（表示赞同和支持），还有直播“一哥”李佳琦助攻带货，而最近的代言人就是“乘风破浪”的热门小姐姐张雨绮……

但如果仅仅如此，元气森林可能也不过是无数网红饮料中的比较好的一种，还会被接踵而至、“种草”手段更高、能够花更多钱请名气更大的明星助阵的品牌所取代。

所以，元气森林做得最对的一件事就是居安思危。在流量打法带来的关注大幅度提升之后，他做对了两件事情：第一，锁定赛道；第二，打造品牌势能。

锁定赛道是非常关键的一步：“现代营销学之父”菲利普·科特勒提出了 STP 理论，其核心就是——企业要进行市场细分（segmenting）和市场选择（targeting），然后通过旗帜鲜明的品牌定位（positioning）占据细分市场中的顾客心智。

对于元气森林来说，它锁定赛道的做法就是基本锁死“无糖”这个领域，绝不轻易踏出这个区间，维护“无糖老大”的定位，即使后期有少许支线品类少量含糖，但不是主打产品。

有营销研究者指出，STP 理论之所以强调市场细分，甚至把市场细分放到品牌定位的前面，是因为市场中的消费者是分散的，而广撒网式的市场拓展是低效的，所以成功者要聚焦一个关键细分市场。

他认为，10 个市场 1% 的渗透率不如 1 个市场 10% 的渗透率。

因为 1 个市场 10% 的消费者会引爆剩余 90% 的消费者，甚至引爆其他相关市场。

这显然和元气森林的打法先天暗合。不过，“锁定”仅仅是营销者的一厢情愿，因为会有无数品牌试图闯入这个心智区间。那么，如何锁定就成了关键中的关键。

元气森林的做法就是选择赛道后，快速进行“引爆”。

何为引爆？引爆的标准是什么？

标准的解释是，爆炸是由在有限空间内的极速燃烧引发的。

简言之，所谓品牌引爆，就是要聚焦一个关键细分市场，高密度覆盖并触达消费者，当市场渗透压力超过引爆临界点后，如果观察到品牌势能和销售出现了指数级增长，则认为是引爆成功。

相反，开放式的流量空间是无法达到引爆效应的，因为流量具有某种易失性，天生记忆短暂，无法形成心智冲击，无法在有限空间内极致燃烧。

在本文作者研究的众多新品牌建立的过程中，从流量打法到品牌打法，有一条类似于“秦岭—淮河”的自然分界线。这条分界线从广义上来说，就是从以海量网络公关、极致 KOL 种草的流量型打法，变成以电梯媒体为要素的线下媒体的品牌引爆式打法。

举一个例子，比如说分众，其特点是投入预算很大。然而，由于其稳定建立在 4 亿城市主流人群必经的生活空间——“办公室—公寓”的循环路径上，只要选择好合适的“心智之钉”（广告语），在不断“挥锤”（循环播放）的基础上，就能快速地建立有效触达，以心智冲击而言，其建立品牌势能和突破主流消费群体“血脑屏障”的效果较其他任何一种线下媒体都来得更稳定也更深入，所以成为我们品牌成长观察的“金标准”。

在这一点上，元气森林的操作堪称教科书式的，从不断在网络种草扩大人气，到密切和李佳琦等顶级直播带货主播合作，通过直播大规模收割销量，多次直播断货。

而当发现在线上种草增量到顶后，元气森林则立刻选择在线下大规模强势宣传，在消费者每天必经的公寓楼、写字楼等空间，4~6次高频反复播放品牌广告，以期在潜移默化中将品牌广告“强制”植入用户的脑海。这其中当然也有个前提,就是活跃于“公寓—写字楼”一线的群体主要是城市白领人群，这个高达4亿规模的群体与元气森林的消费群体高度重合。

必须强调一点的是，投放线下媒体看似是一种简单、标准化的操作，似乎只要掏钱下一单就可以做到，但并不是每个企业都能最大化地用好这种工具。能够驾驭这种工具者，在预算充裕外必须有两个特征——意志坚定且敢于投入。

这就必须联系到对创始人唐彬森的研究。在对历史的梳理中我们发现，早在当年操作游戏出海时，他就曾采取饱和攻击策略：“我们敢在创造20亿元收入时就掏出18亿元去做广告投放，在纽约、伦敦、莫斯科等中心城市做品牌露出，这种从高往低打而不是反过来的做法，让《列王的纷争》成为中国历史上最成功的出口游戏之一。”

这一原则同样应用在元气森林上。在实际销量还是可口可乐在中国销量的十几分之一的时候，元气森林在线下媒体投放上的维度和力度，以及消费者感知到的信息量都超过了可口可乐这一品牌。

经过线上的年轻玩法和线下电梯媒体的强势引爆，元气森林的品牌知名度迅速出圈，几乎已经成为一、二线城市年轻消费者人尽皆知的明星品牌。

以供应链为基础，提供差异化体验——完美日记和花西子

如果说元气森林的关键之战在于创造新品类并通过品牌势能

的积累不断固化赛道优势，而其本身的产品力是相当容易被模仿的，那么完美日记和花西子的崛起则更有参照意义，因为它们成功的前提之一是中国强大的产业链和供应链。

2019 年“6·18”电商节，天猫平台 110 个销售破亿元的品牌中，六成为国货品牌；589 个国产美妆护肤品牌成交额同比增长 100% 以上；2019 年双十一电商节，国产彩妆品牌完美日记占据彩妆榜单第一位，排在其后的则是美宝莲、雅诗兰黛、兰蔻等一线国际品牌。

在元气森林创立的 2016 年，黄锦峰创立完美日记，创始团队成员大部分是中山大学毕业的，孙中山先生号逸仙，所以完美日记的公司名叫逸仙电子商务。而其品牌名“完美日记”的官方寓意是 Unlimited Beauty，翻译为美不设限。

其实有些故事并没有粉饰后那么轰轰烈烈，比如“做中国的欧莱雅”之类的豪言壮志。实打实地说，黄锦峰最开始想的不过是从国外代理几个美妆品牌然后在国内代运营，后来发现彩妆有机会，就利用丰富的行业经验开始做 OEM（贴牌代工）。

2017 年，他在淘宝创建了一家名为“完美日记”的小店，产品上架后利用在御泥坊学习到的营销手段将它们推销了出去，先后花重金聘请了大牌明星张韶涵、人气流量小生朱正廷和“带货一哥”李佳琦为其站台，次年双十一便达成仅 90 分钟就突破 1 亿元销售额的惊人战绩。

和元气森林一样，完美日记在最初走的也是轻模式，采取 OEM、ODM（委托设计生产）模式。完美日记的三大代工厂为科丝美诗、莹特丽、上海臻臣。这三者历来合作的都是国际大牌，科丝美诗代工品牌有迪奥、兰蔻、圣罗兰，莹特丽代工品牌有阿玛尼、古驰、海蓝之谜，上海臻臣代工品牌有欧莱雅、雅诗兰黛。

《12000字全面解读完美日记》的作者张希伦写道：全世界最强的化妆品OEM、ODM工厂几乎都扎根长三角和珠三角，在为大牌化妆品代工多年后，它们已经非常体系化了，哪怕是快速崛起的国货品牌也可以轻松地站在巨人的肩膀上。

完美日记采取的是打造爆款和建设矩阵并行的方式，一般来说，大牌化妆品品牌开发周期多在半年至一年，有的单品一卖多年。但在OEM及ODM模式加持下，完美日记一直保持着一个月5~6款的上新数量，这种快速更新频率配合评价优势，对充满“好奇心消费”的Z世代群体充满了诱惑，也保证了产品更新换代的频率，让完美日记获得了极高的资金周转率。

在对完美日记的诸多营销讨论的研究中，聚焦于线上媒体“三段式”种草的可谓是最多的。相比之下，对于其线下营销的研究较少，但这部分却是更值得挖掘的。

在人们都去关注种草策略、天猫“6·18”榜单等显性因素时，我们其实更应该关注其在线下媒体的投放——因为线下媒体的投放往往是一个分水岭，是一个企业决定继续坚持流量打法做“网红”，还是建立线下基业做长期性品牌建设的检验标准。

总体来说，我们可以认为完美日记正在展开线下的投放，也就是说，在追求线上流量红利和销量激增的快感之外，开始运用线下媒体平台打造品牌护城河。双十一期间，周迅代言的完美日记的电梯广告正不断触达办公室的白领们。

根据经典的广告分类，引发用户行动有两条路径：第一条，通过激发情绪来影响行为；第二条，通过塑造认知来影响情绪和行为。

我们通常把互联网流量广告、种草变现、直播带货都归为第一类，即情绪激发式，它的特点是精准、ROI 可明确衡量、变现速度快且可以量化。

第一类广告虽有长板，但也有绝对短板。如果从整个用户互联网消费内容的总时长来看，单一商品在互联网上展示的时间非常短暂，所以通常采用激发情绪的方式，力求在 5 秒内促成用户点击购买。其中，在直播场景里，主播的个人发挥和对用户驾驭能力成为关键。

但冲动性消费不容易引起心智记忆，买后即忘。也就是说，任何情绪刺激都只适合短暂的冲动性消费，对于培养长期的品牌偏好和消费习惯几乎没有帮助。因为情绪作用来得快，消散得更快。效果广告能让你 5 秒内下单，也能让你 5 秒后忘记。你还记得本月看到的效果广告有什么品牌吗？

我们先从表面的市场现象看过去。据媒体报道：在这个“疫后重生”的夏天，美妆品牌纷纷加入拉拢新兴年轻群体的行列中，除了完美日记这种搭乘流量顺风车的新生力量，娇兰、倩碧、雅诗兰黛等国内外美妆大牌也开始将年轻化纳入品牌营销战略，纷纷霸屏电梯媒体，引爆线下话题。例如自然堂就选择积极阳光的谢娜作为护肤代言人，为品牌吸了一拨年轻粉；倩碧则利用代言人高圆圆瞄准年轻人的美白市场，力推全新第三代“202 美白镭射瓶”。

而以花西子为代表的新国货也开始利用线下引爆发起品牌风暴。相比之下，花西子晚诞生一年，走的是和完美日记“平价替代欧美大牌”相差异化的国风路线，早期的市场策略也是“抖音导流 + 小红书种草”、直播收割等模式。但值得注意的是，从

2020年10月开始，花西子开始线下媒体投放，很多出入写字楼和公寓等特定场景的消费者都被由演员杜鹃代言的“蜜粉”广告打动；在10月，花西子微博宣布阿朵成为花西子苗族印象推广大使，并推出“花西子苗族印象高定”，进而其新的品牌代言人阿朵也登上了电梯屏幕，引爆了城市的主流人群。

老品牌的焕新——波司登、飞鹤

并不是只有创立几年的企业才有资格被称为“新国货”。

有一类企业，可能成立已经有数十年，也有广泛的销售基础和扎实的产品功底，但在品牌势能的积累和品牌引爆方面有所欠缺。然而，老品牌一旦发现了品牌焕新的路径，便有更大的概率“一遇风云便化龙”。从本质上看，当然是产品力的提升，但真正实现引爆则是品牌“再生长”的完成。

波司登是一个特别突出的例子。

这里面有个小故事。波司登其实一直在寻求突破，曾经采取“千里走单骑”的办法，让旗下的男装品牌花巨资在英国的牛津街建了一个规模庞大的门店。但是因为没有很好的品牌势能，也没有完全进入英国消费者的心智。

作为一个多年来维系“老牌、质量过硬”的国货品牌，波司登痛定思痛，在不断增加的竞争压力中，敏感地发现了自身品牌势能的不足。这以后，才有我们见到的全面对标加拿大鹅，请国际顶级设计师设计联名款，登陆纽约时装周、米兰时装周举办发布会，做珠峰系列万元高端极地服装……而这一切努力，最终又通过央视与分众的品牌引爆，击穿了用户的心智，使得大量波司登线下店出现了多年不见的顾客拥堵的景象，2018年营收破百亿元，年度市值增长300%。2019年以后，波司登已经成为一个都市群体会主动关注的潮牌。

飞鹤奶粉的道路也十分值得借鉴。

五年以前，中国高端婴儿奶粉一直掌握在外国品牌手中。其实，单就品质而论，飞鹤等高端品牌的产品已经不输洋品牌，但在消费者心中的品牌势能始终不高。

为此，飞鹤一方面加强奶粉品质的宣传，如介绍“北纬47°奶源带”等，另一方面把多年的宣传标语“一贯好奶粉”变成了“更适合中国宝宝体质”，充分打造差异化概念，与外资品牌的“全球配方”相比，“全球”显然不如“更适合中国”能传递一种专属属性，因为中国人的常识就是“一方水土养育一方人”。

许多一、二线城市的母婴店发现，来询问飞鹤奶粉的顾客越来越多，但自家却无货可卖。灵活的商家立刻跟进消费者的需求，最终达到了对全国13万家母婴商家中10万家以上的覆盖。

飞鹤在央视和分众大打品牌广告的同时进行全面地推，是坚定地把“空军轰炸”和“地面战役”结合起来的企业——飞鹤奶粉投放品牌广告的第一年，就在母婴终端举办了10万场迷你秀妈妈教育活动，三年之后是一年53万场的迷你秀活动，空中强大的广告火力加上终端强大的地推活动，大大加快了广告起效的速度。

目前，根据行业统计数据，飞鹤奶粉在国内的市场占有率已跨越了全部外资品牌份额登顶国内第一，成为中国奶粉界“一哥”，五年内市值从10亿元突破1200亿元。

飞鹤和波司登的案例带来的启示在于，中国消费者并不是非“洋”不可，如果能够适度地凸显本土化优势和专业属性，再精确地在主流消费群体中引爆，国货、老品牌一样可以享受品牌红利，特别是在当下国潮兴起、民族信心凝聚力空前团结的时刻。

聚焦细分，以暴力美学战胜强大的洋品牌——妙可蓝多

2019 年 3 月 12 日，广泽股份（600882.SH）发布公告称，已在 3 月 4 日完成将公司名称由“上海广泽食品科技股份有限公司”变更为“上海妙可蓝多食品科技股份有限公司”，同时，其证券简称也将由“广泽股份”变更为“妙可蓝多”，目前已获得上交所批准。

“妙可蓝多”的品牌凸显不是凭空而来。有公开信息显示，妙可蓝多官方将 2019 年定义为品牌发展元年。在广泽股份更名前，妙可蓝多聚焦线下电梯媒体，开启了强势霸屏模式，立志要做“中国奶酪第一品牌”。

在奶酪市场，中国企业完全不具有品类认知优势。因为奶酪是地道的舶来品，而且是一种国人接受度还不算很高的消费品。有人说：“中国人连国际大牌的奶酪都认不全，怎么会接受国内品牌的奶酪?”

但妙可蓝多恰好发现了问题的关键——中国人对奶酪消费的认知很浅，不是坏事，而是好事，这说明洋品牌也并没有在中国消费者心目中建立足够的品牌认知，在这种情况下，“进入空白心智”远比“改变固有心智”要容易得多。

“妙可蓝多，妙可蓝多，奶酪棒，奶酪棒，高钙又营养，陪伴我成长，真美味，真美味。”

于是，一则根据儿歌《两只老虎》改编而来的奶酪广告频繁在电梯口刷屏，网络上有些人评价这个广告“魔性”，有些人评价“呆萌”，但重要的是，它容易让人记住并富有童趣。这个简单可爱的广告背后，是充满暴力美学的品牌引爆——妙可蓝多奶酪棒广告在全国包括北、上、广、深等一线城市在内的几十个主要城市，覆

盖数十万楼宇和社区，全天候高频播出。

妙可蓝多持续霸屏带来的一个直接结果是其全网热度的急速飙升。百度指数 90 天搜索指数显示，其主要对手百吉福在较长一段时间内均略高于妙可蓝多，但从 2019 年 2 月底开始，妙可蓝多搜索指数直线上升，达百吉福的数倍之多。

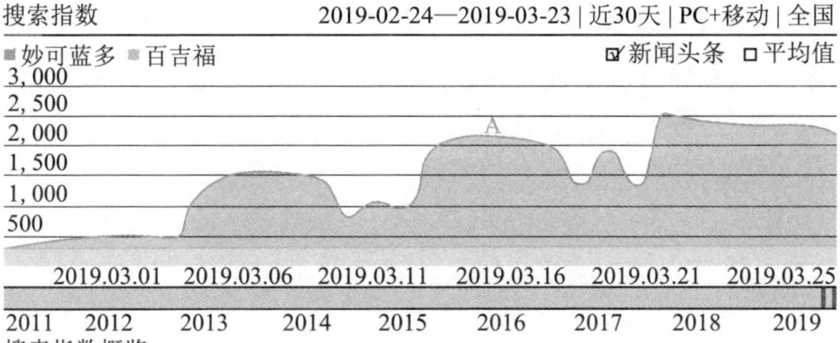

搜索指数概览

关键词	整体日均值	移动日均值	整体同比	整体环比	移动同比	移动环比
妙可蓝多	1.477	1.024	651%↑	531%↑	82.2%↑	560%↑
百吉福	311	206	—	16%↑	—	13%↑

妙可蓝多百度搜索指数

注：妙可蓝多百度搜索指数在分众投放期间呈明显上升趋势，投放期内整体同比提升 651%，环比提升 531%

90 日微信指数也显示了与百度搜索指数同样的趋势。妙可蓝多 90 日微信指数在 2019 年 2 月底突然蹿高，此后就保持数倍于百吉福的领先水平。以 3 月 11 日 90 日微信指数为例，妙可蓝多为 27010，百吉福为 9670，前者约是后者的 3 倍。

妙可蓝多的对手百吉福并非菜鸟，而是国际知名品牌。至今，百吉福奶酪已经在零售、餐饮以及工业等渠道销售十几个系列、五十多个品种的产品，在中国已经销售超过 30 年。而在奶酪领域，其所属 Savencia 集团是全球最大的特色奶酪制造商，拥有六十年的奶酪制作历史和世界顶级的各种奶酪生产工艺。

这样一个有实力又有底蕴和知名度的奶酪品牌，按理说应该有绝对的领先优势。事实上，很多这样的顶级品牌在上一个时代，凭借跨国企业雄厚的财力和先进的运作理念，曾经击败了一代中国品牌，基本占据了日化用品、食品、大众消费品的每一个品类。

然而，经过 20 年的发展，产品力和技术赶超兼具线下流量同时又有数字化能力，还有品牌战略武器库的丰富，中国品牌已经具备了在各个领域全面挑战国际品牌所应有的战略战术基础设施。就拿妙可蓝多来说，经过一年多执着地投放和各种配称策略，其在中国的销量远远超过了百吉福，一战而定胜负。

结论：国货崛起的底层逻辑

写了这么多国货崛起的案例，我们尝试总结其中规律性的底层逻辑。

第一，善于抓住时间窗口。

当下新国货的崛起，让我们觉得似乎遍地商机，但对于微观的赛道竞争而言，每一次成功都必然是正确地抓住了某个关键性的时间窗口。

人不可能两次踏入同一条河流，时间窗口对一个企业也无法开启两次。

如果元气森林没有抓住无糖健康饮料品类崛起的窗口，而是跟随在其他品类开创者的身后；如果完美日记、花西子没有抓住 Z 世代消费群体寻找平价替代、对国潮更为亲近的用户增长红利窗口；如果波司登、飞鹤没有抓住老国货品牌升级的窗口；如果妙可蓝多没有抓住洋品牌在营销上故步自封的时间窗口……那么本文中的许多案例都将被改写，甚至无法成为案例。

第二，不踏入流量陷阱，不让对流量的过度追求使得业务被流量绑架。

以流量为核心的“效果广告”会让企业主迷失方向，沉迷于种草数量、曝光次数、直播销量、购买转化等大量流量型、效果型营销方式带来的快感之中，失去对创造成功的本质——建立品牌的把握。

没有品牌势能，流量再汹涌也是短期效应。

第三，差异化营销的根本在于灵活地选择多种营销方式组合，没有任何一个单一模式可以解决所有问题。

凯度中国区首席执行官兼 BrandZ™ 全球总裁王幸曾在一次发言中指出，根据企业的特点，个性化和灵活性地组合运用媒介投放，会大幅度增强营销效果。

她是这么说的：“未来，以内容营销为主的社交媒体传播，结合以核心生活场景为主的线下高频传播，将是赢得品牌价值提升的两大传播趋势。在线上社交媒体‘两微一抖’之外，小红书、B 站也成为年轻人社交的重要选择，而以分众传媒为代表的消费者每天必经的公寓楼、写字楼电梯媒体，与商场、影院等媒体是消费者核心接触点，这样的媒体触点在后疫情时代，对广告主来说也变得越来越有意义，在中国 2020 年上半年经济全面下跌的状况下，成为极少数正增长的媒体平台。”

这其实是在告诉我们，任何一种单一宣传手段都不是完美的，效果广告和品牌引爆的分界线与组合拳，是一个堪称“艺术”的节奏把握。

品牌广告是如何利用人的快思维来激发购买冲动的？

寻空 / 文

这篇文章聚焦于广告对消费者快思维的影响。

我以苹果手机为例说一说消费者被广告影响的过程。

小明每天下班，都会开车走高速回家。9 月以来，他在回家路上每天都会看到一块苹果手机广告牌。第一次看到时，非果粉的他对苹果手机没什么太大印象，只是觉得手机很漂亮。

但每天在下班路上看一次广告，让他对苹果手机的印象越来越深。

某一天他在坐电梯上楼时，发现电梯广告也换上了苹果的最新产品。在晚饭后刷朋友圈时，他再次看到苹果的广告。

他可能并不知道这是苹果开发布会发新品之后进行的全渠道广告投放，为的就是最大规模、最高频率地覆盖和影响像他这样的消费者。

经过多轮广告触达，小明对苹果手机有了从零到一的了解。但因为他并没打算在这个月换手机，因此他对苹果手机的了解依然停留在广告印象上。

每年的电商大促双十一即将来临，小明想趁着双十一换一个手机。前期多渠道的苹果广告已经让小明对苹果手机比较熟悉。他知道苹果手机是市面上最优秀的手机之一，并且第一次看到苹果广告，产品的漂亮外观一直让他印象很深。但他并没有下定决心花 6000 多元去买一部手机，他对手机的心理预算可能只有四五千元。

双十一那天，小明在淘宝闲逛，突然发现，最新的苹果手机在当天的促销活动中降价 500 元，这样售价只有 6000 元出头，距离他的心理预算只多了 1000 多元，更重要的是，活动还支持分期免息。小明算了一下，每个月只要不到 300 元，最新款苹果手机就到手了。于是，他果断“剁手”。

小明从第一次见到苹果手机广告到下单，经历了两个多月的时间。在这两个多月中，苹果的各渠道广告一直对小明的最终消费决策发挥着作用。

关于广告促进消费的路径，业界已经有比较多的研究，不管是 AISAS（注意、兴趣、欲望、记忆、行动）还是 AIPL（认知、兴趣、购买、忠诚）都是正确的模型。

但我这里想说的是，快思维在消费者的决策路径中起的作用，在广告、营销领域目前并没有得到重视。

快思维在广告中的作用

丹尼尔·卡尼曼在《思考，快与慢》一书中，将人的思维分为两个系统：

系统 1 的运行是无意识且快速的，不怎么费脑力，没有感觉，完全处于自主控制状态，可以称为快思维。

系统 2 将注意力转移到需要费脑力的大脑活动上来，例如复杂的运算，可以称为慢思维。

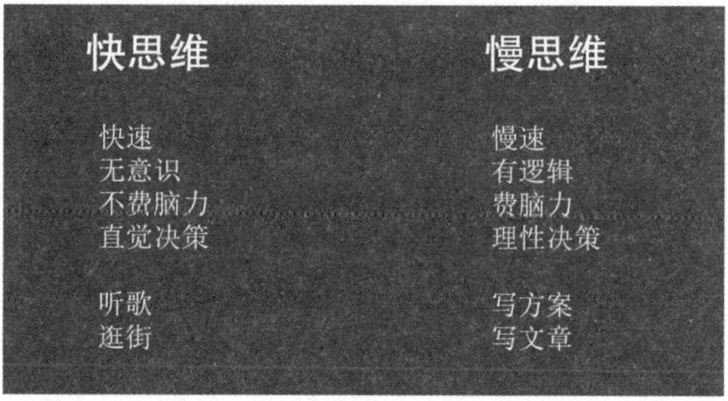

两种思维路径

广告的作用就是利用人的快思维促进消费者做出有利于自己品牌的决策。

再来回顾一下小明的消费决策路径。

苹果手机的广告第一次在小明的心智中建立了外观“漂亮”的印象。随后苹果广告全渠道触达小明，让小明对苹果手机的熟悉度越来越高，苹果手机在他的大脑中停留时间越来越长。在双十一当天，立减 500 元的促销广告再加上分期免息的工具，助推小明“剁手”。

当小明真正用上苹果手机后，他很可能会进入苹果的品牌社群中，与同类人交流，不自觉地将自己视为苹果手机的信徒，即所谓的果粉，建立了较强的品牌忠诚度。

消费路径	建立印象——	强化印象——	促进行动——	建立品牌忠诚度
快思维	外观漂亮	陌生到熟悉	促销广告	品牌文化/社群

快思维如何在消费决策路径中发挥作用

在小明的四个阶段决策路径中，快思维都发挥了作用：

广告的触达，快思维让小明建立了苹果手机“外观漂亮”的感性认知；

高频广告触达，加强了小明大脑对苹果手机的熟悉度；

“促销广告 + 金融工具”让小明的快思维觉得便宜，从而“剁手”；

最终小明成为果粉，建立自己的身份认知。

苹果广告几个月前在小明大脑中种下的种子开花结果，而这些广告对于小明大脑的影响几乎是不动声色的，小明在不知不觉中从一个苹果品牌的陌路人成了果粉。

品牌如何在消费决策的各个阶段利用人的快思维?

直觉思维在消费决策路径上发挥作用，在小明这个例子中很有代表性，我按照上文分为四个阶段来逐个分析。

第一阶段　广告建立感性认知

在今天的广告中，大部分品牌越来越诉诸感性。

下面两种购买笔记本电脑的思考路径，你是哪种?

A：我想要机锋网上评分 4.8 分以上的笔记本电脑，英特尔 10

核处理器，显卡型号 MX450、4GRAM，250G 固态硬盘。

B：我想要那款粉色的轻薄笔记本电脑。

事实上，大部分笔记本电脑的广告都会突出它的外观、颜色、轻薄、时尚等元素，很少有笔记本电脑会在一张户外广告中大篇幅描写它的配置。

普林格尔与费尔德做过一项研究。

他们比较了走感性路线与理性路线的传播活动最终所创造的利润增长差异。结果发现，感性路线创造的平均增长是 31%，相对于理性路线的 16%，效果几乎翻番。而如果传播方式是感性路线与理性路线的结合，利润的增长是 26%。

进行这项研究的学者，将感性广告能够带来较高利润增长的原因，归纳为两点：第一，人的大脑不需要通过认知，就能接收情感性的信息；第二，我们的大脑特别容易受强烈的情感刺激吸引，并且比较擅长“记录”这类刺激，留下记忆。

归根结底，感性信息影响的是人的快思维，而快思维恰恰对消费者的决策影响更大。

一则啤酒广告中，展示了一个人坐在沙滩上喝啤酒，身旁依偎着一个美女的情景。最后，这个啤酒会与一个非条件刺激（美女）配对在一起，啤酒本身则变成了条件刺激——于是，受众会跑去买这一个条件刺激（啤酒），因为它与非条件刺激（美女）强烈联系在一起。

啤酒与美女联系，也是为了在消费者的快思维中建立“此品牌啤酒 = 吸引美女”的直觉。

定位理论在很大程度上就是利用人的快思维，将产品与一项感性特点联系起来，在消费者脑中建立心智。

比如近年大火的元气森林，直接将自己的产品与无糖、健康联系起来，其包装上的“0 糖 0 脂 0 卡”的字样非常明显。元气森林与无糖的连接，直接占据了消费者的快思维，以至于很多人误以为喝元气森林可以减肥（顺便告诉你一个减肥秘诀：少吃多运动，跟喝不喝元气森林毫无关系）。

第二阶段　广告强化印象，提升品牌熟悉程度

一个人对另一个人越熟悉就可能对这个人产生好感，熟悉程度能扭转一个人对另一个人的看法。

品牌也是一样，一个消费者若决定买某款产品，大部分时候是建立在对这款产品比较熟悉的基础上。消费者对品牌越熟悉，就越可能发生消费。

心理学家扎荣茨曾做过一个实验，他让不会中文的实验对象学汉字。一些汉字被试者看了 5 遍，一些看 10 遍，一些看 25 遍。在实验结束时实验对象要猜测这些字是褒义还是贬义。被试者不懂汉语，因此他们对汉字没有概念，但他们一致认为看到的大部分汉字都是褒义的，并且被试者对看的次数越多的汉字的感觉越好。扎荣茨多次研究发现，人们越频繁地接触某物，越认为它们是积极的。

这就是心理学的曝光效应。

大部分品牌若想让消费者更加熟悉，最简单的方式就是多打广告。

很多品牌喜欢在分众的电梯媒体上做大量广告，其背后的依据就是让每一个坐电梯的人都能在一天内多次看到自己的广告，从而加强他们对品牌的熟悉程度。

依然拿元气森林举例，其在电梯上的大量广告不仅加强消费者

对品牌的熟悉程度，“0 糖 0 脂 0 卡”的特点还加强了消费者对品牌的好感。

知乎有个问题是可口可乐这么有名了，不打广告行不行？当然不行，太长时间不打广告，消费者对品牌的熟悉程度就会降低，曝光效应就会越来越弱，并最终影响销售。

当然，广告并不是越多越好，需要有一定的度，也需要有一定变化。过度曝光会产生广告疲劳。

如下图信息重复的双因素理论所示，随着曝光次数的增加，消费者的积极影响不断扩大，但当超过一定数量，消极影响将快速扩大，最终让净效果变差。

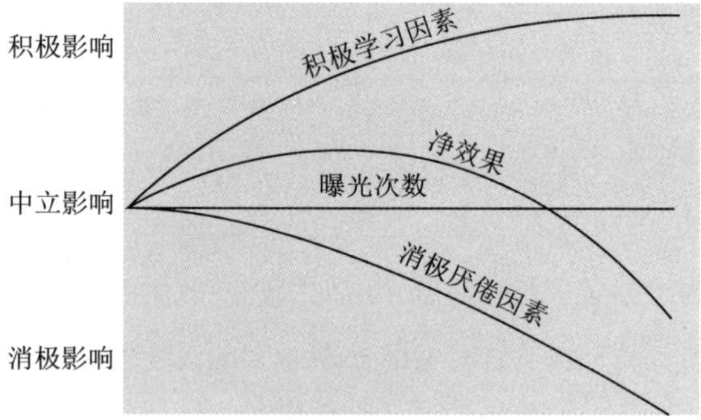

信息重复的双因素理论

来源：《消费者行为学》（第十二版）

因此，大部分品牌都会隔一段时间换一个新广告，或者减少广告时长。

第三阶段　多渠道广告促进行动

一般来讲，传统广告不大可能直接促使消费者实现瞬间购买行为，如上文所述，它的作用是逐渐影响消费的快思维。

但在今天，广告的形式多种多样，线下店促销广告、信息流广告、电商广告等新形式广告都能快速促进消费者下单。

线下店促销广告中最有效的就是诸如“第二件半价”“满 1000 减 300”这样的促销广告，它们往往让人丧失理智。

有一次我到便利店买味全时，看到“一瓶 7.5 元，两瓶 11 元”的广告。理性的选择是我喝一瓶就够了，因为它正好满足我的需求。但快思维告诉我买一瓶不划算，再买一瓶相当于第二瓶 3.5 元。最终我选择买两瓶。

但事实上，买两瓶恰恰是浪费的，因为一瓶已经满足需求，第二瓶往往喝不了硬喝，不仅不健康，还浪费了 3.5 元。我在面对两瓶更便宜的诱惑时，早已丧失了自己的理智思考：我当下的真实需求是一瓶足矣。

这利用的是心理学的损失厌恶，像“不要错过”“只剩两件”“数量有限，欲购从速”“第二件半价”等会让你觉得不买就损失了。

文章开头小明花了 6000 多元买了苹果手机，促进他临门一脚的就是损失厌恶，因为便宜了 500 多元，并且还有 24 期分期免息，如果在这种情况下不买，对于他来说就是一种损失，这种快思维促进他“果断剁手”。

虽然促销广告有用，但前提是前两步的品牌广告已经建立了在消费者头脑中的印象，并让这种印象加深，没有这两步，单单促销广告是没用的。

第四阶段　建立品牌忠诚度

每一个品牌都希望消费者对自己有品牌忠诚度，这样才能让自己的生意永续经营。

消费者在进行消费决策时，一定是选择一个，放弃另一个。当他选择 A 产品后，一般都会为自己的选择合理化，特别是他的选择看起来并不那么明智的时候，他会认为自己选择的 A 产品相对 B 产品各方面更好。

这就是决策后失调。

打个比方，假如你决定喜欢一个人，但这个人的某个行为或特点让你不舒服，为了维持你喜欢这个人的观点，你会为这个人的这个行为或特点找理由，以便让自己继续喜欢他。

品牌也是一样。

聪明的品牌会强化消费者选择的合理性，比如送上一些跟竞品相比更有优势的攻略，比如提供更好的售后咨询服务，比如邀请他进入品牌社群，等等。

举个例子，一个在蔚来和燃油车之间犹豫最终买了蔚来的人，可能会有决策后失调，这时蔚来会告诉消费者提供更长时间的 24 小时换电服务。这时他的心理活动可能是这样的：虽然蔚来相比燃油车有里程焦虑，但 24 小时换电服务在一定程度上解决了这个问题，并且这个车的加速、科技感更有优势，我的选择很正确。

如果在广告中强化这一点，用户就不会对自己的消费决策有后顾之忧。

有些品牌在与消费者接触的早期就致力于建立品牌忠诚度。宜家的大部分家具需要消费者自己组装，相对于那些现成的家具，消费者对被组装好的宜家家具忠诚度更高，这就是宜家效应。

宜家效应指当消费者高度介入某件产品的时候，就容易产生品牌忠诚。

这一点总的来说是加强消费者对于品牌的参与感，消费者对品牌的参与度越高，忠诚度也就越高。不少品牌会让消费者加入自己的品牌社群，长时间与消费者建立联系。

因此，很多广告不是售卖产品，而是号召消费者去参与自己的品牌活动，消费者对品牌活动参与越多，越容易消费。

结语：广告的作用是潜移默化的

品牌广告的作用，不仅是宣传这么简单，还利用心理学的快思维在消费者决策的各个阶段产生着潜移默化的影响，大部分品牌广告的作用是在消费者的大脑中不知不觉种下种子，并在某一天开花结果。

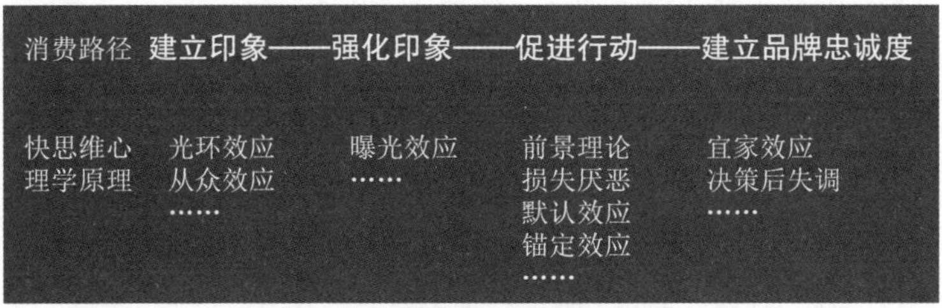

快思维如何在消费决策路径中发挥作用

这种影响往往是不动声色的。

营销格局“大变天”，品牌如何“反脆弱”？

无冕财经[①]/文

根据CTR年初发布的报告《2020年中国广告市场年度盘点》，2020年广告刊例花费同比下降11.6%。受疫情影响，这是近五年来下降最大的一次。

在这一年中，有一个非常显著的现象是，各媒体渠道广告花费除了电梯电视和电梯海报有大幅上升（分别是23.8%和28.9%），其他渠道均呈现较大幅度的下降，即便是互联网视频广告也有18.8%的降幅。

比如爱奇艺2021年发布的财报显示，在线广告服务营收为68亿元，同比下降18%。这里较为明显的原因是，短视频抢占长视频时间，会员越来越多，广告越来越少，有一点消费力的客户都付费去广告。只有腾讯系、阿里系和字节系的效果广告实现了20%左

① 无冕财经，以“专业主义，内容为王”为价值观，专业定位为“商业价值开发者”，商业模式定位为“深度财经IP开发商”。

右的正增长。

2016—2020 年广告刊例花费同比增幅

数据来源：CTR 媒介智讯
统计范围：电视、广播、报纸、杂志、传统户外、电梯 LCD、影院视频、电梯海报，互联网站

另外，值得强调的是，这一现象也不是 2020 年独有。实际上在 2019 年，除了腾讯系、阿里系及字节系的效果广告增长和电梯媒体增长外，整体品牌广告刊例花费同比下降 7.4%，其余渠道均下降，即便是互联网视频也有 5.2% 的降幅。

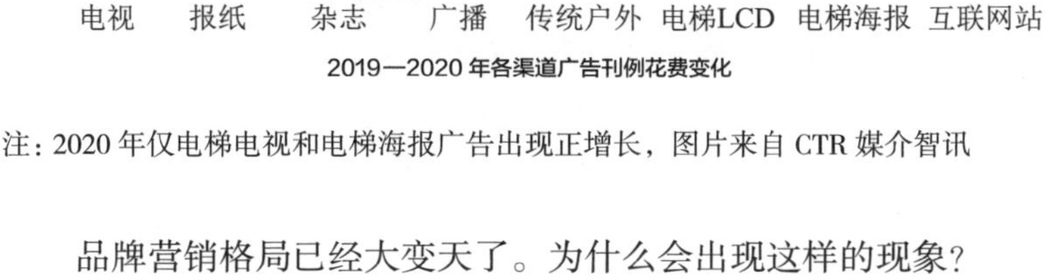

2019—2020 年各渠道广告刊例花费变化

注：2020 年仅电梯电视和电梯海报广告出现正增长，图片来自 CTR 媒介智讯

品牌营销格局已经大变天了。为什么会出现这样的现象？

品牌广告回潮成趋势

笔者认为，首先，它在一定程度上说明主流人群不太看电视了，看视频是付费去广告的，看手机主要看内容很少留意广告。

所以，品牌营销必须通过内容营销，积极融入抖音、小红书、B 站做内容创造话题，“两微一抖”变得非常重要。同时，消费者的生活空间很难改变。在消费者生活空间中，公寓楼、写字楼是消费者必经的生活空间，在电梯这个高频而封闭的空间中投入足够的传播资源，品牌很容易被引爆。

以分众传媒为代表的日常生活场景的品牌广泛引爆，以及以微博、微信、抖音为代表的社交媒体品牌深入种草，将成为未来传播的最有效范式。

以“两微一抖”为代表的社交媒体占据着虚拟世界的主要时间，而以分众为代表的电梯媒体则卡住了物理空间的必经之路，成为品牌引爆的核心设施。

此外，它还说明流量红利退去，品牌广告的回潮是不可逆的趋势。品牌广告需要非常稳定的输出机制、输出场景、输出设施。

而我们现在要讨论的是，品牌广告到底靠什么回潮？如何在这个不确定的年代“反脆弱”？在如今这个日新月异的信息时代，参与这股浪潮有什么核心能力？有以下三个趋势性特征可供探讨。

第一，品牌广告要以中心化对抗碎片化；

第二，品牌广告要以重复对抗遗忘；

第三，品牌广告要以确定性对抗不确定性。

以中心化对抗碎片化

短短二三十年，品牌广告已经历了电视、个人电脑互联网、移动互联网三个大时代，信息膨胀速度犹如地球变成太阳系，进而变成银河系。在浩瀚银河之下，单一信息如碎片甚至微尘。

显然，互联网是很难塑造品牌的。

第一，难以反复有效触达。互联网社交媒体的触达环境并不理想，干扰大，绝大多数流量广告顾客匆匆路过，直接滑走，品牌价值难以传达；第二，覆盖人群有限，流量广告影响的人群范围太小，难以形成品牌的社会共识；第三，易陷入低价促销。效果广告投放部门为了完成 ROI 指标，更倾向于用促销、低价来刺激顾客，进而导致品牌进一步受损，陷入价格血战，拉低品牌。品牌需要流量，但流量成就不了品牌。

在越来越碎片化的媒体环境中，即便每年有更多的广告投入，品牌声量也越来越被稀释。典型的如某知名日化集团旗下有十多个品牌，在电视时代，投入 10 亿元广告，到处都是它的身影；在个人电脑互联网时代，投入 20 亿 ~30 亿元，已经不能高频遇见了；而到了移动互联网时代，即便投入 30 亿 ~50 亿元，似乎也没有什么大声量。

当品牌置身于信息爆炸的移动互联网的星辰大海，要在互联网时代对抗碎片化的首要方法是重新找回集中性，充分发挥中心化的优势。要从银河系回归地球，从无限的移动互联网回归有限的生活空间。

中心化较强的平台，包括以前的央视、湖南卫视、浙江卫视的头部核心栏目，还有近几年优势越来越明显的分众，占据 4 亿城市主流人口必经的社区与写字楼。分众主打的就是在有限的物理空间，用有限的预算迅速猛烈地占领精准区域，引爆品牌。

品牌只有登陆此类中心化媒体、获得用户的核心视野，才能迅速被引爆。为什么？因为品牌引爆需要饱和攻击而非渐进，力争先入为主抢占用户心智。

里斯和特劳特合著的《商战》指出，如果你希望给别人留下深刻印象，那就不能花费时间逐渐地影响别人以博得好感，认知并不是那样形成的，必须如暴风骤雨一般迅速进入人们的头脑。

以重复对抗遗忘

2002 年获得诺贝尔经济学奖的卡尼曼在其著作《思考，快与慢》中指出：人是一种生物，在生存环境中要保持警觉。重复性会引发认知放松的舒服感和熟悉感，一个信息反复出现没有带来不好的结果就会变成一个安全的信号，时间长了，安全的就是好的，熟悉了就容易喜欢。这就是心理学上讲的单纯曝光效应。

要使人们相信一个概念或一个事物的方法就是不断重复。实际上，重复性是品牌传播的第一性原理，只有重复才能对抗遗忘。

为什么重复性比新鲜感重要？虽然社交媒体每天热热闹闹，总是能制造出最新热点，但热点很难持续，往往会迅速被埋没、遗忘！

华与华咨询创始人华杉也有过一段精彩的评论：“宣传的本质在于重复，受众的本质在于遗忘。要掌握传播的原理，以重复对抗遗忘。不要搞那种绝妙的刷屏文章，一个受众不会去看第二遍的东西，就是一夜的焰火。”

相对于互联网社交媒体，像分众这样的中心化媒体，虽然并不那么有趣和有料，但对于品牌主张的集中表达而言更为有用和有效。因为它已经占据了中等收入及城市主流人群的核心生活与办公场景，天然具备了一种让品牌主流化、公众化的倾向和能力。它几乎全面聚合了中等收入人群的生活的多种场景，同时聚集了中国排名前 100 的品牌中 87% 的品牌，成为影响中等收入人群生活方式的风向标。

以确定性对抗不确定性

在电视时代，综艺火起来相对容易，《中国好声音》《奔跑吧，兄弟》等可以一红三年，收视率轻松破 4，但现在破 1 已然是成绩优异。

那移动互联网时代的网综呢？它的特点是不确定性极强，可以从巨火变成巨糊。典型的如《乘风破浪的姐姐》，第一季以 4000 万元入场总冠名的梵蜜琳，因持续的话题效应可谓大赚，而当第二季冠名费飙升至数亿元级别时，节目却突然表现平平，十余家品牌纷纷踏空。

社交媒体上刷屏热点的产生，也具有不确定性。

2017 年，百雀羚的一组一镜到底的神广告刷遍朋友圈，创造了现象级的刷屏热点。虽然被质疑有声量无销量，转化不到 0.00008，但获得了 3000 万的阅读量，成为江湖传说。后来，百雀羚一直在精心策划国风营销事件，却再也没有刷屏级的热点产生，刷屏很难成功复制。信息粉尘化后，社交营销的普遍挑战是：难以复制的成功、无品牌价值的刷屏以及无比迅速的遗忘。

品牌广告不靠运气，任由不确定性主宰命运，难以复制、标准化程度低、不确定性高的投入犹如一场赌局。

因此笔者认为，品牌广告要采用确定性高、可控性高的媒体，例如消费者每天经过的生活空间媒体。根据益普索的研究，2020 年国内广告流行语，83% 来自电梯媒体，2019 年是 81%，确定性越来越高。像这样的媒体平台，可以助力品牌实现可复制、可累积、可叠加的战略目标，用确定性去对抗不确定性，享受时间的复利！

流量费用的激增与品牌广告的反转

张良卫[①]/ 文

探究广告业 105 年的历史，广告的支出增长与人均支出的增长始终保持同步。当人们的收入水平获得提高，广告主便愿意花费更多的广告支出将人们的收入转化为对产品和服务的实际消费。广告也因此成为一门自然增长的生意。

当前，我国整体广告支出占 GDP 的比重相对于其他发达国家而言仍然偏低，这也意味着，国内广告整体增速依然有望在较长时间内快于 GDP 的增长。

从媒介细分形式来看，不同媒体又展现出不同的生命力。互联网媒体以目标受众的精准性及便捷性获得越来越多的预算，楼宇媒体凭借封闭空间和高频曝光的特性同样获得预算的快速增长。

CTR 数据和分众传媒年报均显示，即使在疫情影响严重的 2020

---

① 张良卫，东吴证券研究员。

年，电梯楼宇媒体的广告预算仍处于上涨通道之中，增长态势保持平稳，增长速度已超越互联网广告刊例花费。也正因此，分众楼宇

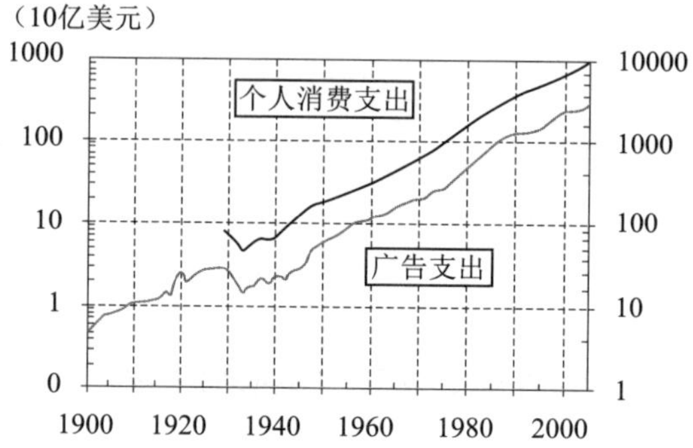

全球广告支出与经济增长同步

注：纵轴为对数尺度，左轴对应广告支出规模，右轴对应个人消费支出规模，横轴为时间

数据来源：Entertainmengt Industry Economics，8th，HaroldL.Vogel, 东吴证券研究所

媒体占广告主整体预算的比重不断攀升，2015 年至 2018 年间增加约 5 倍，预计 2021 年这一趋势仍将延续。

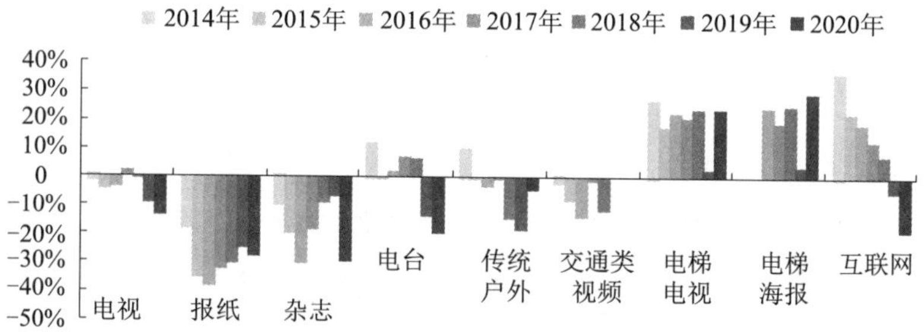

各媒介刊例花费的增长率变化

数据来源：CTR, 东吴证券研究所

那么，分众楼宇媒体强势增长的原因何在？或许，我们可以从

品牌广告和效果广告的各自特点中获得启示。

品牌广告和效果广告都是商业发展的必需

效果广告由于具有投放结果反馈的即时性和目标受众的精准性，很长一段时间内博得了广告主的大量预算。然而从 2020 年下半年开始，我们看到主要的品牌广告媒体出现了广告预算的反转。

越来越多的广告主发现，在使用效果广告与对手的竞争中，只要尚未形成品牌效应，就只能通过持续的竞价来获得流量，这样的行为使得效果广告价格不断提高，最终广告主面临的成本压力也随之攀升。单纯追求效果的反馈，导致效果广告投放的 ROI 持续下滑，终于使得品牌广告的性价比突显。

以长期倚重效果广告的行业为例，因效果广告的 ROI 降低，米哈游等行业头部公司已开始将预算转移至线下。《原神》于 2020 年下半年登陆分众楼宇媒体，正是反映了游戏公司逐步改变单一买量模式的趋势。

单纯的效果广告由于仅能在“购买行动”这一阶段产生刺激，导致费用的支出呈现一次性行为，无法产生持续积累的效果。广告主有投放就可能获得短期收益，但长期却需要承担因流量费用越来越高导致的投入产出比下滑，进而对公司的盈利水平产生负面影响。

反观品牌广告，则属于长期建设，并非一次性的“购买行动”刺激。随着中国的人口红利逐渐消失，竞争从生产端、渠道端逐渐转移至心智端，对于广告主而言，抢占市场必须将品牌印刻于消费者心智。因此，投放品牌广告能够产生规模经济效应。

以飞鹤为例，2015—2019 年，其将超过 70% 的预算投放于品牌广告，其中又将分众楼宇媒体作为核心投放渠道。通过其销售费用率变化可以看出，不同于纯品牌广告投放的变化趋势，品牌广告的规模效应明显，一旦在消费者心智中扎根，销售费用就能显示出杠杆效应，撬动越来越多的商品销售额。

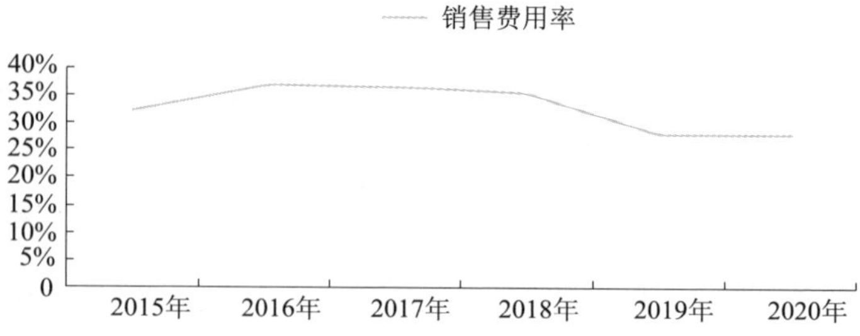

飞鹤销售费用率杠杆效应显现

数据来源：公司公告，东吴证券研究所

楼宇媒体的长期增长逻辑

品牌广告媒体的逆势发展正在上演。分众传媒作为品牌广告越来越重要的投放阵地，2020 年下半年以来收入实现快速增长，业绩大超市场预期。

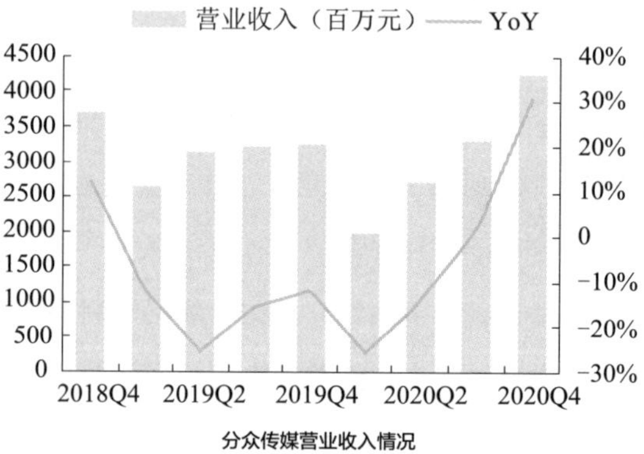

分众传媒营业收入情况

数据来源：公司公告，东吴证券研究所

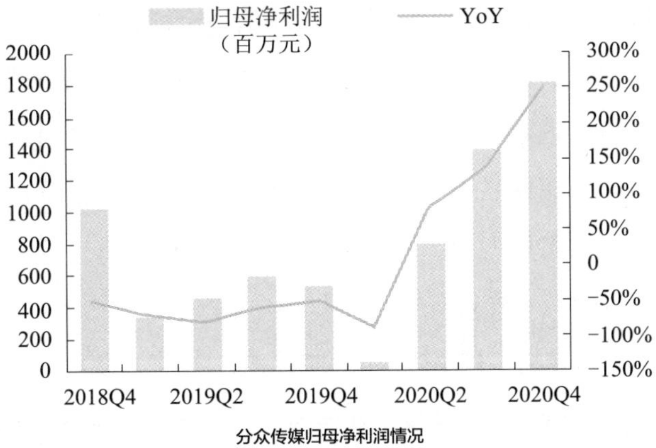

数据来源：公司公告，东吴证券研究所

在众多品牌广告媒体中，分众楼宇媒体的效用正在日益突显。Millward Brown 的调查显示，在未提示知名度、提示知名度和购买意愿三个维度的测试中，楼宇媒体均表现出对于品牌的有效提升作用。

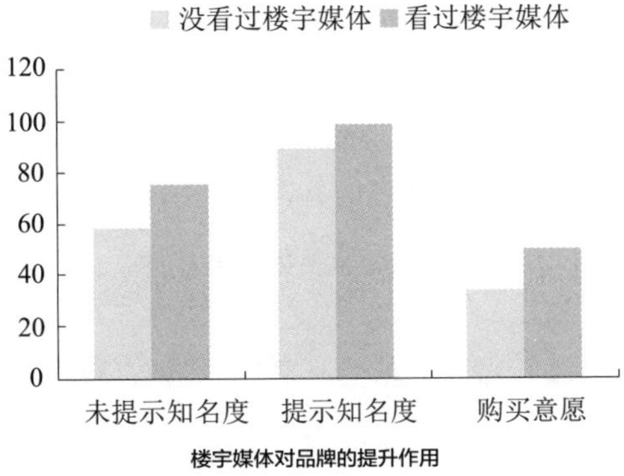

数据来源：Millward Brown，东吴证券研究所

楼宇媒体能够通过长期的重复对抗消费者的遗忘。诺贝尔经

济学奖得主卡尼曼曾说，“要使人们相信一个概念或一个事物的方法，就是不断重复”。楼宇媒体能够在公寓楼、写字楼等消费者频繁经过的生活场景中重复播放广告，不断加深消费者对于品牌的认知。因此，即便品牌广告的大盘近年有所减少，但分众楼宇媒体的收入依然整体向上，且占品牌广告大盘的比重持续提升，成为品牌广告的核心阵地。

数据研究显示了楼宇媒体的可成长性，结合对于广告主投放广告 ROI 核算的研究，以及楼宇媒体因其广大受众群体而能够紧抓发展潮流的特点，可判断出，分众楼宇媒体的预算增长具有持续性。

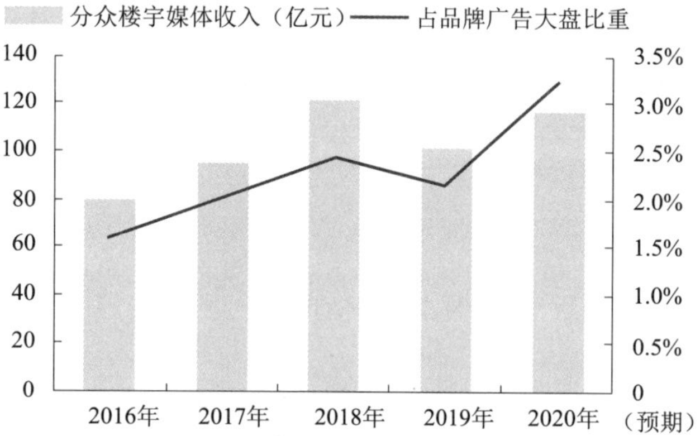

分众传媒楼宇收入在品牌广告中的占比

数据来源：公司财报，广告统计年鉴，东吴证券研究所

长期以来，投资者普遍认为互联网广告较传统广告具有效果可衡量的优势。实际上，这一论断存在误区：由于广告主在多个媒介上均投放了广告，使产品曝光是多媒介的，所核算的互联网广告投放效果，实际上包含了由其他媒介引来的流量。因此，除非广告主仅在互联网单一媒介上投放广告，否则互联网渠道的广告效果也是

无法衡量的。

在实际操作中，许多大型广告主会将预算分配到多种媒介上，根据获得的总产出形成一个总 ROI，广告主的目标就是通过不同媒介预算比重的调整，使总体的 ROI 最大化。如果某个媒介的广告预算比重持续提升，就意味着增加该媒介的预算占比，总 ROI 会增加，也就印证了该媒介的广告是有效的。

因此也可以推断，在其他媒介预算缩减的情况下，楼宇媒体预算持续增加，占整体广告预算的比重不断提升，正是反映了其媒体的有效性。

事实上，受众是驱动预算占比增加的底层因素。电梯作为城市中必备的基础设施，是城市主流人群工作与生活的必经之地。无论是经济变迁还是媒体环境的变化，作为市占率第一的分众楼宇媒体都能因其强大的受众群体而紧抓发展潮流。随着中国经济的发展，新经济模式层出不穷，但由于楼宇媒体的核心场景地位，每一个新经济模式都会选择其作为重要的传播渠道。

同时，随着媒体环境的不断变迁，信息内容和传播渠道都逐渐呈现碎片化，这使得广告受众群体的选择越来越多，但信息也更容易被遗忘。不管对于传统媒体还是互联网媒体，这种碎片化都会降低其商业价值，然而覆盖中国 4 亿主流人群的分众楼宇媒体作为城市主流人群的必经之地，能聚集广告受众，通过重复性的广告加深品牌印象，具有强大的入口价值。

分众传媒：广告主预算比重持续增加，经营景气向上

楼宇广告业务景气度好于预期，持续受益于广告预算向头部充分集中的趋势，且消费类广告主创盈利新高，品牌推广预算充

足，叠加新消费赛道本身的高增长，近年来分众一直致力于收入结构的多元化，分众楼宇媒体收入具有持续的推动力。

回顾 2020 年，分众收入增长大超预期，源于新消费、金融类、游戏类等不同行业广告主的加大投放。宏观经济回暖使众多行业广告主盈利情况改善，是楼宇媒体等品牌广告投放加大的重要原因。

根据广告统计年鉴数据，截至 2019 年，电视、广播、报纸、杂志等传统媒体占广告主预算比重依然高达 22%，而投放给分众楼宇媒体的预算比重仅为 1.16%，各行业广告主依然有充分的预算转移空间。故而品牌化的长期趋势能够支撑分众业绩的持续增长。

在线上效果广告价格持续提升、广告主线上广告投放 ROI 持续下降、品牌广告性价比开始突显的大背景下，占据优质资源的楼宇媒体作为越来越重要的品牌广告投放渠道将持续受益，而分众的业务景气度也将不断向上、动力强劲。

/ 案例 /

蒙牛：占领消费者心智的有效路径[①]

卢敏放

蒙牛是一个非常典型的中国本土品牌，于1999年8月在呼和浩特郊区一个53平方米的小民房创立。20多年来，蒙牛已经成长为全球乳业十强之一，但更重要的是我们的使命：点滴营养，绽放每个生命。

过去20多年，中国国人的平均身高提高了将近6厘米。我想作为乳业、乳品企业，我们也做出了贡献。20多年过去了，93%的中国家庭都有蒙牛的产品，包括婴儿、学生、年轻人和老人，都在享用蒙牛的产品。未来，蒙牛要走向哪里？蒙牛带着“蒙”，大家都知道我们是从草原来的，所以我们讲“草原牛、世界牛、全球至爱，营养20亿消费者”，中国人口加东南亚人口正好20亿，所以从中短期的目标来讲，这些是我们希望能够服务到的消费者。

我想现在很多中国品牌跟我们一样，立足中国，也在看世界。我们大部分业务诞生在中国，不断服务中国的消费者，不断给中国消费者提供更好的产品。全球不少国家和地区在进入中等收入行列以后，诞生了非常多的伟大品牌，不光是美国和欧洲地区，在人均GDP达到1万美元后，这些国家和地区就诞生了一些非常

---

① 本文为蒙牛集团总裁卢敏放在2021年9月25日“国货发展高峰论坛”的演讲。

著名的品牌。我想未来十年到二十年，是所有中国品牌发展的黄金时期，是塑造我们中国的世界性品牌非常好的机会。我们要抓住中国消费升级这样一个机会，因为中国消费者也希望能得到更好的产品、更好的营养。

对我们来讲也是一样，蒙牛的品牌要走入消费者心中，靠的因素之一就是质量的“质”。产品质量是我们的生命线。过去20年，蒙牛花极大力气打造了一个完整的产业链，该产业链非常巨大。目前，我们每天大概要收2万吨牛奶，每年大概收700万吨，这些牛奶源源不断进入我们的工厂，然后在很短时间内被生产成产品。这将近700万吨产品，跑在中国的路上，服务中国的城市和农村。这样一个体量，每年接近300亿包产品，都要保证品质和质量，我们努力用最好的产品为消费者服务。

这个“质”非常重要，而过去20年，中国乳业走过了一段既漫长又痛苦、但是坚定的路程，使得今天中国乳业各个方面的品质都得到了极大的提升。今天，中国乳品市场上外资很少。可能过去大家看到过一些跨国公司的品牌，在乳业中做酸奶、牛奶、冰激凌和一些奶酪产品等，但今天主流的乳制品都是中国企业制造的。这背后最重要的原因并不仅仅是市场的竞争，更重要的是中国乳品企业整体品质和质量的提升、整个供应链的打造。过去5年，我们光投在上游供应链的资金就超过300亿元，只是为了打造好的奶源牧场和供应链，这是非常重要的。

下面，我们再来看消费者心智的“智”。今天，如何通过占领消费者的心智来打动消费者，是一个非常重要的问题。我是上海人，以前在上海很少喝蒙牛的产品。我们现在做了那么多努力，我越来越相信我们的品牌和品质。那么我想，可能还有更多的消费者需要了解我们。不能只有我们自己知道我们做得有多好，而是要让消费者知道我们的产品有多好。这是我们跟分众的合作中最重要的结合点：我们要让消费者知道我们的产品是好的，知道我们的品牌是好的，知道我们的品质是好的。

蒙牛从2005年就开始跟分众有比较深入的合作，已经合作了将近16年。我们是如何和分众一起来打造品牌的呢？我分享两个比较经典的例子。第一个例子是优益C。优益C，大家以前对它的印象是一种饮料，可能更多关注的是大瓶的优益C饮料。其实，优益C是一个以乳酸菌为基底的活菌饮料。我们经过多年在益生菌领域里的积累，包括我们的IP、菌种、几十个真正的临床研究，积累了很好的品质，再结合现在公众的需求，重新思考了优益C的产品，不再把它单纯当一个饮料。我希望能够把蒙牛优益C打造成一个小瓶乳酸菌产品。很多人服用益生菌，但大家可能不知道，其实益生菌在低温环境下，像优益C这种形态，对于每天的营养补充是非常有益的。大家也知道，在这个市场上，有另外一个外资品牌占领导地位。我们怎样能够在这样一个市场中把它做好？有了好的产品，还要让消费者知道我们的产品好。我们现在的技术已经能够做到在一小瓶100毫升的饮料当中，把活菌的数目提高到500亿个。市场上的主流产品一般活菌数目是100亿个，能做到200亿个的已经很少了。一瓶饮料里面能做到500亿个活菌，是非常不容易的。所以今天，我们产品的广告语是“活菌500亿，5倍更给力”。

产品做好了，定位也对了，益生菌又是一个大市场，我们怎么能在更短的时间里建立消费者心智？这个产品的主流消费者是女性，有家庭的女性是它的核心用户。所以为了在整个宣传和产品的广告上更聚焦，我们决定跟分众合作，聚焦我们的目标消费者，进行大规模投放。

最早我们做方案时，用了大量的4A公司。它们做了很多方案，我看完以后觉得基本上每个都做一点，按时间表来排。最后我想，我们也就这点钱，如果这样安排，估计效果不会好，所以决定全部集中在一处。我们不只是需要让10个人知道，还要让1个人相信。更聚焦地在分众媒体上做密集型的投放，是我们最后采用的一个策略。在这个信息碎片化的时代，进行全面的、饱和式的攻击，在聚焦的人群场景中进行投放，效果非常好。我有时候在内部开玩笑说，我看那广告看得都有点吐了。我们大楼里也有分众的屏，所以每天看，有时候看得好像有点多了，我说赶快换这个广告的版本吧。所以，这种投放的记忆度其实是非常高的，我们在短短6个月之内，记忆度已经达到市场第一名。

所有打广告的人都有一个最后的问题，就是结果怎么样？我们的平台销售额在2021年1月大概是2000万元，到7月直接上升到1.3亿元，短短6个月上升5倍。我们在其他方面没有变化，也没有上新品，网点也差不多，这段时间没有太大的差别。当其他市场元素都没有发生变化的时候，看这个结果是最有意义的。这一点让我们的团队非常相信，这个效果真正是因为我们采取的这个方法而达成的优势，所以数字是比较惊人的。

我们可能在2022年还有一个新的平台，2021年下半年开始我们会上非常多的新品，真正的复合益生菌新品10月全面上市，针对女性、老人和小孩都有不同的益生菌，是复合益生菌，最重要的是所有菌种全是中国自主的益生菌种。这是我们积累到最后，广告投放效果很好的一个案例。

第二个例子是关于上海的。上海应该有很多人现在慢慢在转变观念，觉得现在最好的鲜奶是每日鲜语。我在上海长大，从小喝的不是每日鲜语，但是我想，今天再去问上海的白领人群，每日鲜语已经成为一个真正的主流高端鲜奶品牌。我们做这个布局也花了很长时间。2017 年，我们花 60 多亿元买了现代牧业的股权，因为布局奶源是做好鲜奶最重要的一点。为什么每日鲜语好喝？原因很简单，牧场出来的奶在两个小时之内做成成品。牧场离消费市场最近是我们的布局，每日鲜语的这个投资当然也是这种布局的结果。蒙牛有一句老话，叫“布局决定结局”。等到我们把这些全做完了，两年前开始做每日鲜语的时候，我们又跟江总探讨，他喝过，觉得这个奶的确好。布局有了，产品品质也有了，怎么能够短时间之内打爆呢？

同样的逻辑，我们还是用了分众，而且只有分众，优益 C 和每日鲜语这两个品牌，其他媒体我们都没投。当然也是因为资源有限，如果资源足够大，可能我投的还会更多一点。从代言人到广告的拍摄等等，我们都是同样的逻辑。

每日鲜语销售额从 8 亿元直接到 16 亿元，而且现在基本上每年翻一番，可能还不止翻一番，2020 年的增速是 150%，2021 年应该在 120% 以上。2022 年增速目标是 100%，我们觉得应该是完全能做到的。而且目前每日鲜语已经做到高端鲜奶的第一名了，我们在短短三年时间里做到第一名，特别是近两年。

我想这也充分证明我们跟分众传媒的合作是能够让业务看到实在的效果的。做业务，最后就看业务结果。业务结果好，我们就再投，不好我们也会撤。

中国已经成为全世界第二大经济体。未来的双循环也好，国内大循环也好，就是一个历史机遇。所有的中国公司都有机会创造伟大的品牌，而且我也相信很多企业家手里都有非常伟大的品牌。我们希望大家携手共进，在“十四五”期间，能够真正为中国再增添更多的中国知名品牌，能够为我们中国品牌的崛起做出自己的贡献。未来5年，蒙牛要再创一个新蒙牛，这也是我们的目标。

习近平总书记提出“三个转变”，对于我们这一代中国企业来说，我们都是带着使命来的，要建立伟大的品牌，建立百年的企业，不负时代和民族的期望。

/ 案例 /

雪花：重塑品牌的精神谱系[①]

侯孝海 / 文

啤酒行业在2014年之前经历了十几年的快速增长、行业并购和整合，中国啤酒众多品牌也经历了向大品牌发展的快速蝶变时代。

雪花啤酒在这个战略期中，跑出了非常快的速度。我们用最短的时间实现了中国啤酒行业的销量第一，也用最短的时间建立了全球单品牌销量遥遥领先的雪花啤酒品牌。雪花啤酒从东北起家，走向全国，现在已经变成中国家喻户晓的啤酒品牌。

2015年之后，中国的整个消费形势、产业环境都发生了重大的变化。我们背后的整个产业环境、品牌发展路径和消费群体及消费方式都发生了巨变，这个巨变不是渐变的，而是迭代式、跨越式的改变。也就是说，很多行业会面临重塑，很多品牌、产品都面临重新打造，很多企业可能在这个大变局中迅速没落，也有很多新兴的企业和品牌在这个新的时代中能够迅速崛起。

这是一个什么样的时代？我们的领导人早就说过了，这是“百年未有之大变局”。整个产业必然处在国家的大势之下，这

① 本文为华润雪花啤酒董事长兼总经理侯孝海在2021年9月25日“国货发展高峰论坛”的演讲。

个大势是企业做品牌的首要考虑因素。

啤酒行业发展背景

从2016年开始，我们思索中国正在发生什么样的巨变。总结下来其实就一句话——大国崛起，一个国家、一个民族真正走向世界舞台的中央。大国崛起带来的巨大变化，使中国的经济政策和经济走向发生了重要的改变，从过去规模发展走向质量发展，从富起来走向强起来，从产品时代走向品牌时代，从一代贫穷人口走向富裕人口。在这个变局当中，我认为离不开以下几点因素的助推。

第一，互联网，尤其是移动互联网的兴起，特别是智能手机的普及。这个变化极大地冲击了中国的消费环境、消费方式，以及中国品牌的塑造方式和方法，更极大地冲击了国际品牌在中国的发展。

第二，全国性的消费升级是波浪式的前进，永无止境。大家是不是感觉到了消费降级？但我们一直认为消费没有降级，消费就像海浪一样，后浪推动前浪。中国啤酒在10年前是两三元一瓶，现在多少钱？现在6元一瓶才是主流。它是从2元到3元、3元到5元、5元到8元、8元到10元的波浪式推进，这是中国消费升级一个非常重要的标志。

第三，中国的消费人群发生了巨变。现在中国最大的消费人群在哪里？是喜欢玩《王者荣耀》、买东西不看品牌和价格、看颜值、看喜好的一代人。他们是不去实体店，直接在网上下单的Z世代年轻消费群体。这个群体为什么和60后、80后有区别？因为中国正在经历着国家的巨变，这一巨变是以人群的巨大转变为核心的。也就是说，我们过去听父母的、听上一代的，现在Z世代听自己的。中国到了消费者自主的时代，年轻人决定的时代。过去的品牌是他们的吗？过去的品牌宣传方式是他们的吗？过去的产品是满足他们的吗？答案很多都是否定的。这个变化我认为是超越移动互联网，超越消费升级的。

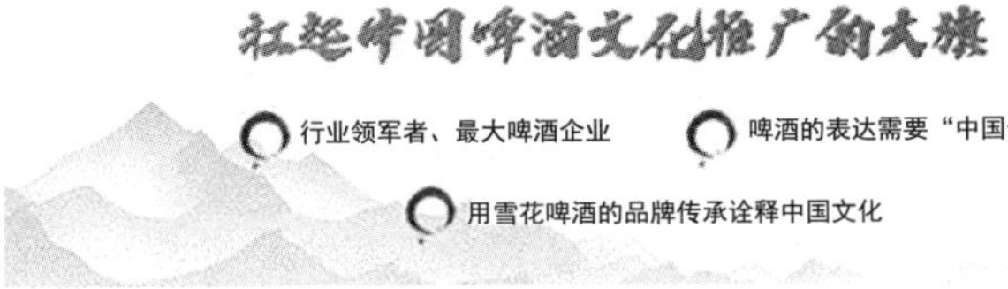

雪花啤酒的责任观

那么，中国啤酒行业在这种背景下应该如何应对？在中国新格局的发展当中，我们有两个主题，第一个主题是中国化。中国的崛起、中华民族的崛起和中国文化的崛起，势必给中国品牌带来极大的机会。没有国家经济的崛起，就不可能有中国文化的崛起；没有中国文化的崛起，中国人文价值观就不可能在世界占一席之地，中国就不可能成为世界的中央，中国品牌就不可能崛起。因此，"中国化"是我们的第一个主题。我们看到很多国际品牌说在中国生意很难做了，为什么？中国宝宝以前都喝外国品牌奶粉，现在为什么喝飞鹤？因为我们中国的很多品牌比国际品牌质量更高，创新更强，迭代更快，更适合我们现在的消费人群。

第二个主题，我们认为在啤酒行业当中，全球化跟中国化同样重要，这是中国高质量改革开放的重要取向。我们过去讲开放，开放的是什么？是招商引资，是能吃饱穿暖。现在我们叫高质量开放，是要更好的。这也是一个不可阻挡的趋势。

雪花啤酒在经过探索和研究之后，我们认为中国啤酒在全球化和中国化的基础上，高端化是第一个趋势，品牌化是第二个趋势。品牌化是中国品牌和国际品牌双组合的未来。中国不会回到过去，美国也不会回到过去，我们认为大国崛起的背后是中国品牌的崛起，中国品牌的崛起也会带动国际品牌在中国的发展。所以雪花啤酒构建了中国品牌和国际品牌的双品牌组合，这是大国崛起和产业崛起背后的大势，是势能，也是行业的变局。

雪花啤酒作为中国啤酒行业的头部企业，已经16年蝉联中国第一，而且比第二名还超出挺多。但是雪花啤酒有自己的问题，行业也有自己的问题，什么问题？就是过去重规模，不追求质量；过去重产品，不追求品牌；过去重厂家，不重视消费者。在这种情况下，雪花啤酒作为中国啤酒行业的龙头企业，要担负起中国啤酒品牌建设、文化建设和推广的重任，也要担负起中国啤酒高端化、质量化、全球化发展的重任，这也是一个中央企业的责任。

我们看到很多啤酒都是椭圆形的酒标，使用国外工艺、国外文字，甚至有些名字都是音译过来的，雪花啤酒对这样的品牌建设说“不”。这几年，雪花啤酒的高端化品牌在迅猛发展，下面这张图是我们的产品家族图。大家可以看到，我们已经发展了这么多品牌。肯定有人问，雪花啤酒为什么发展这么多品牌？

雪花啤酒发展的品牌

因为过去一个大单品可以打天下，现在一个产品只能打一片，打不了天下，所以要形成众多产品的组合。雪花这么多产品组合，对我们的品牌建设能力和品牌资源都带来了极大挑战。

在高端化、个性化和新的消费群体兴起的大背景下，雪花第一个要解决的重要问题是：品牌架构是什么？一个品牌组合的架构是杂乱无章的还是有序的，是基于消费者的还是自己臆想的，这些是要首先回答的问题。

第二个要解决的重要问题是，怎样阐述、表达、推广品牌精神和内涵。

第三个要解决的重要问题是，如何解决啤酒在不同场合、不同场景下价值不同，或者是价格不同、品牌价值不同的问题。

10 元一瓶和 15 元一瓶的啤酒一定是不一样的，中国啤酒行业非常重要的特点，就是价格是呈现金字塔分层的。5 元到 20 元一瓶的，每个档次都有，所以品牌架构必须要搭建起来。雪花啤酒在这几年探索出了一个新的架构，这个架构像金字塔一样，越往上越是高端的，越往底部越是主流的。我们这么多的品牌，都在这个架构里来布局，布局以后，再去思考如何宣传这些品牌的调性和它们的内涵。

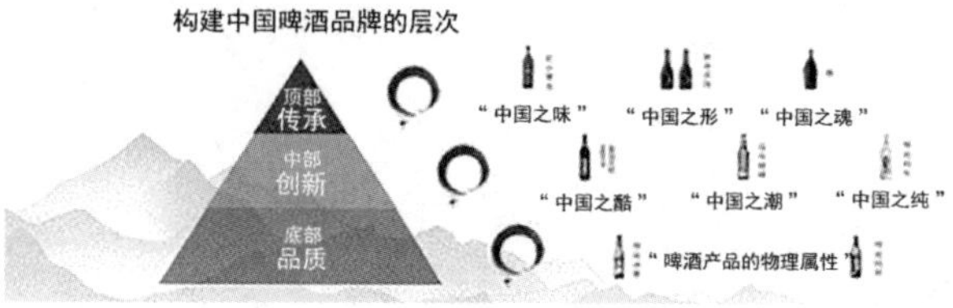

雪花构建的中国啤酒品牌的层次

我们金字塔的最上层叫“顶部传承”，顶部是价格高的啤酒，价值高的品牌。它注重什么？注重历史、文化、精神，因为只有历史和文化才具备超越产品本身的价值。我们从中可以看到中国古建筑的窗棂（匠心营造），中国文化的标志性符号京剧的脸谱（脸谱系列），中国3000年到5000年的酿酒文化（醴）。采用一系列中国文化符号来阐述中国啤酒在顶部是传承历史文化的，是极具历史文化价值的，这形成了中国之味（匠心营造），中国之形（脸谱系列）和中国之魂（醴），这三款啤酒形成了我们的高端组合。

在中部，我们认为要传达的是新中国对外更加开放、更加活跃的精神。它要酷炫（勇闯天涯superX），要潮流（马尔斯绿），要纯正（雪花纯生），所以我们用这三款产品构建了中部的中国创新谱系，定价在8～12元这个区间，代表了中国新时代的年轻人走向世界舞台的创新能力。

到了主流酒，老百姓可能在家光着膀子喝啤酒，我们注重品质为先，首先是要把品质做好。

所以，我们形成了顶部传承、中部创新和底部品质的完整品牌架构，这也是一个品牌系列的精神谱系。

那么，问题来了，雪花这个架构和谱系能否成功？雪花啤酒能够做成高端化，做成高端品牌吗？外界对此一直存在质疑。而且我们还有喜力、苏尔、虎牌这样的国际品牌，这些也是雪花啤酒的产品系列，它们也带来一个问题，那就是雪花能做、会做国际品牌吗？这是外界对雪花啤酒提出的新时代问卷。我曾经讲过，雪花在 20 多年前回答了外界华润能不能做啤酒、会不会做啤酒的问题，我们用十几年的时间告诉大家，华润不仅能做啤酒，还能做成中国销量最高的啤酒。同样，十几年前行业在整合当中，外界又提出华润啤酒没有全国品牌，能不能做成全国品牌？于是我们用 10 年时间，做成了全球单品牌销量遥遥领先的中国啤酒品牌——雪花啤酒。因此，面对雪花啤酒能否做高端化品牌、能否做个性化品牌的疑问时，我们重塑了雪花的品牌精神谱系，这个品牌架构就是用来回答这个问题的。

我们为什么选择分众？因为分众有独特的价值。当人人手上都有一个屏幕的时候，过去传统的品牌宣传方式一去不复返，所以我们必然选择跟消费者在一起的广告媒介形式，谁和消费者在一起我们就选择与谁合作。

第一，雪花啤酒的内容营销，永远“we made for young”，永远跟年轻人在一起，跟他们的娱乐 IP 在一起。

第二，我们要和那些在走上电梯，在办公场合能够抬头看到的媒体在一起，这就是分众。因为没人会离开手机，可能在电梯里，在生活圈的媒体前，他们会暂时放下手机，被你的广告所吸引，这就是分众的价值。我们跟分众的合作，推动了雪花在新时代的品牌发展。在移动互联网兴起、智能手机兴起、Z 世代人群迭代的情况下，我们的品牌通达必经之路其实并无太多可选择。

跟分众合作的这几年，极大地助推了雪花啤酒决战高端战略，使得勇闯天涯 superX 在两三年之内成为中国啤酒次高端第一品牌。

马尔斯绿甚至喜力这些品牌也是通过分众的媒介与消费者进行精准沟通。大家可以看到，这些都是我们在日常或者在工作场合看到的场景。喜力欧洲杯、超级勇闯小蓝瓶的活动，都为我们构筑“4+4”的“中国品牌＋国际品牌”矩阵贡献了非常重要的力量。

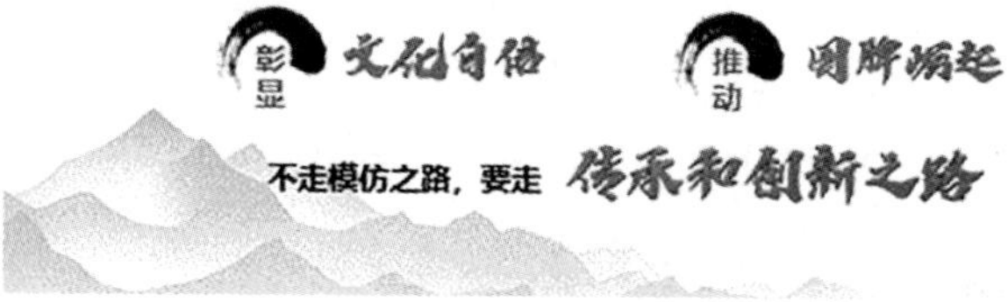

雪花啤酒发展战略

雪花啤酒在啤酒新的发展时代，探索和实践了一些自己认为能够走得通、能够走得快的品牌发展路径，成果如何虽尚待时间检验，但我们会坚定不移地重视品牌建设，加大品牌投资力度，以迎接大国崛起、助推国潮崛起，这是我们中国品牌义不容辞的责任。

第四章
新品牌破圈之道

从“网红”到“主流品牌”，新消费品牌如何进阶？

肖明超 / 文

近几年，伴随着消费升级，很多新品牌依靠品类创新和产品创新，通过数字化渠道突围，迅速成为消费市场的生力军。尤其是在过去的 2020 年，宅家消费对线下经济带来冲击的同时，也催生了线上新消费品牌的崛起。天猫数据显示，2019 年天猫小黑盒发布新品 1 亿件，覆盖人数超 8300 万；而到了 2020 年，天猫小黑盒平台首发新品达到 2 亿件，新品购买人数达到 1 亿，成交过亿元的品牌近 1000 个。阿里研究院的《2020 中国消费品牌报告》显示，品类创新对市场规模扩大的总体贡献度达到 44.8%，较 2018 年大幅增长了 15.2 个百分点。

这些迅速崛起的新消费品牌都是从数字化渠道开始，通过内容营销、明星和 KOL 种草、流量运营等方式，快速从小众圈层突围，从而成为网络上流行的品牌，很多都带有“网红品牌”的特质。对于很多品牌而言，下一阶段如何撕掉“网红”标签，成为主流市场中的引领品牌，从线上走到线下，成为新消费品牌能否打破现有传统品牌格局成为新一代领军品牌的关键。

知萌咨询机构发布的《2021年中国消费趋势报告》中，针对新消费品牌的成功路径以及2021年的走向进行了深度研究，提出了“新消费进阶”的趋势。我们认为，新消费品牌要想实现新的跨越，必须从线上世界走到线下场景，要在现有流量和趋势热度的基础上，迅速通过品牌声量的放大、品牌价值的建设夯实取得的市场基础，实现更大范围的突破，树立品牌壁垒，否则可能会被后来跟进者迅速复制和超越。

事实上，在2020年下半年，这一股趋势已经开始涌现，妙可蓝多、林清轩、元气森林、薇诺娜等新消费品牌，开始在覆盖中国4亿城市主流人群的分众传媒上高频出现，率先打响了新消费品牌的价值和势能争夺战，进入超越线上流量的品牌势能建设阶段。

新消费品牌崛起的三驾马车：新渠道、新人群、新供给

知萌咨询机构在《2020年中国消费趋势报告》中曾提出，经历消费升级和消费进阶之后的消费者，尽管2020年遭遇疫情，也依然在不断自我进化，并凝聚着新的消费张力，这一点也恰好印证了2020年新消费品牌的发展。

2020年，新消费张力大开，在线上实现爆发式增长。越来越多的新消费品牌依靠数字化、流量驱动和内容运营，创造了新消费场景，驱动了行业的品类创新，并迅速成为消费市场的黑马。

我们发现这些新锐品牌，很多都只是用短短时间就走完了传统

品牌几年甚至更长时间的整个路径，突破了线性增长模式，画出了一条漂亮的指数级增长曲线。那么，这些爆红新品牌做对了什么？知萌咨询机构《2021 年中国消费趋势报告》认为，驱动新消费品牌迅速崛起的原因就是它们抓住了新渠道、新人群和新供给。

从新渠道的角度来看，新消费品牌大多以微博、小红书、抖音、B 站等新媒体为主要营销平台，以电商、直播渠道为主要销售阵地。例如，小红书生态红利催生出国货美妆品牌完美日记，淘宝直播、抖音短视频捧红了彩妆品牌花西子。这些品牌不论是利用了哪些平台，其背后都依靠的是数字化流量和渠道。

从新人群的角度来看，随着新消费升级，年轻消费者已经成为新消费品牌的主力群体，他们更加追求品质、乐于尝新、愿意为创意买单。新消费品牌突破了传统品牌在年轻消费价值观满足方面的缺憾，更加注重新消费者个性化、自我价值的精神和文化体验需求；同时，注重场景营销、社交营销，能满足新消费群体的自我表达。知萌的调查显示，39.4% 的消费者认为购买新消费品类可以带给自己很好的体验，35.8% 的消费者认为新消费品类方便简单、便于使用。同时，颜值包装、创新力、文案卖点是吸引消费者购买新消费品牌的主要原因。从新供给的角度来看，依托于中国成熟的供应链体系，通过品类和场景创新，新消费建立了反向定制产品的模式，完全从用户场景出发来缔造新品类。知萌的调查显示，2020 年消费者购买过的新品类排名前五的产品分别是自热火锅 / 饭、即食燕麦片、智能音箱、盲盒、0 糖 0 脂 0 卡饮品。消费者对于新品类产品的选择度越来越高，品类类别也更加丰富，从追求产品基本层面的满足到今天越来越追求品质生活。这也就意味着消费不再是满足单一的功能性需求，而成为消费者探索世界和建构属于自己美好生活的方式。

因此，作为一股改变商业格局的大浪潮，新消费品牌的崛起是“天时、地利、人和”的产物，不仅抓住了新人群的消费需求和场景需求，打造出差异化产品，同时还充分利用数字化时代的红利，抢占用户心智，从而实现品牌的快速增长。

中国消费市场迎来传统品牌与新消费品牌共生的“新二元时代”

从 2020 年天猫“6 · 18”和双十一数据可以发现，在品牌榜单中，除了在市场上存续多年、拥有品牌知名度和广泛渠道覆盖的经典头部品牌，还增加了很多依托新数字渠道迅速崛起的新消费品牌，这也让今天中国消费品牌的格局开始发生变化，进入经典品牌和新消费品牌共存、博弈、竞争的“新二元时代”。

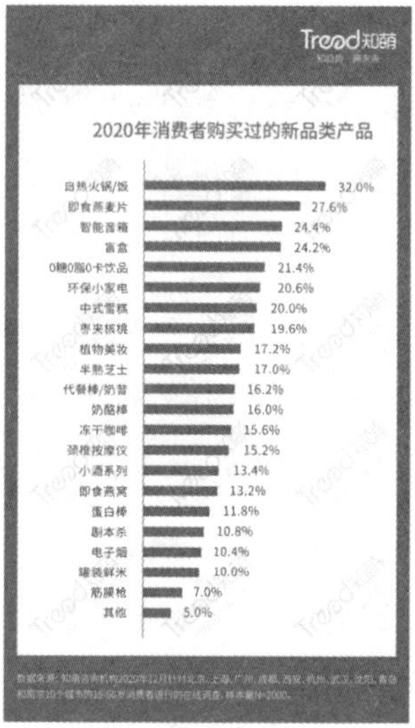

2020 年知萌对消费者购买新品类产品的调查结果

知萌咨询机构《2021年中国消费趋势报告》研究显示：23.2%的消费者认为新消费品牌"创造了新场景"；22.8%的消费者认为大品牌一成不变，愿意尝试"新品"；22.6%的消费者认为这是专门为群体设计的品牌/产品；21.2%的消费者认为解决了同类产品的痛点。这些通过单一爆品引爆品类流行，通过品类流行迅速崛起的品牌，不仅是2020年的典型现象，也将成为2021年发展的必然。体验大于必需、颜值大于功能、成分成为重点、惊喜成为驱动的新消费意义成为新消费品牌兴起的关键。对此应如何理解？我们来进行深度拆解。

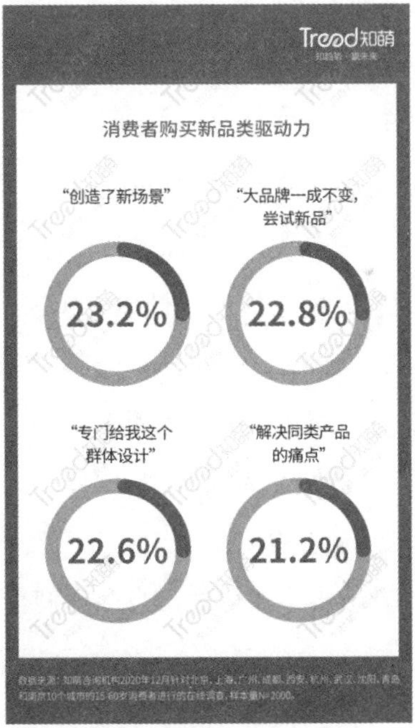

知萌对消费者购买新品类驱动力的调查结果

体验大于必需。就像知萌咨询机构在2021年十大趋势中讲到的“心价比”消费，越来越多的消费者更愿意选择“30元一杯的奶茶”，但是奶茶之间的区别能有多大呢？原因就在于消费者更注重体验式的消费。例如，喜茶突破性地将原叶茶、鲜牛奶、芝士等原料结合，打破粉末冲兑的惯例，并在商场开设空间设计精美的门店，重新定义了更健康、口感和颜值更好的茶饮。而消费者不仅关注产品，同时也愿意“排长队”去体验购买产品的过程。

颜值大于功能。新消费品牌面向的大多是90后、00后等新消费群体，不难发现，这一代年轻人对产品颜值要求更高，对美好事物的分享欲也强烈得多。例如，被称为国潮汽水、年销3亿的“汉口二厂”，通过国潮的方式重新做了汽水瓶包装，不仅引发了用户对老汽水厂的情怀，还将“汉口二厂”推向时尚潮品，刷爆了不少人的朋友圈。

成分成为重点。不论在食品领域还是化妆品领域，很多消费者开始慢慢转变为“成分党”，更加关注产品中添加了哪些成分。例如，消费者在饮食方面更加追求健康，越来越多的消费者开始放弃“肥宅快乐水”转向“0糖0脂0卡”的健康气泡水饮品。而在化妆品领域，近年爆火的新消费品牌HFP就是一个主打“以成分，打动肌肤”的护肤品牌。随着95后、00后开始占据消费市场，在互联网信息流通的环境中，年轻消费群体通过多元化的信息渠道往往能够获取更多详尽的信息，他们会更注重产品本身，关注成分和功效。

惊喜成为驱动。谈到惊喜经济，大家首先会想到的就是“盲盒”。盲盒可以满足消费者的好奇和寻求刺激的心理，人们对盒内的未知形象产生窥探欲、好奇感，因此对其一探究竟，是受众的好奇心得到满足的一个表现。例如，具有代表性的品牌泡泡玛特就通过与艺术家合作推出了一系列 IP 形象，通过盲盒这种入门级潮玩的形式，带给消费者充满惊喜的购物体验。

因此，在互联网平台的驱动下，传统品牌塑造的模式正在被改变。未来打败传统企业领军品牌的或许不是第二名、第三名的对手，而是在 20 名、30 名之外的新品牌。与此同时，新消费时代也必定会对传统的消费市场造成变革，倒逼传统品牌做出产业升级。

新消费品牌进阶三部曲

总结了新消费品牌的崛起路径后，不难发现新消费品牌快速成长的重支撑依托于数字流量的方式曝光，但是随着流量价格渐增、品牌买量费用不断增加，如何从数字流量走向消费者“心流”成为新消费品牌应该关注的问题。

另一方面，新消费品牌很多都是切中了市场中未被解决的细分诉求，从传统巨头的夹缝、品类的垂直细分领域起步。但是，由于切口不大且普遍缺少壁垒，这些品牌走红后极易被竞品复制，品牌营销力度一旦减弱可能就会被竞品取代。

那么，如何打造新消费品牌的“品牌势能”，实现持续增长？知萌咨询机构《2021 年中国消费趋势报告》指出了新消费品牌成长的三部曲。

第一部，需要从“网红品牌”走向“主流品牌”。在“网红品牌”的注意力基础上，通过品牌塑造，成为主流品牌，对用户认知造成引爆性的影响，建立壁垒。

第二部，从促销导向转向品牌导向。品牌才是真正持久的流量，很多新消费充分应用了直播带货、电商的促销价值，但是只有在消费者心智中形成深度认知才能让其持续购买。

第三部，从线上走到线下，实现整合传播和品效协同。将以内容营销为主的社交媒体传播，结合以核心生活场景为主的线下高频传播。例如，通过“两微一抖一分众”将内容化和场景化高效结合的“211 法则”，在公域化场景引爆，在私域化场景沉淀，一方面放大大众声量，另外一方面建立消费者黏性和忠诚度，实现品效协同。

例如，元气森林就打出了“0 糖 0 脂 0 卡”的市场定位，针对健康饮品细分市场，利用这种强记忆符号迅速提升消费者认知，进而强化品牌记忆。不仅如此，他们还在产品质量上也针对年轻消费者的健康需求进行了突破。元气森林利用赤藓糖醇替代安赛蜜、阿斯巴甜等常见的人工代糖，满足消费者对健康饮料的需求。至此，元气森林苏打气泡水成功打出了差异化，制造了“唯我市场”的品牌堡垒。

同时，除了在小红书、微博、快手、抖音等平台进行流量和内容营销，以及应用明星助阵、李佳琦助攻带货、张雨绮代言等，2020 年 5 月起，电梯里开始陆陆续续出现元气森林投放的分众广告，强势霸屏，很多人开始记住“0 糖 0 脂 0 卡”的概念，该品牌也牢牢占据消费者“无糖饮料专家领导者”的心智资源。

过去的媒体时代，我们认为传统媒体是空军，线下渠道是陆军。而在数字化时代，阵地发生了翻转。今天，互联网平台成为新消费品牌可以攻城略地的陆军，而要积累品牌势能，反而类似分众传媒以及线下的零售渠道和可以覆盖主流人群生活轨迹的空间成了空军。空军负责炸开消费者心智防线，为陆军能更低成本、更快地占领阵地提供帮助，而空军和陆军相互协同配合，才能打开突破消费者心智的捷径入口，并迅速在线上线下实现更大的反向增长。

如果说2020年是新消费品牌的爆发之年，那么2021年必定是新消费品牌的进阶之年，也是从“大网红到大品牌”的关键之年。过去，生产决定消费，而现今消费决定生产正在成为一种新趋势。新消费品牌只有抓住消费者需求，将以内容营销为主的线上推广和线下阵地传播充分结合起来，构建更强大的品牌势能，未来才能和经典品牌二分天下。

互联网时代更需要品牌，却打造不了品牌？

胡喆 / 文

魔幻般的2020年把中国经济拉入了以内循环为主要驱动的时代，线上经济突然走强，直播带货崛起万亿级风口，把中国人消费的互联网化程度进一步加深。

互联网日益成为消费重地，网民使用手机时长也不断增加，使得“品效合一”“互联网不再需要传统品牌方法论”的观点又开始流行起来。

然而，所谓“品效合一”很多时候是“品效分离”，基于流量驱动的交易衍生出的“流量即销量”往往掩盖了品牌的价值，忽视了品牌的心智资源的重要性。

其实，深入研究就会发现，这几年流量红利结束，成功的大部分品牌，例如元气森林、妙可蓝多、洽洽小黄袋等，都不是依靠所谓纯流量打法而成功的。反之，这些新消费品牌的崛起，往往是在消费者必经的生活空间中持续不断重复地曝光，在消费者大脑中不知不觉种下品牌的种子，并在某一天开花结果。这种不断累积的影响往往是不动声色的，从量变到质变，一旦越过拐点就会让品牌深入人心，取得持续的高成长。

因此，我们的结论是，互联网时代的确更需要品牌，但是互联网本身打造不了品牌。

要让这个结论得到证实，你必须穿越认知上的三大误区。

误区一：互联网时代，品牌不再被需要了

2020 年的直播带货极大地震撼了一批传统的品牌人，也产生了一种新的论点，即互联网时代不再需要品牌了。

持这种观点的人认为，所谓品牌，是产品的“认知标志物”，是信息不对称时代的产物，而互联网时代信息越来越对称、越来越透明，消费可以找到任何跟产品有关的信息，所以这时候不太需要品牌来“提示”消费者了。

其实，这种观点的提出并非只在当下，早在数年前，移动互联网、自媒体等刚刚崛起，直播还没有大行其道的时候，就有人提出类似的说法了，其中比较有代表性的是这样说的：移动互联将产品与用户的距离变成面对面，信息充分透明，你说，广告和品牌还有什么意义，直接看产品就可以了。

移动互联的本质是什么？其实，就是便捷，无距离的沟通，正是因为有了这种方便性，传统渠道消失了，互联网即渠道，传统品牌消失了，互联网粉丝群就是品牌。

这种观点根本无视中国经济社会的宏观背景已经悄然改变——人口红利渐弱，消费品零售额出现拐点，而生产供给能力却一直高速攀升。

简单说就是，买东西的人少了、老了，提供给市场的商品和想卖出商品的企业却近乎无限度地增加了；互联网的介入，进一步提供了无限多的选择，这些选择已经多到了让人眼花缭乱、难以下手的程度。

站在这个角度，反观前面的论点就不难看出："产品与用户的距离变成面对面"的前提，是"产品必须被用户从亿万个选择中挑出来"；"互联网粉丝群取代品牌"的前提是"你必须有品牌号召力才可能有粉丝群"。

这其实恰好说明了，在供给极大丰富、流量成本不断高企的大背景下，如何让你的产品在亿万选择中被消费者认可、选择才是成功的核心要素，而要实现这种认可、认同乃至认购，至今最有效的方法仍然是品牌，特别是高势能的品牌。

所以，这个误区应该改为，随着整个零售环境的互联网化（也就是碎片化和粉尘化），品牌的价值被前所未有地凸显了，甚至超过了产品力本身。

当信息越丰富，传播渠道越发达，互联网能让每个人都在网上发出自己的声音时，精力有限的消费者反而不堪重负，品牌作为一种信息简化器，其作用将越来越大，消费者将更加依赖品牌来做出消费决策。

所以，互联网时代，更需要品牌。

误区二：精准流量广告和直播可以取代品牌

互联网能够"取代"品牌的一大论据，是所谓精准营销。

随着互联网技术的进步，网络大数据可以沉淀消费者的消费偏好和习惯，企业利用这些数据可以进行用户画像和需求预测，进而相对精准地把广告推送到消费者面前。

如果你是一个有强大品牌势能的成熟品牌，把精准广告作为即时变现的手段很好，但如果你还没有建立起品牌，而又寄望于精准广告为你打造品牌，无异于缘木求鱼。

一个市场包括四种人群：决策者、购买者、体验者、传播者。效果广告只会投放到有数据支持的部分用户，而忽略其他类型的人群和他们之间的相互作用。因此，效果广告会使品牌影响力局限在小圈子里，失去很多销售机会。

2019 年，阿迪达斯全球媒介总监说过去一年投资效果广告占比高达 77%，导致业绩受损，正是这个原因。

“精准”广告的特点是针对部分客户的静默沟通，没有群体效应、没有媒体影响力、没有示范效应、没有品牌势能提升，甚至百度指数都不会为此波动一下。它可能的确能促成一些交易，但绝对无法打造品牌影响力，更难以达到引爆市场的效果。

这也是我们所强调的，为什么新消费品牌、焕新的老品牌，大部分不把品牌引爆的任务放在互联网上，而是放在城市主流人群必经的写字楼、公寓楼等核心生活空间，并采用高频重复的方式实现集中引爆。

也许你会说，精准不能引爆，不是还有直播吗？直播不是观众很多，很火爆吗？

问题是，如果一个商品只有几分钟的介绍时间，你会选择购买熟悉的大牌商品？还是从来没有听过的某个陌生品牌的商品？

直播的核心是带货，不是搞品牌建设。直播的唯一 KPI 是销售量，直播红人的基本方法论在于刺激消费者产生即刻的购买反应，让消费者快速做出决策，仅此而已。这对品牌认知几乎没有帮助，在某种程度上，不断打折促销的直播还会拉低品牌的认知调性。

直播的形态也不适合品牌沟通，品牌不是功能简介和产品说明，而是一种定位和心智。因此，想在一个几秒钟的流量广告或一两分钟的直播里，跟消费者讲清楚这个品牌是干什么的、有什么独特价值、为什么可信……这个诉求首先就是不现实的。

如果你已经上过头部带货红人的直播间，可能会更深刻地体会到，直播商品中，能够在瞬间被带货的，绝大多数都是“大牌+深度折扣”的类型。帮助消费者做瞬间决策的，不仅仅是“李佳琦们”的舌灿莲花，更是大牌长期种下的心智认知。

更重要的是，即使你付出了昂贵的费用，也确实卖出去了一些商品，但这和“建立品牌”真的没有一毛钱关系。

直播电商、品效合一的过度宣传，让人掉入误区，即似乎不需要品牌广告了。其实在一个碎片化、粉尘化的世界，流量、直播等方式只解决了“买”“何时买”“何价买”，却没有解决“爱”“为什么爱”。没有爱的买是单次的，是不持久的。没有品牌广告去累积固化品牌的认知与信任，销量是不可持续的。消费者可以今天因为低价尝鲜买你的产品，也会在明天因为对手更低价而转身去尝试别人。

无论是效果广告，还是直播间的推荐，有一个特点就是展示的时间非常短暂，释放折扣等冲击力信息，力求在很短时间促成用户决策。这种形态对品牌塑造不但没有正向作用，反而极度依赖品牌势能和品牌辨识度。

简言之，直播和精准广告不但不能够帮助建立品牌，反而凸显了这两种模式对品牌势能的依赖，只有品牌才是真正的、长久的免费流量和心智工具。

误区三：用户 6~7 个小时都在看手机，所以互联网是打造品牌的核心

受新冠疫情影响，2020 年，中国手机用户对手机 App 的使用时长明显增加，在疫情严重的第一季度人均单日使用时长达到 6.7 小时，较 2019 年增长 10% 以上。其中，即时通信与电商购物 App 依然是用户时长的绝对刚需，短视频、娱乐、直播等细分市场的集中度不断提升。

6.7 小时是一个相当可怕的时长，因此有人得出了一个想当然的结论——由于用户使用互联网的时间最长，所以互联网才是做品牌的核心媒体平台。

但如果仔细分析，就会发现互联网广告和品牌打造的核心方向和要求，并非同向而行。

首先，传统的信息流、搜索关键词广告等，对于品牌的打造效力甚微，你一个月内能记住多少个信息流广告？

经过若干年的使用“洗礼”和“教育”，用户对于信息流广告的“保护色”早已非常熟悉。因此，在为了追求营收已经日益过度商业化的信息流平台中，用户对信息流广告的容忍度日趋降低，加上信息流广告的形态比较固定，先天的“变妆”空间有限，越来越容易被用户“识破”，用户往往会在阅读目标中将其预先剔除，导致广告能获得的注意力大幅下降，也就是我们俗称的“秒滑”。

那信息流广告是否无效呢？也不是，在传递打折、补贴等通过强刺激来吸引消费者注意方面，信息流仍有一定的引流效果。

但正如心理学专家指出的，“任何情绪刺激，都只适合短暂的冲动性消费，对于培养长期的品牌偏好和消费习惯几乎没有帮助。因为情绪作用来得快，消散得更快”。

这和品牌打造不仅毫无关系，而且背道而驰。

所以，归根结底，为什么互联网广告和品牌塑造是背道而驰的？是因为在我们的分析中，不难发现，互联网广告的本质是流量，流量的本质是注意力，注意力只能带来短期刺激，而品牌的本质是心智认知，心智认知的建设需要长期努力和关键时点的引爆。用互联网广告去做品牌建设，就好像要把一辆汽车开上天，无论马力多么强大、油门踩得多么坚决，但因为汽车的基本原理不是为了获得升力而起飞，所以再强的汽车也飞不起来。

如果你认为互联网占据的用户时长只要够长，就足以抵消其广告形态、时长的短板，我们可以看一组数据——权威机构益普索的研究告诉我们，2020 年前 10 大热门、高辨识、占据心智的广告语中，47% 的消费者认知渠道源于电视广告，56% 源于互联网媒体，83% 源于电梯媒体。

而手机的总数量是 15.9 亿部，用户日均使用时长前面说了超过 6 小时，电梯媒体和电梯海报的点位总数不过 300 万个，每个用户每天经过的时间不过几分钟，但两者对建立有辨识度的品牌广告在效力的差别是十分明显的。在品牌建设领域，中心化、集中化引爆和不断高频重复才是王道。

其实，如果非要说互联网广告能够做品牌，有一种形态曾经比较合适，那就是互联网视频全屏贴片的视频广告，也就是我们通常说的长视频内容前的 90~120 秒的贴片广告。

从形态、吸引用户的注意力上看，这类广告是最接近电视广告的。在疫情期间，综合视频类 App 用户观看时长同比大幅增长，疫情严重的 2020 年 2 月用户出行减少，影院撤档，长视频类 App 用户观看时长达到 270 亿小时。

但很可惜的是，长视频广告的最大问题在于，视频网站的广告是付费就可以去掉的。2 亿 ~3 亿长视频用户会选择付费以避免广告的打扰。对于长视频网站来说，只要能够从会员收入中获得营收补偿，它们并不介意是否去掉广告，但对于互联网广告这个整体来说，这意味着其最有可能进行品牌集中展示且有一定强制色彩的场景也消失了。

小结

本文的讨论其实有一个重点，那就是以流量为主要特征的互联网广告不适合打造品牌的心智认知和核心势能，所以很难建立起品牌的安全感、信任感！

互联网广告的形态和这种基本心理学原理，是背道而驰的。但是，互联网广告对做品牌没有帮助，不表示互联网就不能用于品牌建设，比如我们熟悉的在社交媒体上“种草”，搞内容营销、产品介绍、功能宣传甚至建立粉丝群体，都是品牌建设的好办法、好路径。

这也就是凯度中国区首席执行官兼 BrandZ™ 全球总裁王幸所说的：当前“两微一抖一分众”是打造品牌的最优范式，把以“两微一抖”为代表的内容营销和以分众电梯媒体为代表的场景营销有机结合、交互共振是提升品牌价值的核心方式。

互联网打造不了品牌，但“两微一抖一分众”可以

胡喆 / 文

凯度中国区首席执行官兼 BrandZ™ 全球总裁王幸说，当前“两微一抖一分众”是打造品牌的最优范式。这其实是告诉我们，互联网作为目前用户数量最大、交互效率最高的一种媒介，在品牌全价值的打造中，当然不能缺席，非但不能缺席，还要发挥作用。

但这种作用的发挥不能脱离现实的场景营销，不能脱离消费者必经的生活空间，要作为一种有效的手段与前者结合起来，使得以“两微一抖”为代表的内容营销和以分众传媒为代表的生活场景营销，做到“有机结合、交互共振”的八字心法。

完美日记还缺什么？

完美日记被称作“互联网时代的新欧莱雅”，也是目前新消费

浪潮中最醒目的旗帜型企业。

绝大多数行业观察者都基本认同，完美日记的成功是其凭借成熟供应链形成的“大牌的完美平价替代品”的产品定位和激进的“流量型 × 内容型”的营销策略共同作用的结果。

简单说，完美日记走的是 ZARA 路线，也就是产品多样、平价、迭代快速，追求的是高复购率和优质平价推动的高销售量。而行业公认，快时尚服装品牌 ZARA 是成功运用这种模式的代表企业。

而在营销领域，完美日记一向被认为是“新消费的营销典范”。除了拥有快时尚基因，完美日记还因为其流量模式和营销投入庞大而著名。

完美日记对自己的营销之道充满信心，这甚至体现在其招股说明书里——在招股说明书中，完美日记将其成功归结于数字化的 DTC（direct to consumers）模式，即直接触达消费者个体、收集其行为与偏好，通过大量 KOL 进行强有力的在线社交营销，等等。

事实上，完美日记被公认是过去两三年中，“两微一抖”以及小红书、B 站的数万名美妆博主、KOL、个人评测者等内容输出端共同的最大投资者之一。和 KOL 的深度合作也反复被提及、强调，甚至被公认为完美日记的核心竞争力之一。

这种做法确实有效，完美日记通过小红书、抖音、B 站等公域流量 KOL 的内容营销获取新用户并实现初次变现，之后将流量引入基于微信生态的私域流量池，再通过高频次的社群维护提高老客户复购率并延长其生命周期。

那么，看上去如此合情合理的逻辑，为什么我们还要说这套体系还有提升的空间呢？

完美日记的财报中体现出一个细节，就是营销成本太高，吃掉了大部分利润。所以，从本质上讲，真正的问题在于完美日记没有实现面对整个 4 亿城市主流人群的品牌彻底引爆，没有在这个大圈层里把品牌势能变得更高。因此，当流量红利消退，流量成本、KOL 成本大幅上升就会对利润产生挑战！

把完美日记和欧莱雅对比会发现，完美日记和欧莱雅的毛利率相差其实并不大，这说明完美日记的基本模式是成立的，它的毛利率和这个行业头部品牌是接近而不是相去甚远。

但换个角度来看，欧莱雅过去几年的营销费用占比基本在 15% 到 21% 之间；而完美日记的财报显示，2020 年前三季度，其用于营销的费用高达 20.34 亿元，在总营收中占比超过六成。

换句话说，完美日记和欧莱雅的毛利率仍有差距，其营销投入与收入之比是欧莱雅的 3 倍。为何会产生这样的差距？就是品牌认知度和品牌势能差距导致的。

“品牌才是永远免费的流量”这一金句，体现无疑。

完美日记在过去几年的品牌建设中，最大的特点就是先通过社交种草，然后用流量来割草。这意味着，完美日记源源不断的流量获取背后，是公司持续投入的高力度营销费用，这让公司的盈利也备受压力。

种草很重要，但要靠组合策略

接下来，我们更深入地看这个问题。

第一，KOL 的价值是有天花板效应的。

在 2020 年 11 月上市前后，完美日记在小红书的粉丝量接近 200 万，此后便呈现停滞状态，虽然没有减少，也没有大幅度提升了。

简单说，当你把“草”种满了整个草原的时候，红利的上限就已经形成了。而接下来的问题，就是在“草原”面积已经不会递增的情况下，反复地过度放牧，最后可能造成的是收益率的边际效应递减。

第二，便宜的流量基本没了。

其中，这既有宏观的移动互联网整体流量增长见顶的问题，也有微观的“竞价机制”造成的问题。特别是在几大主要互联网广告平台上，普遍采用了竞价机制，只要品牌认知度和品牌势能没有形成充分的优势，跟对手在利用流量广告作战时，就只能通过不断竞相出价获取流量，等于自己推涨了流量的价格，最终成本压力会变得越来越大。

完美日记作为新消费的旗帜型企业，有无数企业正在效仿和学习其成功路径。不过，我们也发现，完美日记正在积极主动调整这个问题，虽然在品牌上的投入不如当年流量红利时期那么激进，但其正以此前没有的力度把品牌知名度、认知度和品牌势能的建设进行优先级提升，开始在分众等核心生活场景媒体上的品牌引爆探索和投入。从这个角度来看，完美日记有希望变得更“完美”。

完美日记的成功，充分说明了“两微一抖”的重要性和价值，但也体现了这一体系必须和其他体系结合起来，才能实现品牌影响力和品牌势能的持续累积和整体跃升，进而解决以上所述的几大问题。

笔者认为，“种草”其实是继精准广告之后，互联网对于营销领域最大的贡献之一。

新消费的主体是Z世代，也就是95后、00后。根据黑蚁资本的观察，95 后、00 后正踏在新消费的潮头浪尖，他们出生在一个经济繁荣、国富民安、独生富养的年代，视野宽广、开放热情、内心强大。

这一代人是互联网的原住民，对于通过网络获取信息的方式熟极而流。他们热爱消费，是各大消费社区的原住民，喜欢“先认后知”，通过网络渠道了解消费品的各种指标和口碑，然后产生购买冲动……这一切都注定了种草、拔草是一套对他们非常有效的打法。

那为什么这套打法会导致利润失血以及缺乏持续性呢？笔者认为，核心问题是“适用范围”和“策略组合”。

首先，Z 世代的确是消费的新红利群体，但尚称不上是社会消费的中坚群体，真正的中坚群体是 4 亿城市主流人群。也就是说，一个品牌要实现从 Z 世代向真正的城市主流群体的延展，仅依赖 KOL 和消费社区是不够的，因为这一阵地并不是后者的高敏区，他们没有大量的时间浸泡在消费社区里。他们更关注产品品牌带来的确定性、安全感和文化认同，有更强的购买力，性价比不是说服他们的主要理由。

说得通俗一点，如果一家企业的目标是成为一个收入在 5 亿 ~20 亿元、主要针对 Z 世代消费群的中小企业，那上述体系尚可支撑；但如果想成长为百亿元级企业，那以上体系则无法形成有效的支撑，因为任何体系都是有边界的。

也就是说，如果整个消费者的视野里是一片荒原，那么一株花草就格外引人注目，这就是早期红利期的优势；而如果这里已经被反复耕耘，已经种满了花花草草，你就一定要种点别的植物，或者干点别的什么——使“你的草原”明显有别于一般的花草，可以一眼识别出来，最好越高大越好。

也就是说，你还是可以在消费社区耕耘，但要明显有别于其他的“草”，由于“草”的大小高矮都是差不多的，所以你要种一棵大树。总而言之，“高识别率 + 种草”，效率才会大幅增加。

这么说是有事实依据的。也就是说，品牌力的强弱会极大地影响后续流量购买、效果广告乃至“种草”的效果。

这么说也是有数据支持的。中金旗下研究机构的数据显示：2020年，资生堂、欧莱雅、雅诗兰黛等顶流大牌，同样尝试了小红书、抖音、直播带货等新流量端，其销量增幅均超过 60%；而同期同比，某个国内新消费品牌的销量增长仅为 22%。换句话说，品牌力强的品牌可以在流量加持下发挥更大作用。

这种明显的差异化由品牌影响力和品牌势能决定，而要建立品牌影响力，目前来说最有效的办法还是品牌引爆。

随着移动互联网商业环境的成熟，消费者有更多合理合法的手段来规避互联网广告的打扰，从而使这一空间出现了“去广告化”的趋势，在互联网中用户主要看内容而非广告，但现实的生活空间是无法滑过和无法规避的，因此在消费者的日常中，在公寓楼、写字楼等必经的高频的生活场景中，在电梯这种近乎封闭的空间中投入足够的传播资源，以极高频率反复震荡而形成“品牌引爆效应”，仍然是品牌影响力破圈的最有效手段。

写到这里，笔者想表达一个观点，那就是种草非常有效，但一定要和写字楼、社区电梯媒体这一类品牌集中引爆设施组合使用，才能达到最大的效益，而这其中最大的“秘诀”在于次序和组合缺一不可。

殊途同归

简单地说，根据品牌的发展规律，两者间的组合可以有 Plan A 和 Plan B 两种方式。

Plan A 是顺势法，顺遂企业的自然发展路径和创业规律。在早期规模小、资源少、预算不足的情况下，企业主要采取种草等投入门槛较低的营销策略，先建立和消费者的沟通，获得一定程度的关注度，吸引一定数量的粉丝，待到规模、资金等条件具备的时候，应该迅速寻找属于自己的品牌关键词，通过“两微一抖一分众”引爆。我们看到很多快速崛起的新消费品牌都采取了这一路径，如元气森林等。

Plan B 则适合一些前期资源就较为丰富的新品牌，或者有品牌积淀但亟待焕新的老品牌。这类品牌往往处于竞争局面较为复杂的格局中，因此往往采取闪击战的模式，在一开始就用排山倒海的资源投入分众电梯媒体等品牌引爆设施，甚至在实质上的市场竞争没有完全展开的时候，就用“品类独占”策略封杀赛道，使得竞争对手无力还击，或者赶超成本剧增；进而在建立了一定的品牌势能后，再配合以社区营销等种草手段和效果广告等拔草手段，稳固之前“闪击战”打下的地盘，这里面比较典型的案例有瓜子二手车、猿辅导等。

无论怎么组合，最终都是为了达成以下目的。

第一，通过提升品牌力让消费者意识到“拥有更多不如拥有更好”，接受产品力升级和由此带来的消费升级，产生更高溢价。

第二，品牌引爆不是产品简介和功能解说，更多是“心智资源”的争夺，通过核心差异化价值的重复和暗示，让消费者获得安全感和信任感，从而拥有认同感和归属感！由信任来驱动“购买”，大幅降低交易成本。

第三，品牌在主流群体中引爆后，往往会成为一种社会共识和一种生活潮流。因此，品牌势能的提升还可以帮助消费者从关注物质价格（value for money）到关注心理价值（value-added meaning），让产品的体验价值和社交价值比重被进一步放大，进而达到掀起真正的量价齐升的效果。

值得一提的是，检验这些效果的并不是作者的推想，而是“市场之手”的忠实选择。从相关数据上看，2020年的广告均向头部媒体聚焦，流量型媒体头部公司如阿里、抖音、腾讯增长为20%~30%，品牌广告头部公司分众传媒增长为20%~30%。而整个广告市场下降11%，传统媒体下降幅度更大。

通过2020年，更通过这些数据，我们很明显地看到，过去若干年流量红利的溢出在很多时候掩盖了品牌的价值，让企业忽视了品牌心智资源的重要性。

但随着流量型打法的红利倾尽，越来越多的品牌经过实践也发现，只单纯追求流量并非长久之计。我们反复分析的结论也是，流量成本越来越高，无法持续运行。

无论营销路径怎么变，商业的本质不会变，消费者是根据品牌来选择的，品牌才是真正持久的流量。品牌在你的头脑建立认知之后会持续很长时间，给你更多的安全感和熟悉感。因此你无论在什么渠道看到这个产品，都会本能地更倾向于选择它。

新品牌出道以后，还需要翻越三座大山

品牌鑫观点[①]/ 文

历数近年来的新国潮品牌，从 0 到 1 快速崛起的品牌有不少，它们在如潮涌动的流量盛宴中，经历了短暂风光后，开始变得后劲不足，在 10 到 100 发展的征途中逐渐掉队了。像早几年很火爆的雕爷牛腩、黄太吉、答案茶、丧茶、泡面小食堂等等，如今都已经沉寂了。

相比之下，为什么完美日记能够摆脱出道后的失速困局，而很多其他品牌却在迈过 1 到 10 的门槛后掉队了？新消费品牌在从 10 到 100 的阶段，应该怎样做，才能继续转动增长的飞轮？这些问题，很值得我们深思。

爆红品牌的“流量瓶颈”

纵观近年来快速蹿升的新消费品牌，具备一些共通的特点，那

① 品牌鑫观点，品牌营销资深观察者，以品牌视角洞悉商业世界。

就是非常重视流量运营，具备鲜明的“网红”特质。而它们之所以获得流量的加持，主要受益于以下三种红利。

一是新品类红利。年轻人群新的消费习惯，以及新的技术在产品中的应用，使得新品类的需求不断增长，推动着这些赛道上的品牌持续成长。比如王饱饱的爆红，很大程度上得益于年轻人对健康低脂又追求方便的需求。

二是新流量红利。比如完美日记前期有赖于小红书平台的内容化，HFP 有赖于公众号的密集种草，而抖音、快手、淘宝直播的崛起带来了全新的流量红利。

三是审美红利。新品牌普遍重视包装设计，也很偏爱跨界传播。高颜值的设计、新奇的跨界联名，很容易激发用户发圈晒照，经由社交媒体迅速传播。

然而，世界上的很多事情都藏着它的反面。这些网络渠道上的流量红利虽然促成了新品牌的快速崛起，但也使得它们对流量形成了“路径依赖”，不自觉地掉入“流量瓶颈”。

就像家电业谁最早抓住国美、苏宁的新渠道平台的流量红利，谁就可以销量暴涨，而短暂的红利期结束后，平台就进入了收割期，众多家电企业的利润被国美、苏宁等渠道全面挤压，直到京东、天猫崛起带来新一波渠道流量红利，之后红利结束，众多家电企业又开始经历电商平台上价格惨烈竞争而流量成本高速上升的双向挤压，利润越来越薄……历史总是惊人的相似。

因为新品类的入场者会越来越多，竞争会不断加剧；新渠道的流量成本会越来越高，投放 ROI 逐渐走低，红利已经或终将不再。

过度倚重流量，过多地沉迷于网红光环，过分地追求一个又一个的爆款、一轮又一轮的跨界联名，往往容易“失焦”，忽视对品牌和产品等基本功的锤炼。品牌缺少核心价值的支撑，产品在消费者心智中没有差异化的认知，久而久之就会失去前进的动能。这，或许就是新品牌步入“流量瓶颈”的内在逻辑。

实际上，很多新晋品牌尽管名声在外，内里却依然薄弱，产品动销靠直播和种草，缺少品牌核心价值的护城河。新品牌如果不去补上这些短板，怕是难以摆脱网红品牌“出道即巅峰”的宿命。

新品牌可以借势新渠道红利、新流量红利出道，但是切不可迷失在盲目争夺流量的荒野。新品牌在从 1 到 10，从 10 到 100 的前行道路上，需要认知迭代，才能打开更宏阔的天地。

新品牌晋级需要迈过三道坎儿

笔者认为，新品牌在从 1 到 10 阶段要避开“流量瓶颈”，最需要做的是及时切换跑道，摆脱以往单纯依靠流量的做法，转换到依靠品牌和流量双重驱动的路径上来。

因为流量红利具有偶发性，没法累积，也很难持续。而品牌作为一种资产，可以长时间累积，与时间做朋友，享受时间的复利，助推企业的持续增长。

第一，从流量到心智，建立品牌护城河。

品牌通过流量可以瞬间圈粉无数，但是粉丝与品牌的这种联结是很浅层的，因为他们往往只是为了猎奇、尝鲜、跟风。

粉丝因为外在热度而打卡，这种联结关系往往来得快，去得也快，很难持久。品牌要赢得持久的用户，就必须重视产品力和品牌力的构建，并通过高效的品牌传播，占领消费者心智，让品牌成为深度、持续联结消费者的工具。

真正的品牌心智是存于消费者大脑中、能够区隔竞品的鲜明印记。它首先要解决两个问题：我是谁？我能带给消费者什么样的差异化价值？

比如，元气森林是“无糖专家”，能带给顾客的独特价值是“无糖又好喝”的饮品；花西子是“东方彩妆”，带给顾客的独特价值是“东方美学，萃取自然花卉精华，适合东方女性”。

在回答以上两个问题后，品牌还需要将其浓缩成一句有感召力的广告语、一个有调性的画面，借助系统化的传播，让目标人群形成清晰的认知，完成品牌在大脑的“注册”，这样才算占领了心智。

在当今的品牌传播中，新品牌大多偏重线上效果型媒介，这些媒介在引流购买方面有其自身的优势，但是在塑造品牌心智方面，存在重大的盲区，那就是：非常碎片化，使得品牌难以集中引爆。

线上媒体的触达，在空间和时间上都是很分散、很碎片化的，加之信息庞杂、干扰众多，消费者注意力涣散，品牌效果容易被稀释。各类促销、多元化的卖点扎堆亮相，为了取得更好的点击，不断变化身姿，让人越来越难以记忆。

同时，线上信息流的精准投放容易造成“信息茧房”效应，遗漏了许多潜在消费者和可能影响消费决策的相关作用者、体验者、传播者，广告变成了“窄告”。当品牌缺乏有效、规模化的触达，无法形成高密度、高浓度的渗透时，就不能到达引爆点从而构成社会共识。

在当前媒介生态下，品牌在定下了一句广告语，计划向几亿人群进行强势品牌引爆时，可用的平台已经十分稀缺。因为它需要满足诸多条件：第一，受众足够广，能够覆盖多场景、多渠道的人群；第二，中心化，在时间和空间上可以统筹，集中投放和引爆；第三，有效触达，阅读率高，信息干扰小；第四，足够有强度和真实，有利于提升品牌势能。

笔者认为，在当今碎片化的时代，以分众为代表的全国性楼宇电梯媒介，最为符合以上引爆品牌的几个条件，称得上真正的中心化媒介。根据央视市场研究数据，2020 年 9 月全国投放广告的渠道中，电梯电视同比增长 27.2%，电梯海报同比增长 50.8%，远高于其他媒体。

益普索的调查显示，由于分众电梯媒体处在 4 亿城市主流人群每天必经的公寓楼、写字楼等生活空间，在低干扰的电梯封闭场景中，广告对用户构成了高频且强制的到达，从而使每天 4~6 次等候与乘坐电梯的用户对分众电梯媒体反复播放的广告语、播放的品牌记忆较为深刻。从益普索的调研结果看，中国流行广告语记忆 81% 都源于分众电梯媒体，这已使其成为这个时代屈指可数的每年制造流行广告语、引爆品牌的核心阵地。

对于新品牌来说，在中心化的 4 亿用户每天必经的电梯投放广告实现集中引爆，高效率地放大前期累积的品牌势能，快速占领用户心智，是可复制、可行且成功率较高的方式，并且可与线上媒介形成互补，弥补线上单一种草和流量打法造成的心智缺位。

近年来，完美日记的做法也可以佐证这一点。在线上加冕后，完美日记升级了品牌形象，并开启了全新的品牌布局，加大线下投放力度，大规模霸屏全国电梯媒体，占领更多线下人群的心智，进一步抢占市场份额。

第二，从小众到主流，破圈成就国民品牌。

近年新品牌跃升的路径普遍具有圈层化特征。产品最开始被圈子里的达人、专业人士推荐，然后通过晒图、直播、种草等方式，被更多人拔草和分享。

出现这种现象的原因在于线上媒体以年轻人群居多，尤其是Z世代人群，他们在网上喜欢以各种圈子的方式聚集和互动，像古风圈、汉服圈、谷圈、笔圈、兽圈不一而足，新品牌借助这些小众化的圈子，可以避开大品牌的围堵，聚焦原点人群的突围。

然而，小众品牌虽然听上去美好，但是客群不能总是困在小众圈子中，否则支撑不起品牌从1到10再到100的足够体量。

因此，新品牌在线上圈住一批粉丝后，要想继续增长，就不得不面临一个问题：如何破壁出圈，在更大范围内“搞事”，让品牌被更宽广的主流人群接纳。

那么，该如何破壁出圈呢？让我们回归原点，看看高价值的主流人群在哪里。

现实生活中，年龄在25~45岁、具有较高收入水平的主流人群，其实更多是在线下，他们重视事业和家庭，日常出没最多、花费时间最长的场景，无非是工作、居家和购物休闲。

这样来看，能够覆盖这些典型场景的媒介，无非是公寓楼、写字楼、卖场、商场、影院、高铁站、机场这些生活空间，这些空间里的人群覆盖了80%的都市消费力，是品牌消费的意见领袖和风向标人群。这样的媒介具有很强的品牌扩散和渗透能力，可以帮助品牌高效触达并引爆城市主流人群。

对于新消费品牌破壁出圈，走向公众品牌、明星品牌，这些城市风向标人群最日常的、最高频经过的生活空间是品牌广告信息传播的核心接触点。这也是完美日记、花西子、薇诺娜、元气森林这些新消费品牌，都在各大城市聚焦生活空间的原因，其核心目的在于人群破圈，剑指国民品牌。

从销售数据来看，这么做的回报也是可观的。据报道，2020年疫情之下，逸仙电商前三季度收入仍增长约73%，其中完美日记占比80%。而在2020年双十一，薇诺娜同比增长102%，元气森林一个月卖出过一年的销量，在“6·18”勇夺天猫饮品类的冠军。

第三，从单平台到多渠道，成为全渠道品牌。

近些年蹿红的一些新消费品牌，最初往往是从某个线上平台做起来的。它们的成功在很大程度上仰赖平台的生态，比如平台的流量供给、运营玩法、传播带货模式等等，处处留下了平台的烙印。

由于对原生平台嵌入过深，这些品牌一旦离开了平台，就变得不适应，营销、客源、服务各种跟不上。我们也听到不少这样的故事：很多从淘宝、天猫发迹的新品牌都面临“出淘”的烦恼，出去以后水土不服。

然而，电商平台毕竟有其天花板，过度依赖平台也非长远之计。新品牌要想成为真正的全民品牌，离开原生平台的襁褓，进行多渠道拓展，是不得不走的一条路。

迈出这一步很不容易，但是一旦成功，将大大强化品牌的生存力和竞争力，向真正的成熟品牌迈进！否则一直困在原生平台，就真的会变成线上版的“渠道品牌”。

这也是完美日记、薇诺娜、自嗨锅等新兴电商品牌，成名后都要往线下拓展实体零售的原因。

然而，多市场、多渠道运作并不容易。终端动销、物流通路、市场维护自不必说，光是品牌宣传方面，就面临着与线上完全不同的挑战。因为全国各地市场的需求结构、消费者构成、信息接收习惯、购物习惯等都不同，要精准地找到这些人，让他们记住品牌并刺激他们购买，需要足够的经验和智慧。

随着品牌向新的渠道发展，运营的逻辑也在悄然发生转变，线上单一渠道的打法不一定适合线下渠道。如果只是某个电商渠道，可能找电商平台小红书、抖音、朋友圈等单一渠道做种草或者直播，后者再投放信息流广告，点击链接可以很流畅地触达和转化。

但如果是线上线下多渠道运营，且涵盖全国各地市场，那么光靠线上某个媒介是没法覆盖所有目标客群的。在这种情况下，品牌就需要跳脱效果广告的窠臼，寻找可以覆盖全国的整合型媒体，统一规划、统一投放品牌广告，同时为各类实体渠道、各个市场赋能。同时，在具体每个平台的大促、节庆等重要节点，配合投放一些促销型广告，品效广告结合，实现广告效益最大化。

同时，在选择广告位时，要结合各渠道、各地区的具体情况，做灵活调整。如果是重点市场，投放就要更加密集，进行立体式饱和攻击；面向年轻白领的品牌要多投放写字楼，面向家庭的品牌应该多投放中高档社区，即时刺激性的品牌尽可能投放到距离终端购物场景近的地方，如商场、影院或终端网点。

新消费品牌虽然借助流量的东风可以实现快速出道，但是当品牌发展到一定阶段，就需要切换思路，从单纯依靠流量转换到品牌和流量双轮驱动。过度沉迷于单一的流量打法很容易掉入“流量瓶颈”，失去持续成长的动力。

新品牌在升级发力阶段，最需要做的功课是整合中心式媒体和线上媒体，快速引爆品牌，抢占消费者心智，以突破人群和平台的限制，将品牌拓展到广阔的主流人群、更多元化的渠道，这样才能一路长红，成就真正的国民品牌。

逆袭洋货：中国化妆品牌崛起的“三原力”

子弹财经[①]/文

开创先进技术、掌握独特原料、创新品牌打法，中国化妆品牌依靠这“三驾马车”迅猛向前，以披荆斩棘之势逆袭洋品牌、赶超老霸主，在美妆行业不断书写着精彩的中国故事。

在中国发展惊艳世界的大背景下，国产品牌和中国企业也开始了全方位的逆袭之路。

在过去五年间，从跨国企业跳槽到本土企业的高管比例是反向跳槽数量的5倍；近两年，中国快消品牌抢占了超过4/5细分品类的外资品牌市场份额；2019年，线上中国品牌市场占有率已达到72%；2020年，国潮崛起成为中国发展的关键词。

其实，国产品牌逆袭洋货早已不是什么新鲜事，化妆品行业更是如此。在国货崛起的东风下，中国化妆品行业在产品、品牌上不

① 子弹财经，致力于深度挖掘热点事件、人物、创业故事等，持续关注互联网时代的商业变革。

断精进，在赶超一众国际大牌的同时，也走出了自己的独特步伐。然而在中国化妆品牌崛起的背后，产品力、创新力和品牌力是必不可少的“三原力”。

产品力：独特原料与先进技术

原料与技术向来是决定美妆产品质量的关键因素，而依托地大物博的中国，借靠技术的创新和改进，国产美妆品牌研发出了惊艳消费者的优秀产品。专研玻尿酸的品牌润百颜，以及专注山茶花润肤油的林清轩，都是利用独特的原料和工艺，实现了在产品力上的逆袭。

润百颜的母公司华熙生物是世界上最大的玻尿酸研发、生产和销售企业，掌握了与玻尿酸护肤相关的四大关键核心技术。特别是酶切法的创立，颠覆了玻尿酸的研发历程，实现了玻尿酸分子量范围从最低 800Da 到高至 4000kDa 的产业技术突破，透皮吸收率高达 69.5%，颠覆了传统玻尿酸分子量太大无法直达肌底补水的局限，酶切法也因此获得了国家专利金奖。

此外，润百颜还运用制药的思维和工艺，将用于眼药水生产的 B.F.S 无菌灌装技术用于功能性护肤品生产中，率先开创次抛原液。采用医用级生产标准的次抛原液的诞生，可以说是对整个护肤品行业的一次“降维打击”。

凭借关键技术和独特的思维工艺，润百颜打败一众面部精华产品，2020 年天猫双十一开售仅 18 分钟销售额就破亿元，销售总额再次暴增，较 2019 年增长 137%，位居天猫面部精华国货榜第一名。

除先进技术外，独特的原料也成为国产品牌逆袭的关键因素。

林清轩便是经过多年研究，从生长于海拔 800 米以上的高山山茶花的籽、花、叶中发现了具有独特修护功效的天然成分，这种成分能有效修护肌肤屏障，唤醒肌肤活力。而中国不仅是山茶花的原产地，将山茶花油用于护肤也已有上千年的历史。

独特的原料和先进的工艺，为国产化妆品提供了不输国际大牌美妆的产品力，也为国货提供了抢占消费市场的基础和动力。

创新力：品类创新与产品创新

阿里研究院的《2020 中国消费品牌报告》显示，品类创新对市场规模扩大的总体贡献度达到 44.8%，较 2018 年大幅度增长了 15.2 个百分点。国产品牌在品类创新和产品创新上的出色表现，也推动着中国品牌销售额与新客的双增长。

国货品牌润百颜不仅开创了全新的玻尿酸次抛品类，更在原料成分、产品配方、次抛包装、使用场景等方面均有着颠覆式的创新。林清轩同样开创了山茶花润肤油的独特品类，将创新原料与创新技术进行了完美结合。

而另一个迅速崛起的国产品牌薇诺娜，则是深入洞察了敏感肌护肤领域的市场缺口，立足于“解决中国人常见的肌肤问题”，在肌肤敏感的中国消费者群体中获得了超高人气。

旗下明星产品薇诺娜舒敏保湿特护霜，萃取了具有“修护”效果的青刺果成分来帮助修护肌肤屏障，宣称可提高肌肤本身的抵御力；考虑到敏感肌容易产生泛红、刺痛、干痒等敏感情况，还通过添加马齿苋来帮助及时舒缓，宣称可减轻敏感肌的肌肤困扰。

在双重成分的加持下，产品修护效果明显，薇诺娜舒敏保湿特护霜不仅得到了国内外专家的一致认可，还被消费者亲切称为“小特护”。在2020年的双十一活动中，薇诺娜舒敏保湿特护霜单品销售突破1.8亿元，同比增长75%。

用中国原料解决中国消费者的问题，这是很多国产化妆品的崛起原力，奶粉领域“专为中国宝宝研制”的飞鹤也是同样的路径。让人欣慰的是，经过多年的发展，国产品牌早已不再是国际大牌的抄袭者和复制品，也不再盲目向世界市场看齐。因为只有民族的，才是世界的。

品牌力：立足国风打造差异化定位

随着国潮的崛起和Z世代对东方文化喜爱程度的提高，越来越多的品牌开始打国货旗号、走国风路线、靠颜值出圈。“东方彩妆，以花养妆”的花西子、超强IP的故宫彩妆，都是借用独特的中国文化、依靠超高的颜值俘获了一众新生代消费客群。

前有故宫彩妆坐拥珍藏文物的设计灵感和元素推出仙鹤、螺钿等系列，后有更加惊艳的花西子复制中国雕琢技术研发出的雕花口红。这些融入东方浪漫和文化灵魂的产品，不仅开立体纹理口红等很多品类的先河，更将“张敞画眉”等古老的华夏文明传递给世界。

除了为品牌赋予浓厚的东方文化，这些国产化妆品在品牌营销推广上也立足本土打法，进行“独家定制”。随着产品硬广越来越难以深入新消费群体，众多品牌纷纷开始借“两微一抖”、小红书等平台进行KOL带货及内容种草，借靠直播等新风口迅速打开产品知名度。

在获得了初步发展后，各大化妆品牌又开始利用电梯媒体这一中国独有的中心化媒体渠道，在主流人群中引爆品牌。特别是

2020 年，完美日记、花西子、润百颜、薇诺娜等国产化妆品，你争我夺地霸屏分众在全国各地的电梯媒体，希望借靠其强大的品牌引爆能力进一步抢夺消费市场。

人们发现，2020 年分众似乎成了化妆品行业的“香饽饽”，众多品牌在它的助推下实现了销量与声量的双重增长。有业内人士指出，分众 2020 年的逆势增长以及强大的品牌引爆能力，已经让它逐渐发展成为品牌营销大战的必争之地。对线下中心化媒体资源的激烈争夺，也是品牌大战中的“中国特色”。而它们的逆袭与雄起，也是当下所有国产品牌的缩影与写照。

新消费后浪们："拍死"老霸主的新逻辑

品牌南门[①]/ 文

2020 年是属于新快消品牌的一年。无数个强势崛起的新快消后浪，用杰出的成绩和迅猛的速度不断颠覆着行业的认知——曾经打造品牌可能要花 10 年，现在的新品牌崛起最短只需要 5 个月。

在这个特殊的年份里，新锐品牌乘风破浪，把前辈"拍"在沙滩上。它们大胆创新，发展姿态堪称"嚣张"。看着风云变幻的市场，埋头苦干 10 年、一朝便被超越的"老家伙们"，大概恨得牙根直痒。

迅速崛起，无比嚣张

"天下武功、唯快不破"，这句金庸先生的名言，用来形容如今

① 品牌南门，专注行业竞争分析、营销案例解读、品牌创意拆解。

的新快消品牌再合适不过。成长快、上新快、决策快，这是新快消品的发展共性，也是新市场趋势下品牌崛起的法门。

过去，一个新消费品的成长周期大概需要10年，而现在，不少消费品公司平均只要六七年就可以走向资本市场，快的只需三四年。元气森林成立4年估值高达140亿元，莫小仙成立不到3年预估2020年销售额8亿元，而开小灶仅仅用了5个月，就从寂寂无名到荣登细分领域TOP1。

当然，除了速度快，后浪们的成绩也十分“嚣张”。

第一财经发布的榜单显示，2020年消费者在品牌偏好上表现出了巨大变化——58个品类中，有26个品类的第一名易主，占比接近一半，元气森林取代了可口可乐，良品铺子赶超了三只松鼠。此外，国货对洋货的替代也是大势所趋。数据显示，近两年快消品行业的中国品牌抢占了超过4/5细分品类的外资品牌市场份额。原本的霸主们，已经霸道不起来了。

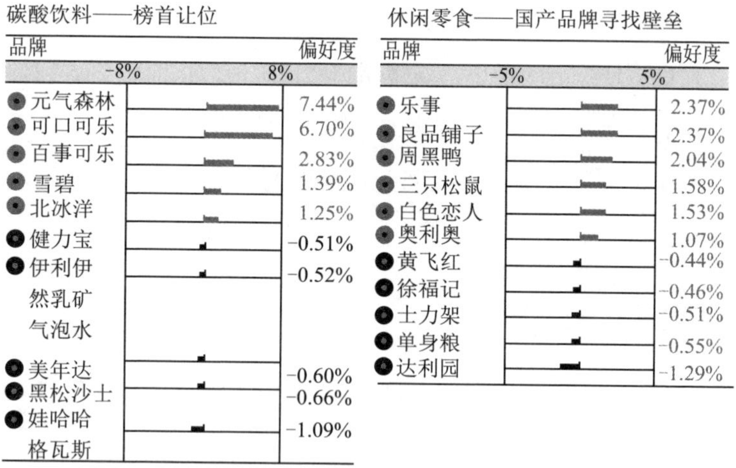

2020年第一财经碳酸饮料和休闲零食类榜单

这些后浪凭借着敏锐的洞察力成功俘获新一代消费者的芳心，在市场上备受年轻人追捧。2020年，随着00后开始迈过20岁掌握消费主动权，新一轮的年轻化塑造又成为品牌最重要的议题。这种年轻化，不是学元气森林也在包装上打一堆“0”的东施效颦，而是对Z世代更注重社交、人设、悦己、个性的消费需求的精准把握。营销上如何戳中年轻人消费的敏感点，是众多老品牌首先要补的关键一课。

刷屏抖音造爆品，霸屏分众成主流

时代不同了，品牌营销的战略打法也正在被后浪们颠覆。

过去，品牌想要被大众熟知，投放几波电视广告就好了。可现在品牌营销开始变得复杂许多。于是，后浪们开创了新营销时代“两微一抖一分众”的精准组合玩法，通过刷屏抖音制造爆品，通过霸屏分众攻打主流营销。靠着这两个“屏幕”，年轻品牌一路声名鹊起、高歌猛进。

元气森林率各种口味的气泡水“攻占”了抖音的各个角落；隔壁彩妆领域，让李佳琦在直播间惊呼不断的花西子散粉和小红书网红人手一份的完美日记眼影，也是近两年品牌营销的一道靓丽风景线。后浪们通过对爆品的内容营销和KOL种草突破市场、扩大名气，完成了新品牌从1到10的发展路径，“两微一抖”、小红书、B站，也成了品牌攻陷年轻人的关键战场。

初步打开知名度后，这些势头正猛的开拓者并不满足于“网红品牌”的成绩，而是纷纷开始破圈突围，在行业缺乏领导品牌的时间窗口，利用线下电梯媒体这一中心化媒体进行饱和攻击，率先将品牌和品类画上等号，占据消费者的心智。以分众传媒为代表的电梯媒体，覆盖了消费者每天必经的公寓楼、写字楼以及商场、影院等核心消费区域，成为越来越多新品牌攻打城市主流人群的重要选择。

2020年，元气森林变换着各种广告片持续吸引消费者注意力，妙可蓝多携代言人孙俪霸屏各大城市电梯间，日加满、洽洽小黄袋等快消品牌你来我往，均变成了分众屏幕上的常客。

作为当下最为稀缺的中心化媒体，分众正被越来越多的品牌加持。益普索的报告显示，国内流行广告语81%都来自分众电梯媒体，这也让它成为快消品之战的兵家必争之地。2020年，在整个广告行业哀鸿遍野的大背景下，分众的逆势增长让人瞠目结舌，背后的一大功臣就是这些高调又“嚣张”的快消品后浪。它们手拉手、肩并肩，一起刷屏分众全国各地的电梯媒体，将快消市场的战争一波又一波推向高潮。线上内容种草、线下分众引爆的“两微一抖一分众”模式，成为2020年众多新快消品牌的战略打法，也为这些后浪挣足了风头。

无论是洞察力、反应力、产品力还是品牌力，这些年轻的国货新锐都表现优异，在抢夺市场时也绝不谦虚。败下阵来的老家伙们气喘吁吁，最终只能无奈地说一句：年轻人，不讲武德！

餐饮品牌，抢占客源第一场景

餐企老板内参[①]/文

从进入2021年起，餐饮行业就热闹非凡。茶饮品牌奈雪冲击“新茶饮第一股”，快餐品牌德克士准备赴港上市，快时尚餐饮代表绿茶餐饮开始上市集资，餐饮资本化第三波浪潮正式来临。

除了资本赛道，更热闹的还有品牌战场。肯德基、麦当劳、必胜客、西贝、老乡鸡、徐记海鲜、烤匠、炊烟、农耕记等各大餐饮品牌纷纷霸屏分众电梯媒体，新一年的餐饮品牌大战就此开启。

很多人都在说2021年是餐饮行业资本浪潮的元年、黄金十年的开年，但更值得关注的是，2021年也会是行业正式进入品牌博弈、开启品牌化发展的元年。在拼口味、拼服务、拼资本之外，品牌力将会是餐饮企业制胜突围更关键的一环。

---

① 餐企老板内参，餐饮业头部垂类媒体，精准影响超200万餐饮老板、产业高端读者。

餐饮业开启黄金十年，品牌决胜是关键因素

从 2020 年年末开始，行业便一直在热议一个话题——餐饮业即将迎来快速发展的“十年黄金时期”。的确，经过多年的标准化发展和数字化改革，加上资本的“宠爱”，整个行业将按下加速键。

但现实是，这黄金十年，只会属于那些有创新、有差异化、有温度、有情怀的“黄金品牌”。那些抱残守旧，用坐商思维寄希望于原有的三板斧闯天下的旧品牌、老字号只会迎来被超越甚至死亡的命运。

随着行业的发展和消费代际的转换，消费者主权时代已经来临。顾客对餐厅的选择，已经从关注产品本身的价值上升到了关注产品所带来的品牌效应，餐厅的差异化创新、带来的精神享受和品牌附加值变得越来越重要。特别是进入移动互联网时代，爆款菜品出圈、口碑营销、网红打卡成为行业新潮流，一家店的网红产品、情感体验、服务甚至颜值都成为影响消费者选择的重要因素，由此带来的品牌延伸和品牌打造的需求正在改变整个行业。

餐饮行业已经进入了存量博弈时代，价格战和促销战只会加剧行业的“内卷”。重视品牌打造、找准品牌定位、开创差异化优势、建立符合消费者喜好的品牌形象，将成为餐饮业新品牌突围和老品牌焕新的关键因素。也因此，如何打造品牌、如何做好营销才是站在黄金十年的开局之年，餐饮企业首先应该叩问的话题。

餐饮行业迎来场景革命，从终端截流到外部引流

值得注意的是，随着移动互联网时代的深入发展和信息碎片化

的冲击，消费者的注意力极度分散。品牌信息的触达变得越来越困难，过去的营销打法已经无法满足当下市场的需求，品牌需要一种全新的营销范式才能脱颖而出，这其中的关键词便是场景。

未来十年，餐饮行业将迎来两个场景革命。一个是商业化场景革命。正如前文所说，消费场景的颜值和沉浸式的互动性、体验性变得越来越重要。未来的线下餐饮，将以食物为纽带，促进食客与食物、品牌、场景的社交关联，成为新型的社交基地，而非单纯的用餐场合。

与之相对应的便是营销的场景革命。吴晓波在跨年演讲中强调，人们每天会接触到2000个品牌，但不在场景中出现的品牌都与你无关。只有在场景中出现、能让你多看两眼的那个品牌，才叫作跟你有关的品牌。因此，未来餐饮品牌的营销必须回归场景，抓住正确的时间、地点、人物，在顾客消费路径的原点进行“截流”。

所谓正确的时间，即消费者中午午休、晚上下班坐电梯的空闲时间。通过电梯广告的饱和攻击和强制收视，餐饮品牌可以通过每天4~6次的超强触达潜移默化影响他们的选择，这也让品牌从“坐等机会”变成“抢占先机”。

所谓正确的地点，即从截流到周边引流的转变。过去餐厅都是在购物商场实现终端截流，但由于对手太多，容易被同商场的其他餐厅抢占分流。而餐厅周边的写字楼、公寓楼是客源的第一场景，品牌在客源出入电梯的那一刻就应该抢占他们的心智，实现外部引流。

所谓正确的人物，即聚焦20~45岁城市主流风向标人群。这些人消费能力强，掌握话语权，尝鲜意愿强，有示范效应。谁能夺得4亿主流中产人群的心智，谁就赢得未来的主控权。

餐饮品牌霸屏分众，抢占客源第一场景

越来越多的餐饮品牌开始围绕自己的店铺周边精准投放分众电梯媒体，利用其超强的触达能力和高频收视，对主流消费人群进行集中影响。从肯德基、麦当劳、必胜客等西式快餐，到西贝、老乡鸡、徐记海鲜等当红新中式，再到费大厨、炊烟小炒黄牛肉、农耕记等地方特色，围绕消费者核心生活场景的营销革命早已在餐饮行业燃起了熊熊之火。2021 年餐饮品牌的营销大战，也让我们看到这些餐饮业领导者对品牌建设的日渐重视和对营销趋势的精准把握。

以成都市场 2020 年超级爆火的烤匠为例，2 月遭遇疫情，3 月开始在成都霸屏分众，一句经典广告语"在成都，不吃火锅，就吃烤匠"，在电梯口不断回响，迅速打入了消费者心智，抢占了从办公楼、公寓楼出来吃午饭、晚饭的第一场景。4 月餐厅排队数量恢复至疫情前的 95%，4 月投放期内微信指数持续走高，最高值为投放前的 650%，在 5 月 20 日指数达到 143668。2020 年 4—6 月，烤匠和火锅在同商圈人气比达到 1 ∶ 1。2020 年 5 月，烤匠折扣率下降 2.7%，客流量是 2019 年 5 月同期的 110.1%，营收是 2019 年 5 月同期的 134.7%。2020 年 6 月至今，所有门店同比保持两位数增长，部分门店同比呈 50% 以上的增长。

两微一抖一分众，餐饮营销的核心打法

在两个场景革命之下，根植于本地生活圈、辐射城市主流消费人群，回归场景营销、引爆品牌势能，是餐饮品牌的核心营销之路。

基于此，餐饮主流品牌正采取这两年火爆的"211 黄金营销法

则”，即“两微一抖一分众”。近两年，这种“联动线上线下全空间、‘入侵’手机电梯双屏幕”的营销方式，已经成为助力品牌增长引爆的核心利器。

在使用“两微一抖一分众”策略时，餐饮品牌应该同时完成以下两大课题。

第一，覆盖线上社媒场景时，要通过极具创意的好内容吸引大众互动，通过“两微一抖”进行内容种草和口碑营销，通过网红菜品或颜值、服务等吸引新一代消费人群主动打卡、自发传播。

第二，覆盖线下生活场景时，首先要寻找核心差异化价值、突出品牌优势，用一句话说出“消费者选你而不选其他人”的理由，然后通过分众梯媒这种场景化中心媒介不断进行重复和暗示，饱和攻击、抢占主流消费群心智，从而引领生活潮流、形成消费共识。

以 2020 年最火爆的品牌老乡鸡为例。2020 年，当行业受黑天鹅冲击哀鸿遍野、突围无门之时，老乡鸡却用一场精彩绝伦的发布会和一场趣味感十足的官宣代言，为同行乃至所有行业提供了一个绝佳的营销范例。拍案叫绝之后，也再次提醒我们，互联网下半场，好的线上营销必须要回归内容。

无论是成本 200 元的老乡鸡战略发布小会，还是岳云鹏的搞笑官宣，“土里土气”的趣味性、极具传播力的好内容，以及激发消费者互动和共创的模式，都是爆火的关键。也正是因为如此，无数没听过、没吃过老乡鸡的消费者，才如此期待老乡鸡的入驻。

在线上获得了超高人气后，老乡鸡顺势而为，开始全面加大在分众电梯媒体上的投放力度，2020 年霸屏分众电梯媒体。老乡鸡通过饱和攻击引爆各个入驻城市的主流消费人群，进一步拉升品牌势能，让品牌知名度彻底破圈，在疫情期间实现了迅速反弹，10月单店营收已全面超过疫情前。老乡鸡的营销路径不仅是“两微一抖一分众”打法的典型例证，也为整个餐饮行业提供了营销范本。而它引发的蝴蝶效应，必将在很长一段时间内影响餐饮业的营销趋势。

虽然老乡鸡只是一个优秀的个例，但回顾过去两年我们就会发现，餐饮品牌的淘汰、洗牌和轮换正在加速。很多曾经被奉为榜样的霸主势能在消退，无数新锐品牌凭借品类创新和营销创新在不断逆袭崛起。这样的故事，将成为整个行业的流行现象。

随着各大餐饮企业霸屏分众，2021年餐饮品牌的博弈已经正式开局，这甚至是未来十年都将一直延续的战火，谁能闪击领先、谁能奇兵突围，一切都有待时间考证。但毫无疑问，率先找到差异化优势的玩家，学会用好“线上内容化营销+线下场景化引爆”的玩家，将会成为下一个十年的餐饮巨星。

华熙生物：建立品牌是企业长久发展的基础[①]

赵燕 / 文

华熙生物是一家使命驱动型公司，我们的使命就是让每一个生命都是鲜活的。我们理解的鲜活，就是少年有少年的鲜活，20岁有20岁的鲜活。据生命科学研究，人能活到120岁，那么120岁的鲜活标准是什么？就是能蹦、能跳、能吃、能睡，所以我们的宗旨就是要为人类的健康、美丽、快乐带来新的生命体验。那么，鲜活首先要健康，然后才能美丽。华熙生物是一家生物科技和生物活性材料公司，主要聚焦功能糖和氨基酸这两类生物活性物质。“科技”是两个词的组合，“科”代表科学，“技”代表技术，所以我们的发展逻辑就是要从科学到技术，然后到产品，最后打造品牌。我们的企业也是按照这个逻辑发展的，只有用科学和技术支撑，才有产品和品牌，而这些都来自消费者的支持与认可，即要为消费者提供好的生物活性物质，从而打造好的产品。

华熙生物的业务模式，20年前是从B to B开始的，当时我们发现了人体组织的一个基础物质——透明质酸，现在俗称玻尿酸。其实，这个物质和尿酸一点关系没有，主要是台湾人翻译的时候，因词根错误而错译成了玻尿酸，所以很多人认为它是医美产品或化妆品，其实不然，它是我们人体的一个基础物质，比如眼泪

---

① 本文为华熙生物董事长赵燕在2021年9月25日“国货发展高峰论坛”的演讲。

的成分就是水加上 0.1% 的透明质酸，还有我们关节的润滑液、胃肠黏膜保护液，我们的皮肤中也广泛存在这种物质。20 年前，这种物质是从鸡冠里提取的，那时候 1000 公斤鸡冠只能提取 1 公斤透明质酸，非常昂贵，所以也只能应用于眼科、骨科手术中。

华熙生物首席科学家在 20 世纪 90 年代中后期，通过微生物发酵得到了这种物质，所以那时我们做的主要是原料生意。2007 年，我们成为全球最大的透明质酸生产企业，市场占有率第一。

2012 年，企业战略转型，开始自己做终端，主要做药械，即骨科、眼科以及医美产品，这是 B to B to C。2018 年我们开始进一步战略转型，即 B to C，做功能性护肤品。2021 年，我们又迈向了功能性食品。所以，华熙生物现在是四轮驱动的。

我们的发展逻辑是从科学到技术到产品到品牌，其中科学是基础研究。其实，科学很多时候无法直接转化为生产力，没有核心的基础研究不可能支撑一家企业的科技创新。所以，华熙生物在科学研究、基础研究方面打造了三大技术平台：一是微生物发酵平台，二是合成生物学研发平台，三是应用机理研发平台。未来在中国要想达到碳达峰和碳中和，合成生物、应用机理是必不可少的支撑。在合成生物原理上，应该能够生产出人类生命健康所需的健康消费品的任何物质。因为人的生命源自一个单细胞，我个人认为最终要解决生命健康的问题，还得回到细胞层面。所以，合成生物就是今后我们用细胞工厂去取代现在的化工厂。

其次是技术。有了科学基础研究，完成了从 0 到 1，但没有技术的转化很难把科学变成产品、商品。所以华熙生物在技术上打造了目前全球最大的微生物和合成生物中试转化平台，我们有 30 条可以应用的中试转化的生产线，二期还有 60 条，同时还有交联技术平台和配方工艺研发平台。我们也承担了一些国家重大研发课题，加强了产学研究。

中国化妆品原料质量控制重点实验室就在华熙生物。我认为好的产品、好的产品力，一定要有科学和技术的支撑，这样才能根据市场的不断变化，研发出快速应对消费者需求的迭代产品。有了产品，才谈得上产品自信，才能为品牌建设打牢基础。

产品自信一定源于技术自信和科技自信。有了好的产品，一定要从开始就坚持长期主义，要有建立品牌的意识，不能只是跟风，没有自己的品牌主张。所以华熙生物坚持从科学到技术到产品，只有这些强大了，才能够打下建立品牌的基础。只有打下品牌建立的基础，建立品牌，企业才能获得竞争力，建立品牌是企业长久发展的基础。

一个企业的生命力来自两个能力，一是要有持续不断的创新力，二是要有持续不断的盈利能力。第一个能力是来自科学和技术，第二个能力一定来自产品和品牌。只有有了品牌力，企业才能获得竞争力和免疫力。所以，企业一定要面对大众消费者建立自己的品牌。华熙生物最开始是做 to B 的业务，是隐形冠军。那么现在要做 to C，就要从隐形走向显形，建立消费者广泛的认知，有了认知，才可能有判断、有认识，有认识才可能有认同，有认同才能得到消费者的信任，才能占领消费者的心智。

今天建立中国品牌，我们有很好的市场基础，尤其是面对的主流消费人群是号称 Z 世代的 95 后、00 后这一代年轻人，他们更自信，而且有更强的民族自信。因为他们都是在物质丰富的环境下长大的，尤其是移动互联网使他们更容易获得信息，所以为品牌打下了很好的市场基础。

下面，我们用华熙生物的 C 端品牌——功能性护肤品和分众合作打造品牌的案例，为大家讲解一下品牌的建立过程。

2018 年下半年，华熙生物才真正开始做 to C 的业务。2019 年，我们的功能性护肤品四大品牌才开始面向消费者投入市场。润百颜的定位就是全球玻尿酸的第一品牌，我们开创了一个新品类。因为要做功能性化妆品、护肤品，我们还是小学生，这个市场国际大牌林立，中国的护肤品市场目前应该说 80% 以上都是被国际品牌占领的。

华熙生物要在这个市场中找到自己的立足点，应该怎么做？除了科学技术支撑科技力，还需要领先的产品力。可是酒香还怕巷子深，谁能指导我们怎么做呢？所以，这时我们开创了一个新品类——次抛原液，一个“无菌、无防腐剂、无任何化学添加精纯度”的“三无”原液。为什么叫次抛？就是一次一抛，非常鲜活。华熙生物开创了这个新品类，2019 年我们将这款产品大力推向市场。

我认为要和分众合作，可能需要有一定的认知。如果你是一个从 0 到 1 的品牌，那么想用分众打开市场可能很难。可如果是从 1 到 10，或者已经做到了从 10 到 100，你要想做得更大，就需要建立品牌，这就是我们和分众合作的原因。我和分众传媒的创始人兼董事长江南春达成战略合作意向，因为润百颜这个品牌最早是 B to B to C 的，在医美上是针剂，在治疗后需要修复时使用。当时这个产品没有直接 to C 端的，都是在医疗机构中使用，所以最早的一批种子用户是医美的重度爱好者。这些人都分布在一线城市，年龄集中在 25~35 岁，对护肤要求很高，相对来说文化程度也很高。根据这些种子用户的画像，我们对消费者进行了全方位分析，决定要打造品牌。

2019 年，我们已经有了一定的基础，第一年我们取得了 3 亿多元的销售收入。要想继续往前走，就必须占领消费者的心智，要找到我们的消费者，要多频次地去触达他们。

也就是此时我们和分众结缘，在2020年的“6·18”购物节，我们在分众上做了投放，在双十一时我们选了几个一线城市进行重点投放，但并未完全铺开。但仅仅是这样的动作，润百颜就取得了天猫国货精品第一的好成绩，销售量突破2亿支。2021年，我们在分众的投放是全国性的，在有核心用户的城市与分众进行了全面合作。

根据2021年“6·18”的数据，润百颜在2020年的基础上获得了接近200%的增长。大家可能会觉得很奇怪，为什么润百颜在短短的两年多时间里能崛起如此之快？品牌建设是润百颜增长的引擎，因为品牌在不同的发展阶段要选择不同的媒介去触达消费者。华熙生物可能在国内是为数不多的没有投综艺、没有请明星代言的企业。我们最大一部分的营销费用都投给了分众，之所以这样设计，主要有以下几方面的原因。

首先，我们最初就是要坚持长期主义做品牌。其次，我们选择了合适的消费人群、能多频次触达的媒介去占领消费者的心智。这一点我非常赞同分众江总说的，品牌要想真正获得消费者的信任，必须获得消费者的人心红利，占领他们的心智。所以现在一提起次抛，跳入消费者脑海里的一定是润百颜。可能这个品类现在也有很多追随者，但它们就很难再占领消费者的心智了。所以品牌一定要长期、持续不断地去投入。2020年是润百颜的品牌元年，2021年才是第二年，后面我们还有很长的路要走。华熙生物希望首先能够把润百颜打造成国民品牌，然后成为民族品牌，最后让它成为国际品牌。

我坚信，今天的中国具备了相应的市场环境，能够培育出一批优秀的中国品牌，而这些品牌也终将成为国际品牌。

/ 案例 /

天鹅到家：把品牌红利延伸成线下优势①

陈小华 / 文

“品牌”这个词特别符合我的初心，为什么最开始要创立天鹅到家（原来叫“58 到家”）？因为当时就一个非常简单的认知，中国的富裕人群消费崛起，这么多人都需要请保姆、请保洁、请月嫂和育儿嫂，中国社会老龄化以后又鼓励生育，而且年轻人都有自己的职业，退休后都有自己的追求，不太可能去照顾月子、去带孙子，也不太可能住到儿女的家里，而且城市的住房也不一定满足这个条件。我觉得这个市场巨大，然而，这个万亿元的市场却没有品牌。

没有品牌是什么意思呢？在任何一个城市，你到大街上问有哪家公司提供保洁，2015 年前大家是说不上来的。搬家找哪家？搬家公司还有一些品牌，因为在路边会看到货车。而你想请保洁、月嫂、育儿嫂、保姆，是找不到品牌的。

这是一个非常巨大但没有品牌的市场，我把它形容为遍地都是小餐馆，但没有大型餐饮品牌，遍地都是家庭旅馆，但没有连锁酒店、星级酒店，遍地是小卖部，却没有国美、苏宁，更不要谈京东和天猫。

所以我们从创业第一天起，就说要改变这个行业。改变行业的

---

① 本文为天鹅到家创始人兼 CEO 陈小华在 2021 年 9 月 25 日“国货发展高峰论坛”的演讲。

一个标志就是这个行业过几年后，大家能提到一些有品牌的企业。天鹅到家今天成了上市公司，路演时我跟所有投资人讲：在中国家政行业，只有天鹅到家。我们是有品牌的企业。我们有品牌提及率、首次提及率，有 NPS 值（用户净推荐值）的数据，而你问别的家政公司，它们会说什么叫 NPS 值。

只有天鹅到家的 App 是有消费者主动下载的，现在有约 5000 万家庭下载我们的 App，其他中国家政公司都是没有下载量的，因为没有人想到找保姆要去装一个普通家政企业的 App。这些企业的品牌认知就是在街边，所以没有 App。我们今天 2/3 的阿姨和客户，来自口碑转介绍。

正是因为这个行业没有品牌，所以我们想到要为其建立品牌。今天我们可以讲，中国家政行业是有品牌企业的。我当时有两个目标，现在实现了一个。我当时想，中国的家政企业已经存在了 30 年，为什么没有一家能做到 10 亿元规模交易额？我们就不能把这个行业带到 100 亿元规模吗？这是我的第一个目标，2021 年这个目标实现了。第二个灵魂拷问是：能不能做到千亿元的平台规模？这还需要创新。

天鹅到家是中国新消费崛起时代一个典型的服务品牌。我们不是一个单纯的互联网公司，就跟滴滴既是出租车服务公司也是互联网公司一样，我们的产业和互联网是合二为一的，我们的服务涵盖找保姆、找保洁、找月嫂、找育儿嫂，各种服务直接可以通过我们平台下单。

其实品牌化是这两年开始做的，在做品牌之前，首先要对这个行业进行两个改造。第一，这个行业在 2015 年前，几乎所有人只要想到开家政公司就是在街边租个门店，到现在还有 60 万家夫妻店。你在大街上看到到处都是门店，恰恰证明这个行业是落后的。

这个行业2015年以前还处于家庭作坊时代。所以，我们首先要对它进行现代化改造。现代化改造其实很简单，就是内部要有组织、有资本、有融资、有品牌、有绩效考核，应该是全国连锁的，还要有战略部，它应该是一个现代企业。这是天鹅到家过去7年对于整个家政行业进行的现代化改造，我们的办公室都在写字楼里，内部有分工，有五六千名员工。有资本的力量、人才的密度、技术的研发分工，这才是典型的现代企业。把个人作坊带到现代商业文明，这是我们进行的第一个改造。

第二，就是必须对这个行业进行数字化改造。难道家政行业就不会被移动互联网改变吗？你在街边再强，离消费者再近，也比不过手机。难道看一个阿姨就一定要去店里？在房地产领域、招聘网站领域、二手车领域，这个改造20年前就已经完成了。今天，如果你要找保姆、月嫂，几乎只有天鹅到家的App里能看到阿姨的档案、简历、过往客户的评价。

在所有中国互联网平台，包括百度、58同城、美团，都只能查到家政公司的联系电话。你可以想象买房只能查到链家的门店电话吗？你能想象买二手车只能查二手车经纪公司的电话吗？我们认为这个行业必须全面数字化，所有消费者找家政人员，掌控的第一入口应该是App，所有组合应该先上互联网，然后再利用互联网对内部全流程进行数字化改造。

从面试、签约、提前背调，甚至家政人员的住宿情况、档案评价全部要在线化。总结过去7年，天鹅到家就对家政行业进行了数字化、现代化改造。这个数字化不是指营销阶段的数字化，而是全流程，从签约提单到绩效考核，到统计分析，到所有环节全方位的数字化。

很多人可能还没用过我们的服务，但是我可以很自豪地讲，不管你用没用过天鹅到家，事实上中国家政行业在过去5年发生的改变都跟天鹅到家有关。今天每个家政公司都会跟你谈保险、体检、背调，这是天鹅到家建立了标准。今天任何一个家政公司提供保洁，都要统一着装、统一工具，这是天鹅到家的贡献。我们对行业进行了改变，因为行业出来一个新的搅局者，如果不这样升级，消费者不答应，因为有了新的标准。

第三，当做完科技化、数字化，我们自然要实现我最初的梦想，就是要建立品牌。坦白讲，中国没有一家家政企业会去打电视广告，大部分投不起分众广告，也投不起报纸杂志，为什么？因为它们都是小区里的店，没有品牌能力，这本身就是一个跟现代品牌隔离的行业。小餐馆不会去投品牌广告，因为它在小区获客，就有订单产生。

2019年底，我们就意识到必须要创建品牌。当时我们还遇到一个挑战，因为过去7年我们一直叫58到家，做了6年。一方面58同城上也有到家服务，容易跟我们混淆；另一方面这个策略前期“抱大腿”有用，后期我们必须要代言这个行业，要让所有人在进入家政领域时，必须面临品牌的壁垒。

所以我们必须要成为第一品牌，因为我们的规模已经遥遥领先。我们招股说明书公布的是，这个行业第2名到第5名加起来的市场份额还不到我们的46%，App下载量第2名到第100名加起来还没有我们的多。我们的家政人员在业务规模上已经遥遥领先了。但品牌也面临两个问题，第一是没有变成一个大众的品牌，第二是如何把58到家在最短的时间切换成天鹅到家。做过品牌的人都知道，做品牌最怕的是做了很多年，老品牌还在，新品牌还没有建立。通俗地讲，换发动机必须是加速换，不能因为换一个品牌导致业绩下降。

2019年我们就考虑这件事。2020年4月30日我们做了决定，当时正好是疫情期间。为什么？第一，我们正好在2020年完成了红杉领投的融资，资金有了。第二，我想股东暂时对上市也不会有什么想法，疫情得到了很好的控制，大家还是有很好的期望的。所以我们觉得有两个季度非常好的时间窗口，不用太多考虑什么时候快速赢利、快速上市。

当然还有很多原因，因为整个中国广告市场在疫情期间价格相对便宜，很多产业原来投的竞争对手少了，所以我们果断地在2020年5月开始准备，请邓超代言，我们所有的投放也是选择了分众。

从2019年9月一直到2021年上半年，我们几乎把所有的品牌广告资金全放到分众上。投放分众而不选择其他平台的原因很简单。第一，能请保姆的家庭基本有小孩、有车、有房、有教育，如果连这些都没有，一般是不会请保姆的，所以请保姆的家庭一般是高端家庭。所以，我要精准地选择楼宇，广告投放不精准我不要，我们觉得分众的特点在于精准。

第二，我要做全国品牌，我们不是小公司，不仅要分众，还要聚众。正好当时分众和聚众传媒合成了新的分众。分众的意思是要精准，我要选对楼，选楼的价格、选小区，房价很低的小区我不要，因为那样的小区请保洁、保姆的可能性很小。媒体直销对我也没用，因为我们是全国品牌，在全国都有业务。我当然希望我的品牌一进去就能影响主流人群，他们未来购买服务还能想起我。所以我说分众加聚众，聚众指的是能够瞬间打透2亿人，同时又能精准打透我的现有客户。我们跟分众做了大量的数据分析，把我们在全国所有订单成交的楼宇告诉分众，然后再从里面选。

这个效果是有数据支撑的。比如说 58 到家做了 6 年，我们的广告投放完以后，百度指数是原来的 6 倍到 7 倍，整个行业第二名的百度指数只有 300，而我们可能是 2 万到 3 万，第三名就没有百度指数了。原来 58 到家的微信指数大概是一天 8 万，我们现在基本上是 80 万、100 万。从业绩来讲，GMV（网站成交金额）也增长了 50%。2020 年其实跟分众还有一个合作，花钱非常少。江总说《你好！李焕英》这部电影会火，我们也投了电影片前的广告。后来这部电影票房 50 多亿元，触达率很高吧？

总结来说，想精准挑选人群，又想建立全国品牌，可能分众是独一无二的，中国再也没有一个媒体能做到。比如说，百度够精准，但没法一下子触达 4 亿人，央视、湖南卫视覆盖够广，但没法让我挑楼宇、挑用户的收入水平和年龄。

我们还跟分众做了很多这种可以引起社交媒体关注的创意传播，把电梯包装成一个家的样子，很多人一进去，说“哎呀，进错电梯了”，等等。

最后再回到怎么把家政公司从百亿元平台变成千亿元平台的问题。如果扩张到更多的城市、投更多广告、招更多家政人员，这只是平面。要到千亿元规模我们可能还要做很多东西。

第一，在品牌上还要大投入；第二，我们要建立家政行业的整体协作，有点像贝壳，所以我们今天也开放平台。长沙现在有 120 家家政企业加入我们的平台，由我们来提供家政人员的背调、体检、保险和整个操作系统培训。然后共享家政人员资源、客户线索，由我们来搭建这个产业的操作系统，大家在上面做生意。我们从自己做到帮助别人做。

我们现在在上海也开一些小店，因为我觉得做了这么多年，虽然我们也做了中心化，但是小区里还有很多家政公司活得很好，所以我们在上海也开了10家店，一家店在3～6个月就会赢利。我们为什么要开这些店？其实原因很简单——这60万家小区家政公司没有因为天鹅到家倒闭，说明通过小区还有获客，那么在同一个小区，我的品牌肯定更强大，而且我的店就在你旁边，肯定我的店对传统家庭的吸引力会更大。就像链家不单有线上的品牌，而且链家门店就在小区门口，和不出名的品牌相比，大家一般就会选链家。

所以，我们还是要把我们的品牌红利延伸成线下的优势。我们的目标是要建设一个开放、繁荣、共赢的互联网家政协作平台。

同时我们也提出一个概念，叫“对阿姨10倍好”，还做了很多公益。发改委、商务部等都非常支持天鹅到家，因为整体上天鹅到家定位为一家公益企业，我们公司6000人每天的工作只有一个：帮家政人员找工作。这些家政人员很多都来自偏远农村，没有太多技能。天鹅的本质就是招阿姨、培训阿姨、给她们安排工作，所以政府是支持这个行业的，我们是个民生企业，所以获得了远远超过我们规模的政治资源和社会价值。

我在招股说明书中写的第一句话，也是我创业对自己说的第一句话是：什么叫伟大的企业？我说要满足三个条件：第一，必须有强大的社会价值；第二，必须能产生巨大的商业价值；第三是最难的，如果这个企业以后能对社会输出自己的品牌和文化价值观、有辨识度，我觉得这才是真正的国潮崛起，给中国贡献一个新的行业，贡献新行业里的新品牌。

第五章 新时期传播之道

2021 年中国广告媒体发展六大趋势

秦朔朋友圈[①]/ 文

2021 年，全球经济在康复、在增长。国际货币基金组织（IMF）2021 年 1 月的《世界经济展望》中提示，2021 年全球经济将增长 5.5%，而中国经济增速为 8.1%。超过 8% 的增长率，中国已经 10 年没有过了（2011 年为 9.55%，2012 年为 7.86%）。增长黄金时代的影子，会在 2021 年短暂辉煌重现。

2020 年中国 GDP 约为 101.6 万亿元，人均 GDP 超过 1.1 万美元，十分接近 1.25 万美元的高收入国家门槛。2021 年，中国跨越中等收入陷阱、进入高收入国家的可能性迅速攀升。

连续 7 年，消费成为中国经济增长的第一拉动力，而消费升级仍是未来十年不变的主题。新品牌仍会不断应运而生、积势发展，在经济增长的“温床”上持续被引爆。同时，新老品牌的竞争大时代

① 秦朔朋友圈，由中国著名媒体人、财经观察家秦朔牵头创立的新媒体与专业服务品牌，内容聚焦经济、金融和商业领域。

将来临。

随着人口红利消失，在存量博弈的定性环境下，品牌的作用显得更为重要，得人心者得天下，人心红利成为最重要的生产力。

2020年受疫情影响，广告市场从2月开始接连下滑，环比持续增长，截至2020年12月，广告市场同比增长幅度基本稳定，但与2019年相比仍有较大差距。在全年广告收入下降的情况下，只有互联网媒体和电梯媒体收入是上升的，它们适应了疫后生活形态的变迁，更获得了人心红利。

相比2020年，2021年有必然的增长空间，在多个预测报告中，它甚至是个重要的节点，可能迎来中国广告市场第一个1万亿元规模。

这一年，会有什么明显的新特征、新趋势？笔者认为有以下六个方面，供大家探讨。

第一，品牌配置新格局，“两微一抖一分众”成为铁三角。

第二，媒体分化更明显，两极化、头部化趋势显著。

第三，从追求“品效合一”到追求“品牌营销的三合一”。

第四，品牌传播从碎片化回归中心化。

第五，流量红利结束，品牌广告回潮。

第六，品牌要回归社群和社区，才有归属感和安全感。

品牌配置新格局：“两微一抖一分众”

吴晓波在2020年的年终秀中，根据2020年消费品市场的新特点，提出了2021年品牌发展的一大趋势——新品类的流行带动新品牌的崛起，即通过单一爆品引爆品类流行，通过品类流行迅速崛起品牌，这不仅是2020年的典型现象，也将是2021年的发展必然。

他还提出，品牌引爆需要“两微一抖一分众”，这个专有名词一经提出就迅速成为营销界的高频热词。

对于广告主和品牌而言，将线上与线下、内容化与场景化高效结合，通过“两微一抖一分众”引爆品牌，将成为未来传播的最有效范式。两者的交互和共振在后疫情时代将是助力品牌强劲复苏和增长的核心阵地。

人们的日常理财中有资产配置的概念，这些资产包括股票、基金、债券、理财产品、不动产等等，这里也提出品牌配置的概念。

在以微博、微信、抖音、B 站、小红书为代表的社交媒体，品牌深入种草；在以分众传媒为代表的日常生活场景，品牌广泛引爆，这种配置方案就像既买股票又买基金一样。

选择投放社交媒体，就像自己选择了某几个股票，一旦刷屏会有惊喜收益，但也会有巨大的不确定性；而分众更像一个稳健的基金管理者，每天覆盖 4 亿城市主流人群，影响力广、确定性高、品牌引爆的自我实现能力强。

益普索的研究显示，2020 年 TOP10 热门、高辨识、占据心智的广告语中，47% 的消费者认知渠道源于电视广告，56% 源于互联网媒体，83% 源于电梯媒体。83% 的流行广告语由“电梯制造”。而如果对比 2019 年的数据，54% 源于互联网媒体，50% 源于电视广告，81% 源于电梯媒体。

后疫情时代媒体的融合趋势发生较大变化。在社交活动和行动路径发生巨大变化的 2020 年，消费者的触媒习惯也发生较大变化。电梯媒体作为主流消费群日常必经之路，持续成为众品牌的关注重地。

总体来说，从各类型广告语的传播渠道来看，具有高频接触、强制观看特点的电梯媒体更容易让人记住广告语，其次是互联网媒体。

其间，互联网广告也在宅经济的影响下获得进一步增长，而家中电视广告则呈显著降低趋势。

从以上研究可以看出，看清本质、一句话概括浓缩品牌精神，传递独特价值、集成控制、反反复复地传输，这是好广告的精髓。好的品牌建设离不开简单直接的重复和超级符号、超级话语的潜意识植入。

“两微一抖一分众”显然是新时代产品、服务和品牌的价值提炼者、传播者和推动者，是影响消费者生活方式转变的核心平台。“两微一抖”是先锋，负责打前战，是市场的发现者和验证者；分众是基石，是品牌有序的、管理充分的、反复影响消费者的核心阵地。

马太效应：两极化、头部化趋势显著

站在历史的十字路口，万事熙攘、新旧交替。2021 年全球广告市场的复苏预期强烈，但会是整体改善，还是局部改善？季度之间究竟如何变迁？最后的结果究竟如何，还不得而知。基本上可以判断，这是一个共存象限，向上向下、向左向右的力量都有。

有一些趋势在 2020 年已经显现：头部媒体逆势增长，马太效应显现，2021 年将依然持续。

从数据上看，2020 年广告均向头部媒体聚焦，流量型媒体头部公司如阿里、抖音、腾讯增长在 20%~30%，品牌广告头部公司分众传媒增长在 20%~30%，而整个广告市场下降 10%，传统媒体下降幅度更大。

尽管受新冠肺炎疫情影响，2020年国内广告市场需求较2019年同期有一定幅度下滑，但随着电商比例的扩大，互联网下半场的流量成本大幅上升，以抖音为代表的流量媒体营收依旧取得了大幅提升，而与此同时以分众传媒为代表的消费者核心生活空间媒体强势增长。

由于疫情原因，许多中小公司受到的冲击较大，而实力较强的公司和品牌反而视危机为战机，抢占其市场份额，头部品牌在头部媒体加大投放力度，逆势上扬的势头和公众形象更好。消费者在内心不确定感上升的时候，会更倾向于选择安全感、信任感更强的品牌。

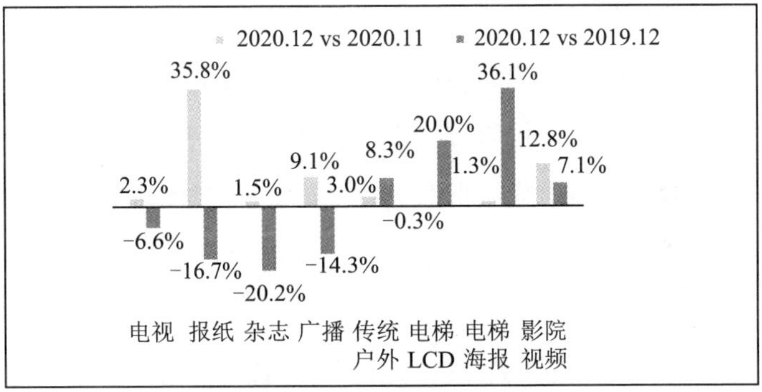

2020年12月分渠道广告投放变化情况

资料来源：CTR媒介智讯

随着下半年国内宏观经济的整体回暖，新消费品赛道高速增长，众多品牌像元气森林、妙可蓝多、洽洽小黄袋等在分众上成功引爆的案例进一步确立了分众在新消费行业的崛起浪潮中占据的核心位置。

实际上，中国经济整体的头部效应越来越明显，股市里也都是龙头企业的传奇和高歌。广告媒体的两极化、头部化效应也很明显。这是时代大势。

这一切都是主动选择和时代大势结合的结果。

从追求“品效合一”到“品牌营销的三合一”

2020年，随着直播带货和短视频营销的火爆，人们见识了转化类广告、效果广告的威力，但过去大家经常谈到的“品效合一”更多侧重于基于流量所驱动的交易场景，很多时候往往掩盖了品牌的价值，忽视了品牌作为心智资源的重要性。越来越多的品牌经过实践发现，只单纯地追求流量、仅关注交易渠道，并非长久之计，因为流量成本越来越高，无法持续。

2020年疫情环境下持续火爆的直播带货的本质也是促销，寻求的是消费者立刻购买的反应，让消费者快速做出决策。直播并不能建立品牌认知，也没有办法看到消费者的产品评价。比如，对于一个人们没怎么听说过的品牌而言，指望主播讲两句、看两眼流量广告，就下决心购买是非常难的，因为它没有跟消费者建立信任。

在品牌没有一定知名度的时候，消费者的信任很难建立，因为信任源于熟悉和认知。越知名的品牌搞直播或打效果广告、流量广告成果越好。同样价格的互联网广告位，品牌势能不同，效果就是不一样。火极一时的直播带货是品牌势能的流量变现。只有打好品牌基础，才能事半功倍。

直播带货等促销行为是单次行为，若是产品本身没有品牌力，很难有真正的销售转化，品牌是长期价值的持续累积，流量和直播是品牌价值的短期变现和收割。从短期看，打品牌广告不见得立刻带来销量成长，因为建立品牌是从量变到质变的过程，要越过拐点才能带来持续上升，一旦建立了消费者认知，品效必然是能够协同的。

品牌是品质保障，是溢价能力，是与消费者的情感共鸣。品牌降低了与消费者沟通和交易的成本，提升了价值感知和期待。无论是留存老客还是拉动新客，拉升销量还是提升价格，品牌都是基石。所以，更科学有效的趋势应该是——“品牌营销的三合一”。具体而言是：

第一，品牌广告高速直达用户，目的在于品牌打造。其核心因素是让消费者知道你是谁、有何差异、何以见得。

第二，社交种草进行内容营销。核心因素是让消费者知道你有什么价值、与对手相比有什么优势、大家用完有何评价。

第三，导购收割，在实体终端和电商终端引导用户迅速做出购买行为。

回顾 2020 年，尽管直播带货非常流行，关于“私域流量”“品效合一”的讨论非常热闹，但毋庸置疑的是，所有品牌都面临着流量红利消失的困境。效果广告与品牌广告的天平摆在营销人的面前，不同的企业做出了不同的选择，但从最终的结果来看，无论是头部品牌还是新消费品牌，那些占据着消费者心智认知优势、坚持品牌长期主义、善于抓住机会的都成了赢家。

品牌传播从碎片化回归中心化

互联网传播天然携带的碎片化特征，曾一度令网红经济和长尾效应得以享受 5 年以上的黄金发展期，如今却慢慢显露它的弊端。碎片化甚至一度变成了粉尘化，在广袤的信息银河系里，信息如微尘无法脱颖而出。老互联网人说互联网流量进入了下半场，这一点慢慢成了共识；在互联网流量下，直播主要靠打折促销，不仅不能打造品牌，还可能对品牌造成伤害。而品牌打造从互联网碎片化、粉尘化向生活中的中心化媒体再度回归，通过品牌引爆和反复提示，建立品牌信任和社会共识，正成为新的传播趋势。

当社交种草成为营销标配时，大规模种草红利已经结束，在草原上种草，可见率越来越低。社交种草引爆品牌的难度越来越大，种草红利正在结束。

也就是说，碎片化令品牌建设越来越难，共识越来越难以达成。怎么应对？当别人还在种草的时候，你应该种一棵大树，把品牌曝光到耳熟能详，这样大家才能关注到大树及树下种的草。

或者说，品牌本来是一个森林，里面有极其丰富的生态，只种草是远远不够的，品牌首先要集中引爆，同时在社交媒体海量种草。不能只见草原，不见森林。森林可以自产氧气，品牌要自带流量（即消费者主动搜索的流量），才可以吸引更多流量。

品牌也要进入人们的日常生活场景，进行一个个重复和循环，持续引爆，因为社交红利结束之后，集中引爆才是品牌做大做强的必由之路。

诺贝尔经济学奖获得者丹尼尔·卡尼曼认为，要使人们相信一个概念或事物的方法就是不断重复。因为人们很难分辨熟悉感和真相。熟悉的事物会让人们放松认知，从而做出舒服且轻易的判断。广告的本质是重复，用户的本质是遗忘。

所以必然的趋势是，在碎片化的环境中，寻找稀缺的中心化场景，建立品牌共识。反碎片化传播是趋势，也是思维方式。2021

年定会诞生不少新品牌，越是新品牌，在种草红利结束、种草是标配但不是决定性力量的时期，越需要中心化引爆阵地，更需要在消费者每天必经的核心场景集中引爆。

再度回归中心化媒体的核心要素是“力往一处使”“力出一孔”，因为资源变少，所以更要集中。人们在跨鸿沟的时候，是不会跨一小步的，一定是大步向前迈，奔跑甚至腾飞。做品牌也不能抱着试试看、“试吃”的心态，要选择这个时代结合了场景特征的中心化媒体，一定要把所有资源聚集起来，打不了全国就打一个城市甚至一个区，必须有足够的势能和火力。广告不是和风细雨，而应该是暴风骤雨，因为一个人每天遇上的信息和广告太多了，没有足够的强度是无法突破消费者的血脑屏障的，但一旦突破，打入心智就会固化，消费者很难忘记。就像“农夫山泉有点儿甜”这句广告语在 2013 年就改成了“大自然的搬运工”，但这句话已经打进了消费者心智，成为消费者记忆的组成部分。

流量红利结束，品牌广告回潮

疫情一方面让头部品牌强者恒强，另一方面细分品类新国货、新消费品牌不断崛起，通过“两微一抖”成为爆品，之后霸屏分众抢占主流。

互联网从图文到视频再到直播，创造了即时海量信息，信息越来越丰富了。那品牌和顾客的沟通效率是不是越来越高了呢？正好相反。消费者的选择更加依赖品牌。因为信息越来越丰富，传播渠道越来越发展，互联网上每个人都可以发出自己的声音，信息量爆炸的时候，精力有限的消费者反而不堪重负。品牌是信息的简化器，消费者可以通过品牌做信息简化，降低自己的选择成本，品牌的作用只会越来越大。

在这个背景之下，品牌广告回潮。流量红利结束，流量成本不断上升，使品牌广告重新受到重视。流量广告的本质是渠道，在这里面做传播，就像我们以前在超市做试吃、促销一样，你会看到整个流量型平台上，绝大部分广告都带有促销性质。

实际上，火了2020年整年的直播带货，在某种程度上也促进了企业对品牌的重视。因为有一个本质不会变，那就是消费者是根据品牌来选择的，品牌才是真正持久的流量。促销是单次的，而品牌在你的头脑建立认知之后会持续很长时间，下次你在渠道看到这个产品的时候，就会更倾向于选择它。

所以企业越来越认识到：流量广告和品牌广告的作用是不一样的，效果广告是让人“买”，品牌广告是让人“爱”。没有爱的“买”，无法持久。

你必须建立品牌，不建立品牌也运营不下去，因为流量成本会越来越高，无法持续。打造品牌是持续免费的流量，有品牌才能让流量更有效、流量成本降低，让产品具有溢价能力。

所以对于有品牌持续成长意愿的广告主，品牌广告是一定要去做的。品牌广告的作用是实现心智预售，渠道与流量的作用是实现成交。

中国是个巨大的消费市场，也拥有巨大的生产力和模仿能力，任何新产品做出来之后，就会有人做同样的产品，然后以强势品牌的实力攻城略地，谁第一个做出来并不重要，要做先锋而不是先烈。在国内国际双循环，以及内循环的大背景下，中国本土品牌发展空间巨大。随着高收入国家门槛的进一步突破，消费能力和意愿的双升级，新品类、新品牌成为创业者和消费者的共同追求，新老品牌竞争加剧，品牌广告将浪潮汹涌。

品牌越来越要求关注社群、社区：归属感所在

一个著名的炒股理财大V在公众号上写了一篇名叫《商场奇异见闻》的文章，谈到海底捞需要排队一小时，而旁边的黄记煌一个人都没有，边上的豪尚豪牛排店已经倒闭了。旱的旱死、涝的涝死，餐饮品牌也会衍生出一种社交属性，形成品牌壁垒。

其实何止是餐饮品牌，疫情后，只有在人们日常生活中常见的、评价高的、富有谈资和话题的品牌才越来越具有社交资本。

茅台为什么好喝，有人说因为喝多了不上头。但也有专家分析，是因为茅台贵。因为茅台广告很长时间都在讲国酒茅台，因此招待客人或送礼用茅台代表的是尊重，是体面。茅台由此成为一种社交货币，年份越久、价格越高，代表招待的规格越高，礼数交情越到位。

后疫情时代，人们更多地需要安全感、认同感、归属感。社群其实包括自己所在的手机上的兴趣组、微信群、会员群、社交圈、朋友圈，社区是自己所工作生活的公司、单位、办公楼、生活社区，即大家每天生活工作所在的现实世界的组织与区域。

如何建立这种品牌的归属感呢？

城市主流人群看电视的概率在不断减小，新闻信息转移到了微博、微信、新闻客户端，而在手机客户端消费者是有选择的，大家都在看内容，很少留意广告。每个人每天其实都会滑过几百条广告，但真正记住的少之又少。从娱乐节目上看，大部分主流人群都从传统电视转去网络视频了，但大部分城市主流人群看网络视频都买了会员，去掉了贴片广告。

主流人群不太看电视，看视频又是付费去广告的，看手机新闻信息主要看内容很少留意广告，那么客户的挑战就来了，广告如何抵达主流人群呢？如何引爆主流人群呢？

所以，应该回到本质，回到以人为本的顾客的安全感和归属感中去。广告是科学也是艺术，要占领朋友圈和生活圈。

回到主流人群的核心信息模式就是微信朋友圈、微信群、微博和新闻客户端，当你反复在里面看到“人类再也无法阻挡海底捞”的近乎变态的服务时，当你反复在完美日记的微信群里看到小完子不断地给你推荐如何用各种彩妆化出你的美丽时，当你在社区团购的微信群里看到大家在群接龙疯狂抢购某些商品时，你的认知正在被侵入，你的情感正在被调动，因为人是群体性的，他的思想、行为、认知无不受到群体的影响。当一个人在自己所属的社群中，他的态度往往会深受别人意见的左右。在影院中观影，看到一个桥段，别人笑了你就会觉得很好笑，这就是群体效应。

生活圈就是写字楼和社区这些城市主流人群每天必经的地方。比如你每天在电梯口老听到一首广告歌叫“妙可蓝多”，那么在接下来的一段时间内，你对“妙可蓝多”这个品牌的敏感度会升高，在超市里你更容易注意到它。这种行为和情感在不知不觉间被启动的现象，就是诺贝尔经济学奖获得者丹尼尔·卡尼曼反复提及的心理学上的曝光效应和启动效应。

消费者在自己熟悉的社群里和在自己熟悉的社区、办公楼里都会有安全感。在这些社群和社区空间中，品牌重复播出将有效地影响用户，潜移默化地赋予品牌熟悉感、安全感和信任感，继而成为消费者在某一品类中不假思索的选择。

丹尼尔·卡尼曼认为，要使人们相信一个概念或一个事物的方法就是不断重复，因为人们很难分辨熟悉感和真相；越熟悉的事情，就越让我们放松认知，从而做出舒服而轻易的判断。人在自己每天进出的熟悉的环境中，重复地看到一个信息，慢慢地就会产生安全感、归属感，熟悉了就容易喜欢。

这种影响往往是不动声色的，从量变到质变，一旦越过拐点就会让品牌深入人心，取得持续的高增长。人心其实就是归属感和忠诚度。品牌的资本，皆源于此。

2020年，营销世界发生了哪些变化？

肖明超 / 文

回顾2020年，尽管直播带货非常流行，关于“私域流量”“品效合一”的讨论非常热闹，但毋庸置疑的是，所有品牌都面临着流量红利消失的困境。效果广告与品牌广告的天平摆在营销人面前，不同的企业做出了不同的选择，但从最终的结果来看，无论是头部品牌还是新消费品牌，那些占据消费者心智认知优势，坚持品牌长期主义，以及善于抓住机会的反而成了赢家。

头部品牌的“趋优”时代：强者恒强

2020年，各行各业“第一”的企业获得了更多的顾客选择、更大量的资本追捧。在遭受危机的时候，头部品牌反而得到了更多消费者的选择。

知萌咨询机构针对后疫情时代消费趋势的相关研究显示，经受疫情后消费者的选择更趋向于理性和谨慎，大家会更加理性地看待自己的支出，也会更加关注多元化的因素，比如对健康的诉求、品牌的价值主张等等，在这个时候，头部品牌反而成了消费者更确定的选择。因为它们不仅有高知名度，消费者对它们也更有信任感，而这种信任感的建立是经过多年累积而形成的。

因此，一方面我们看到2020年很多头部品牌主动投入抗疫工作，采取了很多履行社会责任的行动；另一方面，很多头部企业在疫情期间不仅没有“踩刹车”，反而是大胆地“踩油门”，通过这样的方式逆势而上，实现了行业优胜劣汰，清扫了市场，从而更加强化头部的领先地位。

例如，国内家装行业诸多企业早已站在悬崖边上，疫情只是背后突然踢来的一脚。在此背景下，索菲亚积极应对市场变化，重构品牌核心竞争力。疫情之下，品牌口碑对消费者购买决策的影响愈发凸显。索菲亚通过深化柜类定制专家品牌的定位，强化核心竞争力，进一步提升消费者信任度。索菲亚在全国百城30多万分众传媒楼宇屏幕上推出全新的品牌广告，全面展开对“专业定制柜，就是索菲亚”的品牌传播，正式打响2020年家居行业营销话语权的抢夺战。索菲亚的这一波推广，恰好激活了疫情得到控制后被抑制的消费者家居需求。

同样，面对疫情的冲击，妙可蓝多抓住了“奶酪”的机会，奶酪浓缩了牛奶精华，在欧洲被称为“奶黄金”。在疫情发生时刻，妙可蓝多不仅没有收缩战线，而且还加大在央视少儿频道和分众上的投放，实现逆袭3倍的成长，营收破20亿元，还得到了蒙牛30多亿元的投资，市值从70亿元涨至270亿元。

2020年，林清轩从2月业绩暴跌90%到5月业绩复苏，在疫情期间实现突围成为国产护肤品牌的一匹黑马。疫情期间，林清轩开启了微信、小程序全员营销的自救模式，创始人孙来春更是频繁曝光，亲自直播，为品牌增加了不少关注度和曝光量。同时，林清轩还通过分众电梯广告频繁露出，强化自身的“修复”特性，直指修复“口罩脸”的需求和产品体验圈了不少粉。从线上传播到线下引爆，林清轩实现了一场华丽的逆袭。

2020 年，在天猫双十一的榜单上，可以看到的结果是占据排行榜的基本是行业头部品牌。因此，疫情反而让头部品牌进入趋优时代，那些能够引领行业、在遭遇不确定时依然在建设品牌的企业，最终成了王者。

细垂品类的崛起：新消费引爆

疫情让头部品牌强者恒强，但在 2020 年的市场格局中，我们也发现另外一个现象，就是新消费品牌的崛起。

2020 年，很多人大概有半年的时间都是深宅在家。大家有更多时间待在家里，反而加速了一些新消费品类的崛起。知萌咨询机构对 2020 年新消费品牌的调查显示，自热火锅 / 饭、即食燕麦片、智能音箱、盲盒、0 糖 0 脂 0 卡饮品等新消费品类在 2020 年得到了消费者的关注。

阿里研究院的《2020 中国消费品牌报告》显示，品类创新对市场规模扩大的总体贡献度达到 44.8%，较 2018 年大幅度增长了 15.2 个百分点。国产品牌在品类创新和产品创新上的出色表现，也推动了中国品牌销售额与新客的双增长。

2020 年崛起的新消费品牌有一个共同特点，那就是都抓住了细分垂直领域的新品类机会，以此作为市场缺口来获得消费者的认可。元气森林以“0 糖 0 脂 0 卡”在饮料市场异军突起；三顿半的冻干咖啡新品类受到了年轻人的热捧；自嗨锅、拉面说等新消费品牌，也在这样的时期实现了迅速增长。

国产化妆品品牌薇诺娜，则是深入洞察了敏感肌护肤领域的市场缺口，立足于“解决中国人常见的问题肌肤”，在肌肤敏感的中国消费者群体中获得了超高人气。

同时，我们发现在2020年能够获得增长的新消费品牌，过去不光进行线上运营，更多也选择了线下。比如，元气森林除在小红书、微博、快手、抖音等平台进行流量和内容营销，以及应用明星助阵、李佳琦助攻带货、张雨绮代言外，从2020年5月起，开始陆陆续续在电梯媒体分众投放TVC广告，强势霸屏，很多人开始记住“0糖0脂0卡”的概念，牢牢占据“无糖饮料专家领导者”的心智资源。

薇诺娜携手分众传媒，在全国16个主要城市采用风暴式高频广告形式，在城市主流人群的核心生活轨迹——写字楼、公寓楼、电影院掀起品牌风暴。在2020年5月25日至6月21日期间，薇诺娜投放分众智能屏和电梯电视，六一活动期间，回流至天猫数据银行的数据显示，分众覆盖的薇诺娜消费者总量超1.7亿，环比增长2倍多，新增认知兴趣人群超过1.5亿，环比提升12倍多。

这些新消费品牌，只用了2~3年的时间就走完了传统品牌5~10年甚至更长时间才能走完的销售额增长之路，原因在于在线上经过产品测试和获得了圈层认可之后，迅速抓住时间窗口，饱和式曝光建立品牌认知，打开突破消费者心智的最佳入口，因为只有在消费者心智中形成深度认知，才能做到封杀后来的竞争对手。

品牌协同的共融时代：两微一抖一分众

近几年，传统品牌拥抱互联网进行大量促销广告的投放，新消费品牌则一开始就把互联网的流量阵地作为突围的窗口，这也带来了一个新的问题：品牌广告和效果广告，孰优孰劣？品牌广告和效果广告到底是什么关系？

过去大家经常谈到的“品效合一”，很多时候掩盖了品牌的价值，忽视了品牌心智资源的重要性，更多还是侧重于基于流量所驱动的交易场景。越来越多的品牌经过实践也发现，只单纯追求流量、仅仅关注交易渠道，并非长久之计，因为流量成本越来越高，无法持续。商业的本质不会变，消费者是根据品牌来选择的，品牌才是真正持久的流量。促销是单次的，而品牌在你的头脑建立认知之后会持续很长时间，下次你在渠道看到这个产品的时候，就会更倾向于选择它。

尽管很多品牌都看到了流量广告和社交媒体，可以迅速让品牌信息进行互联网空间的裂变，但对于品牌而言，今天面临的最大挑战反而是如何在消费者心智当中建立持久的认知资产和流量。就像很多头部品牌，拥有持续的品牌心智资产，因此在面对危机或遭遇竞争的时候，能更好地获得消费者的认可。要让流量更有效，流量成本降低，你必须建立品牌，不建立品牌也运营不下去，因为流量成本会越来越高。

因此，2020 年之后，从内容种草到品牌场景化塑造，越来越成为新的营销组合。也就是说，品牌既要重视以内容营销为主的社交媒体传播，同时也要重视核心生活场景当中的品牌势能传播，这也让 2020 年塑造出了新的组合传播模式——“两微一抖一分众”。

“两微一抖一分众”，本质是将线上与线下、内容化与场景化高效结合，这种高效结合解决了品牌虽然实现种草却没有实现品牌引爆的问题，解决了一对一更精准沟通却没有真正培育群体化消费者心智的问题。因此，以“两微一抖”内容营销为主的线上推广和以分众传媒为主的线下传播充分结合起来的场景营销，将成为品牌引爆的核心法则。

品牌广告回潮：社会认同与社会场能的价值塑造

如今，摆在营销人面前最痛苦的问题莫过于数字化的渠道和触点太多，当所持的预算非常有限的时候，你会发现如果每个数字触点都要去重视，其实最后会造成分散的营销，也很难出现集中化的效果。

对于今天数字时代的整合营销而言，虽然媒体越来越碎片化，但是品牌不能碎片，尽管精准营销是触达消费者、直击购买者的手段，但很多时候一对一的精准营销做不到品牌社会认同感和品牌消费氛围的塑造，因为消费者都是社会动物，其选择会受到周围人和圈层的影响，还有很多消费决策是家庭决策，精准营销不能保证同时覆盖决策者和购买者。

品牌传播的目的不仅是要完成销售，更重要的是解除消费者对品牌认知和心理的阻碍。因此，广告不仅要打动单一的精准购买者，更重要的是要能够实现在消费场景中的一种消费趋势和潮流。

所以今天，广告不只是利用智能化的技术实现更好的精准化，还要能在社会上达成社会共识，从而形成品牌能量场，品牌能量场的建设和引爆能带来长期的品牌认同和拥趸。今天很多品牌都在想如何刷屏、如何引爆，但是我们发现品牌不到一定程度是不会被引爆的，要经历一定的周期性积累，需要长期的建设，而品牌积累的心智价值不是想改变就可以改变的，就像“农夫山泉有点儿甜”“我们不生产水，我们只是大自然的搬运工”这样的认知，已经成为品牌持续免费的流量和消费者心智中的条件反射。

随着流量红利消失，“抢占线下”已经成为品牌的新口号。因此在2020年，我们发现，分众电梯媒体作为其中重要又特殊的广告形式受到互联网公司、品牌、媒体等各方的关注。在覆盖了主流消费人群的工作场景、生活场景、娱乐场景和消费场景的分众传媒上，饿了么、滴滴、瓜子二手车、飞鹤、波司登、良品铺子、洽洽小黄袋、妙可蓝多、元气森林等品牌都依托这个阵地，建立了超越流量的社会认同与社会场能，品牌广告正在回潮，而分众传媒也成了品牌广告回潮重要的投放阵地。

不管2020年营销人经历了什么样的不确定，以及面对什么样的信息环境，我们会发现，那些简单的品牌法则是亘古不变的：谁能够在不确定的环境当中依然拥有定力，依然坚持品牌的核心价值塑造，持续去赢得消费者的共鸣，谁就能够在竞争中获得先机。

为什么“有趣、有料”不如“有用、有效”？

胡喆 / 文

在一个新消费崛起的时代，关于如何做品牌传播，大概没有人不同意应该“有趣、有料”。比如，抖音竖起了“兴趣电商”的大旗,认为基于“兴趣”的耦合是电商的新方向；B 站则希望通过“有料”的 UGC 内容，追赶上小红书等消费型社区的变现潮。

很多人认为，品牌传播的逻辑应该彻底改一改了，用“有趣、有料”取代以往的“简单、重复”式的硬广模式，然而笔者却对这一逻辑有不同的看法。

“有趣、有料”不如“有用、有效”？

在新消费品牌的崛起中，许多创业者喜欢大谈“新连接”，例如内容营销是新红利，有趣、有料就能“兴趣营销”、KOL 直连消费者创造新渠道……

为什么人人都这么说？

其实原因也很简单：第一，这种讲法很互联网、很新消费，显得品牌很有创新精神；第二，真正成功的要素是不能轻易分享的。

移动互联网时代，一切营销向“有趣、有料”看齐，其实只是很多人的幻觉。

比如，妙可蓝多当年准备进军奶酪棒市场时，其竞争对手是一个法国品牌百吉福。

百吉福当时已经在中国做了 10 年的奶酪棒，有 10 亿元的营收，但很少建设品牌，大概认为“洋品牌”就是最好的背书。

妙可蓝多当时很尴尬，既做牛奶又做奶酪，两样都不拔尖。后来妙可蓝多的老板做了一个判断——跟在成功者的背后，想用成功者的方式超越成功者是没有机会的。所以，妙可蓝多没有成为下一个蒙牛、伊利的机会。相反，消费者对奶酪的认知还没有形成，心智是空白的，于是就有了妙可蓝多在分众的饱和攻击。其实，整个过程一点都不“有趣”。

他们只是改编了一下《两只老虎》，把歌词变成了“妙可蓝多，妙可蓝多，奶酪棒，奶酪棒，高钙又营养，伴随我成长，真美味，真美味”，然后就通过分众在电梯口反复播放。

这个过程有趣吗？有巧思吗？有妙手天成的文案吗？有刷屏千万的雄文吗？都没有，只是一不小心，就有很多小朋友在电梯口跟着唱，唱着唱着就要吃这个奶酪棒。

妙可蓝多凭着在分众的持续投入，两年就让销量超过了百吉福，成为中国第一大奶酪公司，市值也因此从 20 多亿元涨到了 200 多亿元。

之所以举这个笔者自己都觉得有点“乏味”的案例是想说，品牌到底要有趣、有料还是要有用、有效，不能靠我们的直觉，还是要回到品牌传播的第一性原理上来。

当今的知识工作者，如果现在还不知道什么是“第一性原理”就该恶补了。

“第一性原理是超越因果律的第一因，且是唯一因，同时第一性原理一定是抽象的。”这句话说得通俗一点就是：第一性原理是事物唯一的源头，是抽象的，而且比因果律更高级。这个理论告诉我们，看透事物的本质要把事物分解成最基本的组成，从源头解决问题。

那么，品牌传播的第一性原理是什么？

笔者看到一本书，仅仅是推荐就“亮瞎”了双眼，被称为“如果一年只能读一本书，你绝对不能错过的《思考，快与慢》”。

这是当代最伟大的心理学家、诺贝尔经济学奖得主卡尼曼灌注五十余年研究功力的著作，是第一本全面深度剖析大脑思考运作的“思考《圣经》”。该书英文版上市一年，仍稳居亚马逊认知心理类第一位。

最令人震惊的是，《黑天鹅》的作者塔勒布用了这样的语句来形容——《思考，快与慢》是人类社会思想史上的里程碑，媲美亚当·斯密的《国富论》和弗洛伊德的《梦的解析》。

快思与慢想，是我们脑中的两位主角。它们大部分时候是朋友，有时是敌人，更常并肩作战！

卡尼曼犹如一位称职的导游，沿途为我们解说——大脑的思考到底是怎么一回事。简单说，这是系统 1（直觉式思考）和系统 2（逻辑式思考）这两个主角在各种心理剧目中搭配分工的故事。

“快思”是系统1，它很情绪化，依赖直觉，能迅速对眼前的情况做出反应，并认为亲眼所见就是事情的全貌；“慢想”是系统2，它动作比较慢、擅长逻辑分析，虽然不易出错却很懒惰，经常走捷径，直接采纳系统1的判断结果。

道理并不复杂——系统1不费脑力，系统2很费脑力。绝大多数时间，人们是用系统1来处理、判断世界的，大多数时候靠直觉，是条件反射。

所以卡尼曼反复提醒我们，他重新诠释并推翻了“人的决策是理性”的假设，更首度披露“直觉偏见”和“逻辑捷径”如何在不知不觉中，决定了我们自以为惬意的生活。

也就是说，人天生就不是理性的动物，要使人们相信一个概念或者一件事物最好的方法就是“不断重复”。人类的思维系统让人很难分辨“真相”与“熟悉感”，因此绝大多数时候“熟悉感”取代了“真相”，进而使得人产生了这样一种心理过程——熟悉了，就放松了，就会做出轻易而简单的判断。

实话说，笔者看到这里也有晴天霹雳的感觉——原来我们认为的有趣、有料，其实不如简单重复来得有用、有效……现在最有效的，也最能够在人的生活轨迹中必经也必然会有些无聊的场景，大概也就是等电梯、坐电梯了……在这有限的时间里，我们必然受到电梯广告的魔音贯耳，绝大多数时候甚至会感到有些无聊——因为时间有限，信息高度浓缩，往往只是一两句话反复重复，给看惯了精彩万物的我们一种有些无趣的感觉。

顺便说一下另一个类似场景——电影院。其实，卡梅隆把影院对于传播的独特体验与价值已经全说出来了——中国最主要的线下引爆设施分众，为什么只选择电梯和电影院两个媒体形态？因为电梯是一个人每天必经的封闭的物理场景，也是一个人最有可能主动看广告的心理场景；电影院是一个封闭的沉浸式的物理场景，也是一个人最有可能敞开自己迎接感动的心理场景。

因此，卡尼曼的理论解释了笔者常常会莫名记住下意识中觉得有些“无聊”的电梯广告的广告语，甚至在卖场中见到这一品牌的商品会有购买冲动的原理——其本质就是，重复性会引发认知放松的舒服感、熟悉感。

看到这里，我认为品牌传播的第一性理论其实就是这本书中提及的“两个系统”理论——任何理性也无法抵挡重复，再强大的心智之门也很难抵挡重复，在品牌传播的本质上，有趣、有料只是浮云，用“重复”叩开消费者的心理关隘并用不断重复来抵御遗忘，就是第一性。

如果一个品牌因为重复出现而被你购买，而且当购买它没有给你带来不好的体验时，你慢慢地就会对它产生信任感、安全感、熟悉感，最终你会发现购买它的概率上升了，然后你会发现，在生活的每一个领域内都有几个让自己觉得足够安全的品牌，它们是你的第一选择也是最后的选择。

这种影响往往是不动声色的，从量变到质变，一旦越过拐点就会让品牌深入人心，取得持续高成长。

那么，刷屏、种草、豪赌综艺就真的那么不堪吗？其实也不是，但它们的最大问题是很难重复，而难以重复的事情就不能作为一个企业的持续品牌策略。

刷屏，你看不到落寞的烟

其实，“刷屏”并不是自媒体时代才有的名词和现象。

在那个电视是家里唯一的娱乐中心的时代，有一种特殊的现象叫“标王”，也就是公开竞价央视的最黄金广告时段，胜者为王。

然而，随着移动互联网时代的到来，一种新的营销标准被提出，那就是“刷屏”——无论是事件营销还是爆款热文，一旦激发了公众的传播热点，就会利用网络效应不断自我复制，产生难以想象的传播奇效。

笔者记得当年百度用30万元的低成本制作了一组“周星驰版唐伯虎风格”的宣传“百度更懂中文”的广告，效果奇佳并获得当年的艾美奖，获奖理由就是“用30万元的预算达到了1亿元的传播效果”。

如此高杠杆率、高性价比的营销效果，注定没有品牌不希望自己被“刷屏”，但如果一个品牌希望靠“刷屏”持续成为高势能的头部品牌，大概率会缘木求鱼。

为什么会这样，其实理性分析一下，有这样两个原因。

一方面，消费品牌（而不是真正意义上的公众事件）的刷屏是一次全网、全民的“下意识协同”，是一次亿万人的兴趣在诸多偶然性因素下集中、聚焦的产物，中间涉及许多非理性、非结构性因素，因此不具备很高的可重复性。

例如2017年，百雀羚的一组“一镜到底”的神广告刷遍了朋友圈，创造了现象级的刷屏热点。虽然被质疑有声量无销量，转化不到0.00008，但百雀羚获得了3000万+的阅读量，成为当年的现象级营销事件。

然而，百雀羚虽然仔细复盘了此次传播的核心要素，并且一直试图以类似的方法重复策划一系列国风营销事件，却再也没有刷屏级的热点产生，百雀羚的品牌势能仍然高度有限，如今在进口大牌和新消费品牌的夹攻下，日子过得相当艰难。

其实，如果当时百雀羚能够抓住公众兴趣都被调动起来的时间窗口，把精力、资源集中在线下的传播设施上，一次性打透公众的心智之门，我们今天未尝不能看到一个百亿量级的国风化妆品品牌。

另一方面，为了追求刷屏效应，可能遗落真正需要传递的信息。

杜蕾斯堪称“刷屏制造机”，其特点是紧跟时事、热点，结合自身自带的“暧昧属性”，常常策划出一些一语双关、妙喻天成的刷屏营销文案，成为“话题营销王者”。但是，为了切合话题性，必然在品牌核心信息的传递上有所牺牲，从而难以做到两全，进而造成了杜蕾斯知名度很高，但是品牌核心选择理由很难传达给消费者的现象。

相反，另一个品牌冈本远远不如杜蕾斯会玩“花活儿”，它更聚焦突出品牌“专注、专业、极致”等方面的信息，长期坚持将001、002、003这些聚焦“极致超薄”的核心价值传递给消费者。

时至今日，冈本在线上、线下渠道销量崛起，在高端避孕套领域也取得了很好的地位。

有趣、有料又如何?

近几年，新消费品牌逐渐被证明已经不再是一个“现象级事件”，而是一个“结构性机会”。在社交媒体、新渠道和新消费群体等因素的驱动下，大量新品牌平地起飞，但高度饱和的竞争与信息流量的快速迭代，也让品牌崛起后的长期发展成了一个问题。在新消费时代，网红潮起潮涌，究竟什么样的消费品牌才能穿越周期?

事实上，笔者此前就分析过，品牌在这个时代有这样几个可以借助的路径。

第一，通过社交媒体、内容传递、先认后知等方式，以 KOL 为主导的社群传播，俗称“种草拔草”。

第二，寻求与社会重大娱乐事件绑定，如综艺。

第三，在出现在人们必经的生活空间和路径上的线下媒体进行引爆，如分众。

对于路径一和路径三，笔者在本文第一部分和《互联网打造不了品牌，但“两微一抖一分众”就可以》已经做了详细分析，并曾指出——如果整个消费者的视野里是一片荒原，那么一株花草就格外引人注目，这就是早期红利期的优势；而如果这里已经反复耕耘，已经种满了花花草草，你就一定要种点别的植物，或者干点别的什么，使“你的草原”明显有别于一般的花草，可以一眼识别出来，越高大越好。

事实上，随着流量红利趋于枯竭，社交媒体已经过度透支商业化潜力等问题的出现，路径一愈发显出颓势。有分析师指出，这是因为这种颓势使“消费品牌完成了对互联网思维的祛魅，品牌的建构路径回归常识”。

但是，综艺仍然让许多品牌爱恨交织。

近几年国内综艺节目遍地开花，各种大咖云集，收视率一路飙升，所以是品牌争相投放广告赞助的风水宝地。能冠名当红综艺，或者是在节目中露露脸，就能给品牌带来极大的曝光率，所以各大品牌紧跟综艺的步伐，而新锐品牌更试图赌中综艺带来一夜成名的效果。

其实，综艺路径的最大问题是高不确定性。

在内地娱乐市场，网剧或综艺是火是糊，简直堪称“玄学”。其中最有代表性的，莫过于本不被市场看好的《乘风破浪的姐姐 1》（简称《浪姐 1》）红到翻天覆地，本以为可以继续乘风破浪的《乘风破浪的姐姐 2》（简称《浪姐 2》）却糊到风平浪静。4000 万元入场的梵蜜琳赚翻了，上亿元级别入场的赞助商们却踏空了。

《浪姐 1》在最开始实在不被市场看好，项目最初的评级仅为 B 级，很多品牌方在节目播出之后才开始寻求合作。

正因为如此，一个 2015 年才进入市场的微商品牌“梵蜜琳”轻松以 4000 万元拿下了第一季的冠名权。这个近年来最好运的“捡漏”，让梵蜜琳成了最大的赢家。

然而，非常具有讽刺性的是，《浪姐 1》爆红之后，广告位一票难求。在第一季热度的诱惑下，《浪姐 2》的招商热潮水涨船高，独家冠名方的冠名费成本至少达到了数亿元级别，其他赞助商也增加到了 15 家之多。然而《浪姐 2》并没有续写热度神话。

综艺难火，或者说得更准确一些，是综艺火的难以预测其实不是一个纯粹的概率事件，而是一种必然。

网综有一段好日子，但是随着移动互联网的时长红利进入末期，视频市场的竞争极为激烈，抖音、快手切走了所有碎片时间，知乎、B 站的“知识性中视频”切走了有学习焦虑的社会中坚层的“学习时间”，甚至社区团购都抢走了大爷大妈的聊天唠嗑时间，开始辗转于各个微信群寻找打折信息……以上每个“时长杀手”的底气、豪气都强到爆棚，互联网上的娱乐内容浩瀚如海，网综想火起来也远远没那么简单。

然而，在这个移动互联网时代，媒体渠道和海量内容的选择太多，各种新奇的概念和言之成理的“新理念”层出不穷，今天说内容为王，明天说兴趣为大，究竟谁是正路？

所以，我们还是应该回到前文所谈及的品牌广告的“第一性原理”上来——

品牌在你的头脑建立认知之后会持续很长时间，给你更多的安全感和熟悉感，因此你无论在什么渠道看到这个产品，都会本能地更倾向于选择它。

因此，无论一种方法看上去多么性感、有趣、迷人，如果不能给你的品牌建设以清晰、持续、可重复的路径，那么充其量也就是一种补充手段，归根结底还是要回归到第一性原理上来。

就像诗里写到的一样，鸟儿飞翔到远方，最终还是为了更快地回到家乡。

凯度 2021 年城市居民广告关注度研究

凯度[①]/ 文

在中国特殊的媒介环境里，有效注意力正在成为越来越重要的媒介考虑因素之一。它的界定范围不是消费者“看”，而是消费者“主动看到”。为了帮助品牌主更清晰地了解各个媒介的“眼球份额”，凯度针对消费者的媒介接触习惯和态度进行了综合研究，完成了《2021 年中国城市居民广告关注度研究》。

本次研究在 4 个一线城市和 10 个新一线城市展开，受访对象男女各半，年龄分布在 18 岁到 55 岁，且均在调研城市居住一年及以上。本次调研对象包括七种媒介广告类型：电视广告、互联网广告、电梯广告、传统广告、交通类广告、传统户外广告和电影院广告。

广告日到达率是指一天中接触到该类型广告的受众占总体受众

① 凯度是全球领先的数据、洞察和咨询公司之一，总部位于英国伦敦。

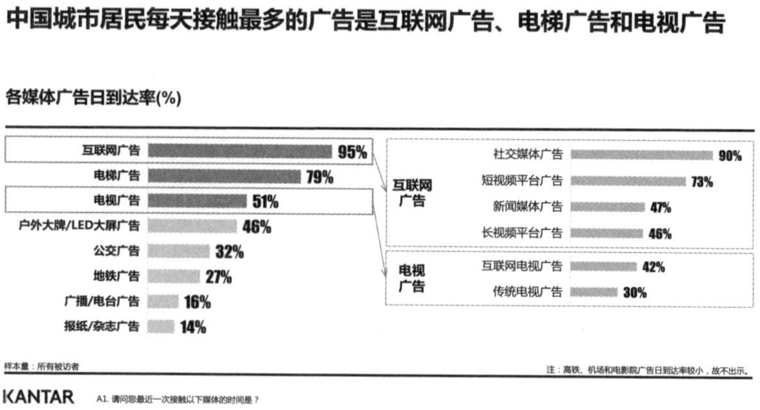

凯度对各媒体广告日到达率的调查结果

的比例。从该指标来看，互联网广告（95%）、电梯广告（79%）和电视广告（51%）位居前三。

不同类型的广告所覆盖的受众年龄段不同。互联网广告在各年龄段受众群中到达率都是最高的，而电梯类广告则在 26~45 岁人群中到达率（81%）较其他两个年龄段更高，而电视广告到达率最高的是 46~55 岁人群（59%）。

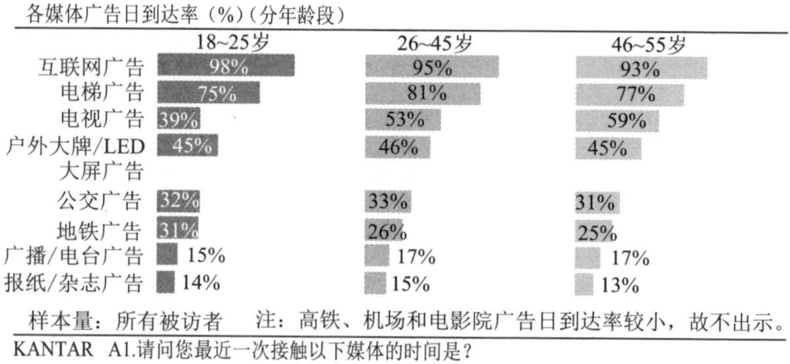

凯度对各媒体广告日到达率年龄段的调查结果

相应地，这三大媒介类型也是中国消费者接触时长最长的广告媒介。研究显示，中国消费者日均接触广告总时长为 25 分钟，而这三者合计占了近 80% 的“眼球份额”。

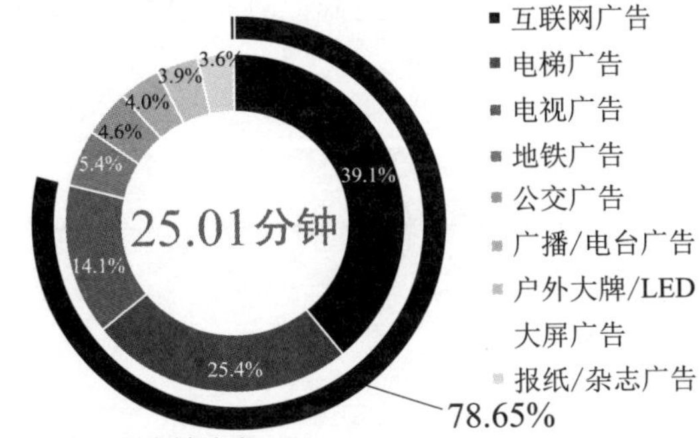

各媒体广告日均眼球份额

研究发现，当媒介处在封闭环境中时，消费者对广告的关注度远超过处在其他环境中的媒介，并且此时对于广告的关注度也最高。电影院广告（64%）和电梯广告（45%）的关注度由于封闭环境的“先天优势”遥遥领先其他媒体。

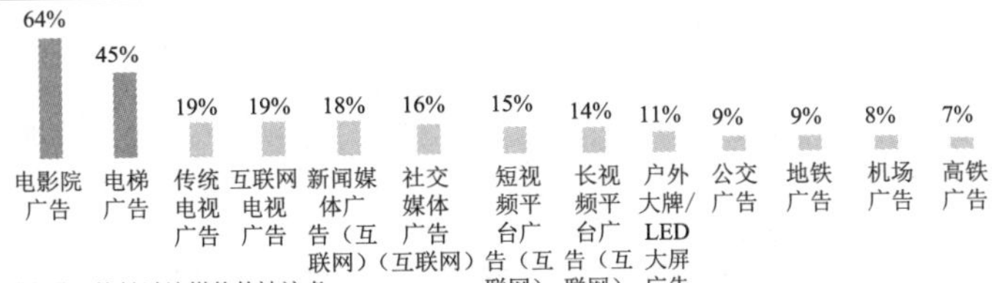

KANTAR　A6/7/8. 请问您接触以下电梯/传统户外/影院/交通/互联网/电视媒体上的广告时，下列哪个选项最符合您通常的情况？
主动观看：会留意到广告，不做其他事情；不切换页面/不使用会员跳过广告，会观看广告直到节目播出；不换台/不使用会员跳过广告，会观看广告直到节目播出

消费者对各媒体广告的关注度

对很多人来说，现在手机已经快成身体上的一个器官了，也成为干扰其他媒介影响力的因素。因此，受手机干扰度越小的媒体其广告受关注程度就越高。如手机对交通类广告的干扰度达 79%~87%，而电梯海报广告和电梯电视 / 智能屏广告都是受干扰低的媒体。电影院广告受干扰最低，只有 21% 的消费者在观看时会用手机做其他事情。

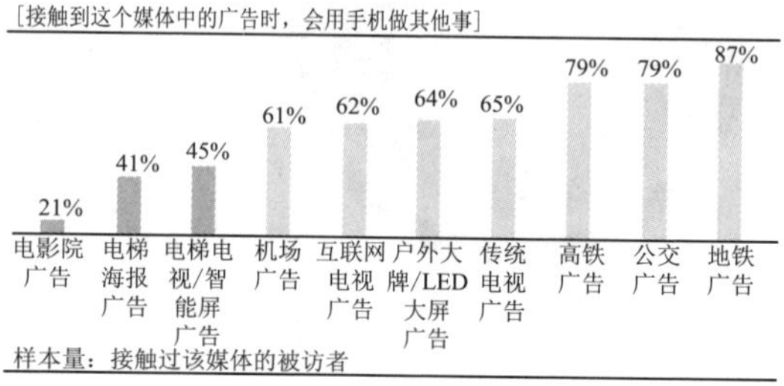

手机对各媒体广告的干扰程度

研究进一步显示，电梯媒体、社交媒体以及短视频媒体上的广告更能让消费者记住品牌的名字，其中电梯广告以 3.29 的人均品牌记忆数拔得头筹。

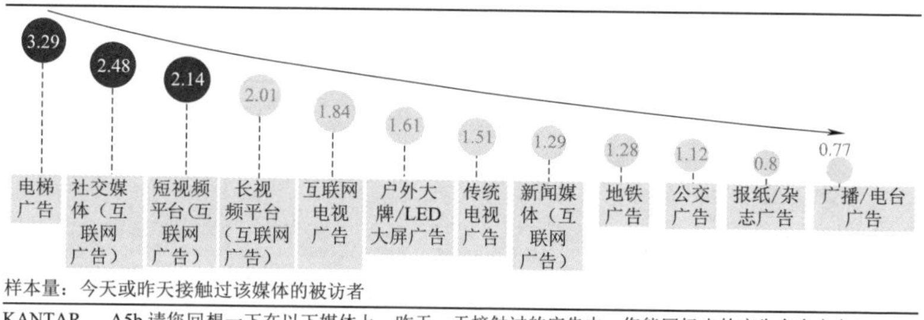

各媒体渠道广告平均记忆数量

注：此数据基于今天或昨天接触过该媒体广告的被访者询问，高铁、机场和电影院广告到达率较低，故不出示。

本次中国城市居民广告关注度研究显示：电梯广告与社交媒体广告眼球份额最高。正如凯度中国区首席执行官兼 BrandZ™ 全球总裁王幸在 TOP100 品牌大会上表示：对于广告主和品牌而言，通过“两微一抖一分众”引爆品牌，将成为未来传播的最有效范式。以分众为代表的电梯媒体和以微博、微信、抖音为代表的社交媒体，两者的交互和共振是推动品牌增长的核心传播阵地。

品牌营销的模式迁移

寻空 / 文

碎片化让大创意失效，“一见钟情时代”终结

做营销就像谈恋爱，本质是让受众爱上自己，用一句比较俗的话说就是“跟客户谈恋爱”。

至于恋爱的方式，在广告黄金时代，大部分品牌奉行“一见钟情”策略。正如李奥 · 贝纳和乔治 · 路易斯所主张的，品牌应以“大创意”影响消费者，让消费者第一次看到广告就形成深刻印象。

李奥·贝纳为万宝路制作的万宝路广告，形象为浑身散发粗犷、豪迈、英雄气概的美国西部牛仔在吸万宝路牌香烟，这个广告为万宝路打开销路，成为广告史上最经典的策划之一。而乔治 · 路易斯更以《广告大创意》（又译《蔚蓝诡计》）一书而闻名，其大创意的营销理念深深地影响了一代人。

万宝路广告

广告大创意的主张影响了几十年的营销走向，对中国的影响也非常大。比如 2011 年中国台湾大众银行广告《梦骑士》曾造成极大轰动。直到 2016 年，NB（新百伦）和李宗盛合作的广告《每一步都算数》依然发挥着大创意的价值，其在当年形成的影响对 NB 销量的增长有不小的助力。

《每一步都算数》广告

但在短视频时代到来之后，大创意越来越少了，本质原因是信息碎片化。

大创意的黄金时代，创意基本上是基于传统媒体来做的，也基本是静态的，一个大创意的生命周期长达一年甚至几年，这是为了保证优秀的广告触达更多人，让他们一见钟情，并长期重复巩固，占领消费者心智。

但在碎片化的今天，消费者的注意力随时转移，他今天对你一见钟情，明天就能对别人一见钟情。在这样的营销环境下，品牌做大创意是不太划算的，原因有以下几点。

第一，注意力分散，记忆速朽。碎片化信息时代，大创意已经不是单靠覆盖就能解决的了，因为在当下环境中，消费者的注意力极度分散，对于信息的记忆也会快速消失，当你试图以优秀的创意触达消费者的时候，他很可能看一眼就转向其他内容了。

第二，选择性关注，去广告化。移动互联网时代，消费者有对内容的选择权，只专注于关心自己想关心的信息。消费者会买会员去广告，看到信息流广告点叉关闭，甚至点击投诉广告……消费者对广告的排斥情绪已经到了顶点。在这样的时代，广告触达就更难了。

第三，触达率质疑，收视无效。算法时代的到来，让品牌的主动性大幅降低，在内容获取方面，算法直接替消费者做选择，即便你精心做了广告，广告被算法判定为不适合某消费者的内容，消费者就看不到，这是算法的双刃剑效应。算法的不精确判断可能会让你失去本应该触达的潜在消费者，或更多的决策者、购买者、体验者和传播者，这些都是品牌流行和形成社会共识不可或缺的人。

因此，在当下的营销环境下，品牌靠大创意让消费者“一见钟情”的机会越来越少，品牌只能转向另一种营销模式。

品牌营销：从一见钟情到日久生情

在这个注意力极度分散的时代里，品牌不能指望一个惊为天人的创意让大量消费者买单，而是要逐渐靠内容和运营积累对消费者的感情。

这就像恋爱模式中的日久生情。比如微博营销时代，不能做传统广告的杜蕾斯，靠不断输出优质内容，积累了一批铁粉，又靠粉丝运营策略（每周选出“最粉丝”，这是社交媒体时代最早的粉丝运营策略品牌之一），维持了粉丝的忠诚度。杜蕾斯并没有做过什么大覆盖的大创意，而是靠一个个小创意逐渐塑造了自己的品牌个性，形成对消费者的影响。

这样的案例在今天有很多，虽然不如当年杜蕾斯那么瞩目，但每个这么做的品牌都试图先从做一小部分人喜欢的内容，吸引一小部分人开始，日积月累，逐渐扩大影响力。今天，大部分营销都不再是一锤子买卖，而需要持续有效触达和沟通，对于消费者，也需要向他们持续提供内容和价值，一点点地对他们形成影响。

今天，可以说没有什么惊天地泣鬼神的表白，只有天长地久的感动。

那么是不是在小创意时代，大创意就完全没机会了？也并非如此，就像我在《再见，BigIdea》中说的，小创意的价值即便在今天也无法代替大创意。

大创意通过对社会、人类的洞察，产出具有社会价值的内容，能够塑造品牌的形象，为品牌带来更长远的价值。它们带来的是对品牌性格的塑造、对社会文化的引领、对消费倾向的引导、对品牌溢价的提高、对长期收入的促进，这些价值不能用月甚至年来衡量。

如何做好日久生情的营销

正确的营销方式是将大创意和小创意进行有效的组合和配比，这是碎片化时代更有效的“抗疲劳”营销方式，具体来说应该采取如下解决方案。

以泛中心化对抗碎片化

在当今的营销环境下，品牌与消费者日久生情固然是解决之道，但品牌对于消费者的第一印象依然重要，日久生情的前提是，首先要保证品牌跟消费者有一次接触，而且这次接触要是正向的，如果第一次接触机会都没有，就更谈不上日久生情了。

这时候，中心化媒介依然发挥作用，因为它能保证品牌最大概率接触消费者。但如今已经没有 20 世纪 90 年代央视那种中心化媒介了，因此用媒介组合形成中心化极为重要，我将此称为泛中心化，这是对抗碎片化的有效策略。

近年，有些自媒体提出“两微一抖 + 央视 + 分众”的概念，有泛中心化的意思。我认为，泛中心化就是在消费者的信息获取渠道“线上 + 线下”实现全覆盖，以保证对于消费者的有效触达。在当下的环境下，基本上“两微一抖 + 央视 + 分众”的矩阵，可以实现这个目的。

有人可能会说，覆盖这么多媒体得多么财大气粗才行？事实确实如此，这种营销方式需要一定的投入，但收益也是可以保证的。

你可以看看市面占据优势地位的品牌，它们基本上都是这么做的，比如可口可乐、淘宝、农夫山泉、伊利等等。它们的大型活动基本覆盖了“电视 + 分众 + 两微一抖”的线上线下渠道。

新消费品牌也有这样的案例，比如近期小罐茶做的“记在心里的名字”，将长片覆盖了上述所有渠道，形成了一次有效的抗疲劳传播。

以重复对抗遗忘

营销的天敌是遗忘。

德国心理学家艾宾浩斯研究发现，遗忘几乎是与信息出现同时发生的，并且是先快后慢。一般来说，消费者看到一个广告之后，遵循艾宾浩斯遗忘曲线规律，消费者对广告的遗忘速度在最初阶段很快，但越往后就会逐渐减慢，到了一段时间之后，几乎就不再遗忘了。

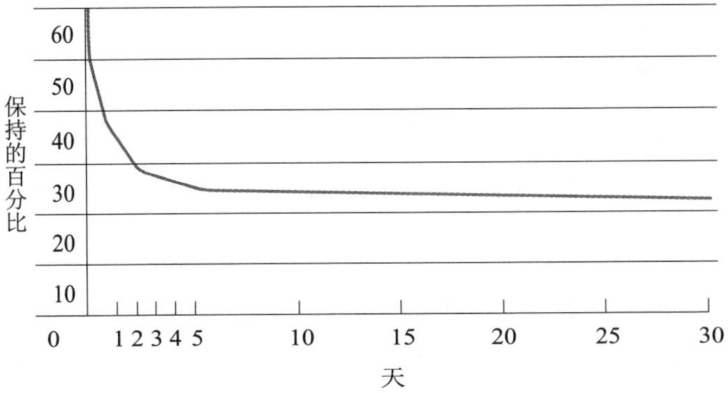

艾宾浩斯遗忘曲线

注：曲线显示了使用节省法在30天期间进行测验时个体所记得的无意义音节的数量。曲线迅速下降，然后到达一种变化很小的高原状态。

对于营销来说，对抗遗忘没有更好的办法，只有重复，但重复是有一定规律的。通常在消费者接触广告之后，应该在短时间内让广告反复曝光，从而对抗短时间快速遗忘的可能性。

同时，有研究表明，广告的记忆度与竞争对手的广告是否同时出现在同样媒介上有关，重复的广告在有竞争广告出现的时候更有效。换句话说，当竞争对手的广告出现在某个媒介上，如果你的广告没有出现，那么你的品牌记忆就会被削弱。

这就是可口可乐和百事可乐、麦当劳和肯德基会争相在相似的媒介上投放广告的原因。同样道理，你也经常在电梯上看到同一品类的产品做分众广告，如元气森林和农夫山泉气泡水。关于这一点，我在《可口可乐这类世界知名公司为什么要持续大量地投放广告?》一文中也有过阐述。

因此对于遗忘这个营销的天敌来说，品牌不仅需要依据遗忘的科学依据重复投放广告，还应该以此来对抗竞争对手对于消费者记忆的侵袭，才能确保品牌认知优势。

以潜移默化对抗信息疲劳

在碎片化时代，信息越来越多、越来越杂，消费者也越来越疲劳，这时候能够潜移默化对消费者形成长期影响的营销才是好营销。

关于这一点，还是要重视丹尼尔·卡尼曼的《思考，快与慢》理论，他的行为经济学理论在 21 世纪初就已经形成影响并获得诺贝尔经济学奖。在营销领域，它的应用在于通过一些设计来引导消费者的快思维，让他们在短时间内倾向和购买你的品牌。简单来讲就是让消费者“不费脑子”地选择你的产品和品牌。

这个策略不是做一两次广告就能奏效的，而是应该长期结合心理学和行为学原理，设置自己的产品、营销、渠道等因素，让消费者的消费行为在不知不觉中被影响。

星巴克的会员卡策略，《经济学人》的定价策略，麦当劳的儿童乐园策略……都是对这种营销方式的成功应用。

我在《品牌广告是如何利用人的快思维来激发购买冲动的？》中写过品牌应用快思维理论对于营销的各种设计，这里就不赘述了。

以确定性对抗不确定性

今天，营销已经走过了100多年的时间，我们总是在当下强调营销的变化——渠道的变化、技术的变化、媒介的变化、形式的变化，这些变化让人总觉得跟不上时代。

很少有人注意到，100多年以来，营销的本质并没有变，这个本质我在《90%的品牌营销连常识都做不到》中写过，就是“基于定位的正确内容+对于消费者的高频覆盖”。

正确的内容自古未变，渠道覆盖无非是什么样的媒介组合而已。不过90%的公司做不到这一点，它们要么被外界新概念的风吹草动所影响，想用小预算撬动全网火爆，要么就是看到某个品牌火了，想复制人家的路线。大部分品牌者被焦虑和变化所困，连基于营销的基础原理和常识都很难做到。

不管是传统媒体还是新媒体，不管是TVC还是短视频，其营销的本质和手段并没有发生质的变化。在当下的环境下，确定的是正确的内容和已被证明有效的渠道（如上文所述的泛中心化渠道），不确定的是各种花样百出的新概念。这些新概念不是无效，而是时间太短，需要沉下心来去研究是否适合自己的品牌，是否能带来确定性，如果不能那就不要去碰。

结语：什么是日久生情的抗疲劳模式营销？

在如今的碎片化时代，品牌再难像过去那样指望一个大创意带来轰动效应，从而带来营销效果。今天的品牌营销更像日久生情式的恋爱，需要建立正向的第一印象，通过持续不断的有效触达对消费者形成潜移默化的影响和固化认知，从而带来更长期的价值。

总结一句话，其实就是营销的长期主义。

2021 消费进阶：“心价比”消费时代来临

肖明超 / 文

在消费升级的市场大环境，以及移动互联网的时代背景下，今天消费者的消费需求与偏好已经发生了巨大的改变。一方面，随着消费升级的深化，消费者开始真正去关注自己的生活品质，会努力获取新的生活方式。消费者在获得新的认知之后，渴望通过消费来给自己的生活水平带来提升，因此越来越多的品类会迅速扩展到大家的购买清单中。

另一方面，互联网的信息化环境扩展了人对生活的想象力，必然培养了消费者表达独特消费意愿的习惯。它会要求供给者满足其个体的独特需求，并且愿意为实现这种个体需求支付更高的价格。

也正因此，催生了全新的消费形式，即“心价比”消费，知萌咨询出品的《2021 年中国消费趋势报告》（以下简称“报告”）指出，“愿意为一个产品付多少钱，取决的不只是性价比，还是这个产品能给消费者内心带来的体验和对于‘自我’的价值，中国消费正在经历从‘性价比’到‘颜价比’，再到‘心价比’的跃迁”，而这也成为全新的消费趋势。

消费 3.0 时代：从“性价比”到“颜价比”，再到“心价比”的演变

随着消费者消费需求与偏好的改变，在消费 1.0 时代，消费者在消费商品前，会更加关注商品本身的“性价比”，选择最为经济实惠的商品；在消费 2.0 时代，商品消费发生进阶，消费者在关注商品自身的功能属性外，也会关注商品的“颜价比”，“颜值即正义”。

而今天已步入了消费 3.0 时代，“心价比”成为激发消费最为本源的动能和因素，消费者会更加在意商品是否能够体现“自我价值”，或是消费的意义与价值，会为这种心理认同而买单。

从用户需求看品牌引领心价比消费的四要素

“心价比”消费的产生，一方面源自消费市场的大环境，另一方面源自消费需求的不断更迭和加速。在这之中，年青一代消费力的崛起成为助力“心价比”消费的关键因素。以 30 元手调奶茶为例，作为“心价比”消费的主流人群，80 后、90 后引领浪潮，而 00 后也占了近 1/3 的比例。而 60 后选择 30 元手调奶茶的比例仅有 10%，70 后为 32%。从奶茶消费的代际分析，可以看出年轻消费者正成为“心价比”消费的中流砥柱，而 00 后成为强劲的生力军。

在了解不同代际消费者“心价比”消费的差异化诉求后，品牌就需要抓住消费者“心价比”中最为关键的触发因素。调查显示，在消费者考量“心价比”消费的过程中，最为重要的两点分别是新的体验感（占比为 43.4%）和独特的设计（占比为 41%），其次是

文化价值（占比为36.2%）和幸福感（占比为35.2%）。从调研结果可以看出，在“心价比”消费中，提升消费者对于品牌的体验与品牌的文化价值至关重要。

基于对不同代际和需求的消费者研究，报告中提出了品牌引领“心价比”消费的必备四要素，即独特设计、场景体验、文化认同、传递幸福。品牌只有抓住这些要素，才能更有效地拉近与消费者的距离，才能让消费者感受到品牌全新的情感价值，让其承载温度和情怀，更好地满足消费者的情感需求，同时也能让消费者在消费品牌的过程中获得自我升华。

品牌连接“心价比”消费的四大策略

面对“心价比”消费的崛起，品牌营销可以从消费的场景、内容、设计以及需求四个维度进行发力。其一，创造新的场景价值，助力消费者探索无限可能；其二，从创新体验出发，从消费者的新体验入手，带来与过去同类产品不一样的可触摸的感受；其三，打造圈层文化，通过塑造圈层品牌文化，形成与消费者的情感共鸣；其四，通过对品牌产品的个性设计与包装成为焦点。

个性化的设计也成为吸引年轻人群进行“心价比”消费的关键。例如，银饰的价格并不高，但是在众多银饰品牌中，潘多拉却脱颖而出，让消费者为用金饰的价格购买银饰而乐此不疲。潘多拉所坚持的商业策略正是个性化。为了保证每个消费者可以自己搭配手链，潘多拉用卖单颗珠的方式推销产品，每颗珠子的价格取决于镶钻的多少和工艺。这样做既可以满足消费者需求的变化，也可以降低每次购买的心理成本，也因此激发了消费者的“心价比”消费欲望。

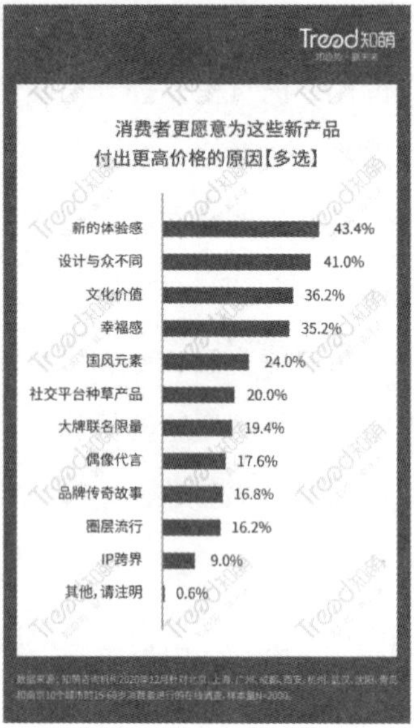

知萌对消费者在“心价比”消费中考量因素的调查结果

“心价比”消费的时代已经到来，它不再是小众人群的消费特征，逐渐成为大众消费的重要动因。因此，品牌需要乘着“心价比”消费的新趋势，从而在新的消费浪潮中永立潮头。

/ 案例 /

新发展格局下的品牌增长之道

信息粉尘化的高速发展时代，品牌如何在不确定的环境中把握确定的增长逻辑？元气森林副总裁、品牌事务部总经理王璞，亿滋食品大中华区市场部高级副总裁袁冬青，百胜中国营销副总裁钟芳华，小罐茶CMO（首席营销官）梅江共同就近年来涌现的成功营销案例展开解读，探讨品牌增长的核心要素。

亿滋食品——创造更多消费场景[①]

袁冬青 / 文

亿滋食品是中国饼干市场品类的领导者，我们有一些真的是“百年长青”的品牌，比如最大的品牌“奥利奥”已经超过100岁了，来到中国也已经30多年了。

我们已在原有的赛道上做得非常成功。奥利奥在中国已经达到超过50%的家庭渗透率，每100个家庭里就有超过50个家庭买过这个品牌的饼干，这是非常庞大的人群基数。面对业务成长的挑战，更多的增长、未来的机会就来自怎样拓宽赛道，怎样去创造新的食用场景。

目前更多的消费场景，一是学生们下午回家以后充饥，二是年

---

① 本文为亿滋食品大中华区市场部高级副总裁袁冬青在贝恩公司、分众传媒联合举办的“新发展格局下的品牌增长之道”论坛上的发言。

轻人在户外时充饥。我们在过去U&A（usability acceptance，消费者调查）的研究中发现，零食尤其是饼干类产品，很多的食用场景都是和饮料在一起的。原来是消费者可能拿它去搭配牛奶、酸奶，现在年轻人最常见的饮料食用场景是什么？其实是下午茶、奶茶的时段。

2021年，我们大力推出了一款偏零食化的产品线——奥利奥威化卷，打造了一个全新的食用场景：用奥利奥“好玩”的心智心态，跟奶茶品牌合作，在推出威化卷的时候搭上“乐乐茶”，共同创新吃法。而奥利奥的品牌代言人周杰伦本身就是一位奶茶爱好者，请他跟奶茶一块儿去带货。同时，我们在B站和年轻的up主合作，创造了《嘻嘻歌》，也创造了很多不一样的新吃法。

奥利奥本身就是一款百搭的产品，我们希望能够通过内容营销非常自然地去创造一些新的场景，比如说奥利奥搭配酸奶、烘焙蛋糕或其他烘焙产品。通过让消费者和KOL发布这些内容，为我们创造更多新的消费场景。

对于外国品牌来说，本土化是一个必然的大趋势。国际大品牌的“手”一直握得很紧，品牌资产最重要的是在消费者面前所表现出的声音、形象、色彩要是高度统一的。但未来的趋势，一方面品牌要放下姿态，另一方面“手”也要慢慢放松。品牌营销更多时候需要把消费者也邀请过来，让消费者与品牌共同去做营销，共同去创造。

品牌不再只属于大企业，更多是属于消费者的。消费者看到的品牌是什么样子，他们感受到的品牌性格是什么？这个趋势会成为决定品牌营销方向的重要因素。

百胜中国——场景营销的制胜之道[①]

钟芳华 / 文

比对奥利奥，百胜中国在国内的品牌营销团队还年轻，肯德基在中国 33 岁，必胜客 31 岁，当然我们也有一些新品牌是这两年孵化出来的。

餐饮行业对比大快消有一个不同点，那就是它本来就是注重场景营销的，我们叫 day part 经营。比如肯德基做早餐近 20 年，现在也开始做工作日午餐，做下午的咖啡饮料这些精耕细作，包括这两年比较红的夜宵产品。对于一个成熟的品牌而言，场景经营能给我们带来持续的增长，拓宽了一个餐饮品牌的竞争格局。大家都知道，近年来房租和人工成本逐年上升，单做某一个场景是很难让餐饮品牌获利的，所以越大的品牌越注重场景营销。

现在场景营销又有了新做法，尤其是疫情之后，我们看到外送业务、外带业务有了非常明显的增长。所以在原来的 day part 基础上，结合门店、到家、自取做一个很好的交叉，是我们非常看重的增长点。

另一方面，中国人的餐饮习惯可能一天吃 4 顿也不为过。一年有 365 天，整体来说，任何一个品牌在消费者全年的餐饮频次中的占比其实都不会很高。我们公司中，一年拜访频次比较高的消费者来三十几次，很低的可能一年来三四次。在餐饮行业中，很难让某一个品牌的 day part 占据消费者的所有消费品类。

餐饮行业本来就充满变数，所以我们要采取多元化品牌的经营

---

① 本文为百胜中国营销副总裁钟芳华在贝恩公司、分众传媒联合举办的“新发展格局下的品牌增长之道”论坛上的发言。

方式。有一个说法很形象，早餐选择肯德基，午餐选择必胜客，下午茶可能选择 Nevada 咖啡，晚上到家又有非常多外卖可供选择。

我们希望通过对消费者的深入洞察理解，将来能够在合适的时机，有不同品牌的不同的产品推送给消费者，实现最精准化的触达。

回到食品本身的创新上来，大家也可以看到，百胜旗下一年推出的新品远大于 100 种，而且百胜一直坚持多品牌经营，在原来量大、多品牌的基础上不断推出新品，让我们有了打造网红产品的可能，以满足消费者对不同新品的不同需求。

实现新品的研发，需要有一个比较强大的本土研发团队，还需要全面的配套供应商。另外，内部的流程团队也很重要，能够把产品从理念到试运营，再到全国推广、规模化，落实到所有门店。

从能力到系统，百胜比较有经验。但我们可能在产品细节的打磨上还不到位，需要在产品细节上更进一步，要把“以人为本”落到实处，要以消费者为出发点，企业的整个组织内都要有这样的意识。这样才能在众多新品中打造网红产品，进而将其打造为长红产品。

小罐茶——一次与众不同的营销[①]

梅江 / 文

小罐茶在中秋完成了一个几乎不可能完成的营销任务：在分众智能屏上以包屏一天的方式播放一条一小时的广告片，这在任何其他媒体上都是不可能实现的。

一方面，茶对于中国人来说属于传统文化，但是中国茶行业的

---

① 本文为小罐茶 CMO 梅江在贝恩公司、分众传媒联合举办的“新发展格局下的品牌增长之道”论坛上的发言。

品牌化却发展得相对较迟。大家对于中国茶的认识更多是偏品类、偏农产品的认知，我们希望推进中国茶的品牌化。

另一方面，中国是一个礼仪之邦，但很多人可能都已经慢慢淡忘了，茶在中国人的生活和文化中承载了很多内容。比如年轻人结婚的时候，首先还是会想到向父母敬一杯茶，这就是一种礼仪的表达。

小罐茶想在中秋用茶对在成长过程中曾给予自己帮助的人表示感谢。中秋代表团圆，同时也是中国人表达感谢和赠送礼物的一个非常重要的场景。在这样一个场景下，如何去打造小罐茶营销的切入点呢?

我们找到一个非常好的方式，用分众的媒体，以感谢为载体做了这样一次营销活动。这是一次非常有意思的营销，一条广告片时长 1 个小时，而且一镜到底，这个广告只有一个内容，写上你要感谢的人的名字。这条片子最后一共写了 204 个人的名字，这 204 个人都是真实存在的。我们通过这样一种方式，非常猛烈地唤醒了大家心中的那种情感。

网上就这次营销的讨论非常热烈，全网各个平台加起来的数据将近 20 亿次，这出乎我们意料，也给我们带来了非常好的反馈。在分众这样的媒体上，大家平时看到的是节奏比较快的广告，但是这样一种形式在分众这样广覆盖、高触达城市人群的媒体上，取得了非常好的效果。在分众上做品牌、去传递温度、打造高端形象，是非常有价值的。

这次营销的核心是基于我们对用户需求核心点的认知。小罐茶的定位是一个非常高端的品牌，我们如何去打动用户，用户为什么选择小罐茶，以及小罐茶与其他茶叶品牌相比核心优势在哪里?

除茶叶本身的差异外，其附加值在于情感、心理上的共鸣。未来小罐茶会在唤醒中国人对传统文化礼仪的认知上继续经营下去。这对品牌自身、对传播中国传统文化都非常有价值。

任何一次增长背后都是需求的变化。需求是守恒的，但需求所承接的载体一直在变。改革开放40多年来，可能国内消费市场中，更多是国际品牌有比较强大的优势。但随着中国国力的强盛，文化自信、消费自信也自然会慢慢复苏，这对于国产品牌来说是非常好的机会，不仅仅是在国内，未来在国际上也有很多机会。

营销包括两个方面，即把握变的同时又要把握不变。品牌永恒的本质是人心——人们追求真善美的心。一些新的媒体变化，我们必须要去追踪，但是打造品牌最核心的动作是需要有一个中心化媒体的支持。

在当今的媒体环境下，分众传媒是一个非常好的中心化媒体。分众媒体平台助力中国品牌的崛起，对于本土品牌来说是一次很难得的机会。

元气森林——用健康好产品说话①

王璞 / 文

元气森林一系列成功的动作都是以产品为基础的，所以可以破圈。我们在社交媒体、电商平台与核心用户做深度沟通，用分众等媒介形式扩大影响力。

成功产品又是如何打造的呢？

---

① 本文为元气森林副总裁、品牌事务部总经理王璞在贝恩公司、分众传媒联合举办的“新发展格局下的品牌增长之道”论坛上的发言。

一是深挖用户需求。要深入用户中去，了解他们是否愿意复购、分享，是否愿意把这瓶饮料喝完，并根据用户的反馈在品质上一直不断去提升。举例来说，在元气森林创业之初，我们做了价值500万元的第一代产品，却不够完美，所以我们决定将这批不完美的产品销毁，销毁又花费了100万元。这个决策对创业公司来说很难，但最终还是执行了，大家开始做第二代，第一代产品并没有滥竽充数流到市场上。

二是发掘核心用户。在元气森林发展的前5年，都是我们的核心用户自发在社交媒体中互相安利，为我们积累了一定的口碑和势能。不管是在天猫旗舰店还是京东旗舰店，就粉丝数来讲，元气森林在中国的水饮行业都是排名靠前的。这是我们最有价值的资产，因为这些粉丝是最核心的用户，能时刻给我们提供一些重要的产品和信息反馈。我们再通过这些反馈来迭代产品，提升产品口味。

三是需要企业不断放大势能。2020年5月，元气森林第一次决定在全国范围内进行媒体投放。当时我们的媒介目标就是在各种场景下进行高频次投放，尤其针对白领人群，所以我们选择了分众传媒。而从数据反馈来看，不管是对铺货的支持，还是品牌力、销量的提升，这个投放都很重要，强有力地放大了品牌的整体势能。

产品是发动机，营销是驾驶技术；产品是基础，营销是放大器。从2020年上半年在分众的投放来看，分众起到了很明显的“放大器”的作用。

时代变化越来越快，而不变的是我们坚持“用户第一”的理念。我们不知道后面的节奏或者新物种是什么、如何出现，我们唯有保持学习，保持谦卑。